内蒙古歷代方志集成

第一輯 ⑩

林西縣志
臨河縣志

内蒙古自治區人民政府地方志研究室 編

山西出版傳媒集團 三晋出版社

圖書在版編目（CIP）數據

林西縣志；臨河縣志 / 內蒙古自治區人民政府地方志研究室編. — 太原：三晋出版社，2022.10
（內蒙古歷代方志集成）
ISBN 978-7-5457-2600-8

Ⅰ.①林… Ⅱ.①內… Ⅲ.①林西縣—地方志②臨河區—地方志 Ⅳ.①K292.64

中國國家版本館CIP數據核字（2023）第154047號

林西縣志 臨河縣志

編　　者：內蒙古自治區人民政府地方志研究室
責任編輯：張仲偉
責任印製：李佳音
裝幀設計：劉　磊

出 版 者：山西出版傳媒集團·三晋出版社
地　　址：太原市建設南路21號
電　　話：0351-4956036（總編室）
　　　　　0351-4922203（印製部）
網　　址：http://www.sjcbs.cn

經 銷 者：新華書店
承 印 者：山西基因包裝印刷科技股份有限公司

開　　本：787mm × 1092mm　1/16
印　　張：34　插頁：6
字　　數：400千字
版　　次：2022年10月 第1版
印　　次：2023年8月 第1次印刷
書　　號：ISBN 978-7-5457-2600-8
定　　價：280.00圓

蘇紹泉 修 徐致軒 纂

林西縣志

五卷

民國鉛印本

林西縣志

（卷一）

蘇貽秉題

林西縣地理志

古之爲政者先道德而後文學盖道德化民俗而文學載物質雖道德首尙而文學亦必曰不可少也余也素乏通才學問謭陋縣志一書編纂數秋忽々至今尙未完成洵足愧恧夫縣志者無縣無之有是志必有辦言惜徐不明體例不敢著筆而縣地荒凉又少宿儒碩學無資考證近來謹述當日經過以塞厥職泂憶余於民國十八年承前縣長馬君之後來守斯土爾時法令煌々催修縣志余固知志者職所當爲而縣內學問淵博足成此志者實乏其人不得已乃聘徐致軒爲纂修致軒亦中材耳不過取承德府志而仿効焉本期呈諸上憲有求乎明史乘此而改修之是余之所厚也詎意今夏取回一無損益拋甎引玉不驗奈何我國肇造對於山川文藝人事之變遷政治之沿革物產之優劣異常注意縣志一書統而有之所以各處來索者絡繹不絕實不可待含忽刊印勉爲庶語權作緒言猶望海內碩彥重爲修正之是爲序

蘇紹泉謹識

林西縣志

凡例

一本邑自遜清光緒三十三年始放墾宣統元年始設治曩爲蒙古之游牧地既乏文獻又無方志與古昔之甌脫無以異也於民國十八年春奉到修志之命令羣懵然不知何謂經馬前縣長令農會承修遂置諸不理之例矣嗣因嚴令催促農會卽將款派之地畝嚴催款而不選材又中止焉俟縣長蘇公到任始聘致軒爲纂修由省購到承德志一部以爲模型此修志之始基也

一本邑設治晚而人材缺遽纂縣志不獨體例難合卽取材亦多譾陋茲編祇可仿承德志增加而損益之略符公令

一查承德志全書惟重統系茲編分爲地理人事行政物產藝文五門各以其類附之計五十項整分門別類俾免混淆

一建置沿革考據務要翔實茲編因前代無方志今時又乏書籍可考謹採承德志所載北邊事跡略備一欄

一人材藝文科舉三項非歷年久遠不能滙萃本邑開闢僅二十年玆編故應缺略至義田積穀及捐䘏諸善舉亦本邑之所無

一志書體制以繪圖爲首務本邑因迭遭饑饉經費困難未聘測繪專員暫時不能列入俟建設局繪妥詳圖再爲補列

一山川疆域貴考今昔變名玆編因本邑前代未經設治僅以現時之名稱列入

一區村道路悉從公安轄境之調查表列而城池公廨亦無多載略備一格待自治施行後再爲補編

一壇廟古蹟本邑境內均無略於境外蒙地調來數項以備一格

一民族之增減戶口之消長於社會進化最有關係特詳載之以覘世運之隆替

一宗敎勢力最足啓廸人心是編於耶回佛老諸敎詳溯本源期眞諦傳諸將來

一本邑人民係五方招來初時風氣甚覺樸厚嗣因年歉所迫潮流所趨滄海桑田迭有變遷是編於禮俗婚喪等事據實陳述用俾後起知溯源之意

一農工商賈於民生有切膚之關是編不憚卑俗特詳陳之俾世人有趨重實業之思想

一本邑之礦產林牧均未興辦是編畧而弗載

一本邑爲初闢之縣是編故特著開闢等事項各列一記昭示來茲

一節烈婦女爲世景仰茲編於僻壤蓬門之苦志貞操與已請旌者同列一格俾潛德幽光並受褒揚之美

一本邑自放墾後屢遭匪患是編因特著戰役一記

一本邑戰役傷亡將士甚多茲編於忠烈祠之事跡獨詳故併碑匾對聯悉爲登載

一政治設施代有變更我民國之行政司法較前代特詳茲編特聘董其事之專員爲分纂如行政係一科科長陳秉原著教育係該局長翁桂林著均詳沿革俾覘政蹟

一本邑迭遭匪擾人民自衛尤屬重點茲編將保衛團之緣起及現奉之章程悉登簡端俾鄉區知守望相助爲要

一財政爲地方政治之本源茲編於畝捐之數目及擔負之重輕分項登載以覘利弊

一物產一門仿承德志例稱名辨物別性類情旁引諸書分註其下俾樹畜者知所宜忌製造者藉以研究以期有補社會民生

一藝文一門宜以詩書文詞爲限本邑開闢較晚佳章美什在所難得茲編僅將遼陵册文及諸項碑傳列入略備一格

一本邑迭遭饑饉人材經濟兩闕而自治等新政均在緩辦之例茲編故未能登載

一本邑舊無志書文獻復艱徵尋設治未久博古又屬無基既鮮他山又乏將伯兹編之材料除取資承德志外悉由現時之調查所得不但滄海遺珠而且網漏吞舟故先呈草稿候令指示再行遵辦況刻下有經費之壓迫時間之限制譾陋之咎不文之誚實難辭免惟望大雅指示疵謬俾小子苟且塞責爲幸至補苴罅漏潤色增輝是在後之修志者

林西縣志録目

卷一 地理志

建置沿革
疆域 附邊疆之險要方輿地畧刻開闢墾荒城鎮氣候
山脈
河流
道路
橋梁
公廨
縣城 附營壘
區村 附重要村鎮交通表村鎮戶口表

古蹟
義田

卷二 人事志

種族
宗教
禮俗 附民刧
戰役
擔負
地方之理亂興衰
慈善
節孝
農事 附土田水利土宜

田制 附產量約數蔬圃
名宦
鄉宦
鄉賢
商業 附職員錢法沿革

卷三 政治志

行政
縣公署
教育會
教育局
黨義研究會
識字運動會

通俗教育
鄉村師範
音樂具樂部
教育局長沿革
全境學校表
公安局
保衛團　附鄉練簡章

卷四　物產志

植　物　附農產收獲表
動　物　附皮毛產額表
人製物

卷五 藝文志

遼

遼聖宗哀册文

遼道宗哀册文

宣懿皇后哀册文

仁懿皇后哀册文

民國

米將軍傳 附碑文

常將軍傳 附碑文

文廟

武廟

祠堂

林西縣政府平面圖

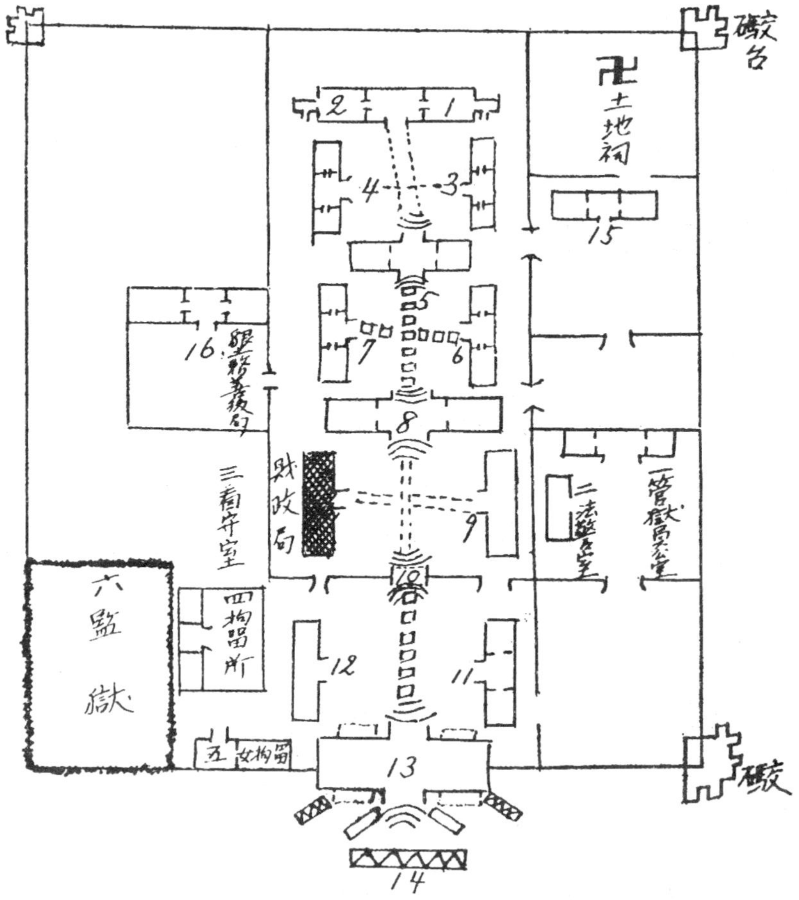

1	縣長室
2	縣長公室
3	廚房
4	書房
5	法庭
6	收發
7	第一科
8	法庭
9	第二科
10	二門
11	傳達室
12	護警室
13	大門
14	影壁
15	馬號
16	墾務善後局

管獄署圖說

一、管獄員室
二、法警室
三、看守室
四、男拘留所
五、女拘留所
六、監獄

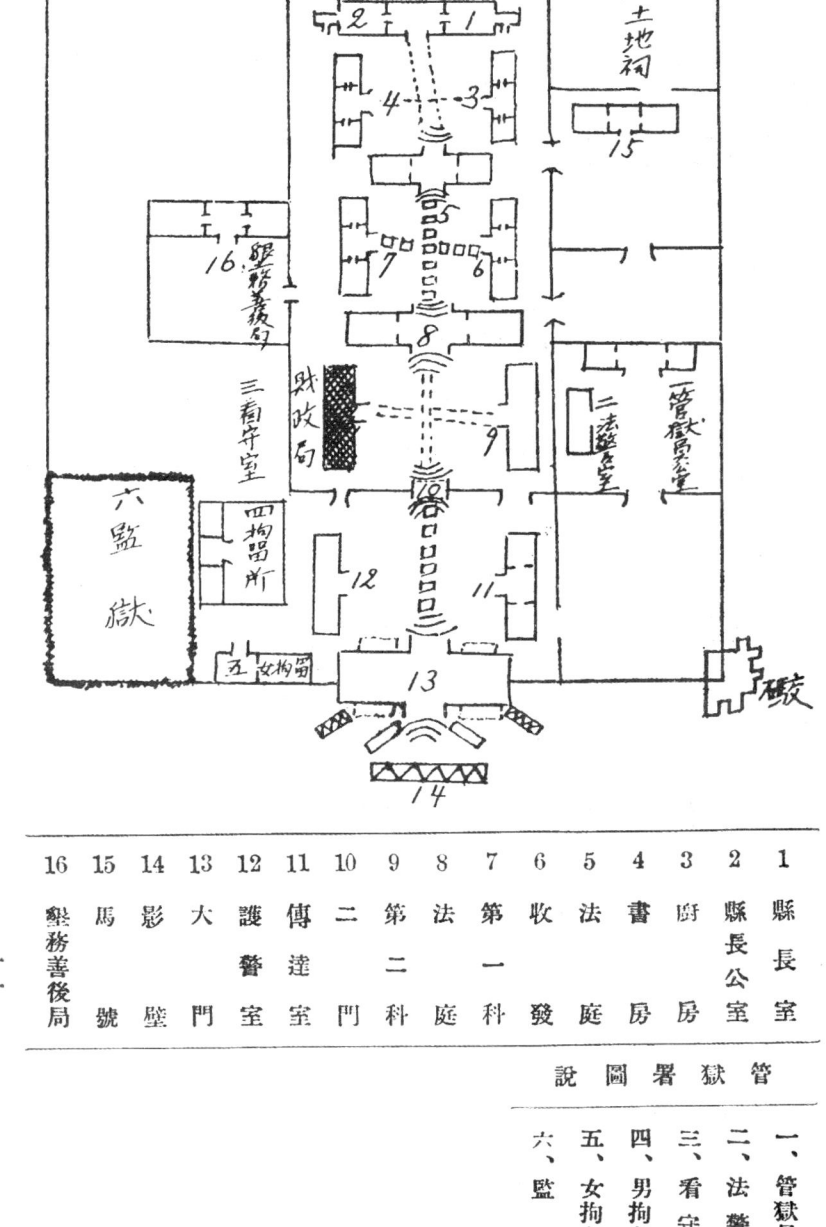

初級女子小學　完全小學　教育局圖　模範小學

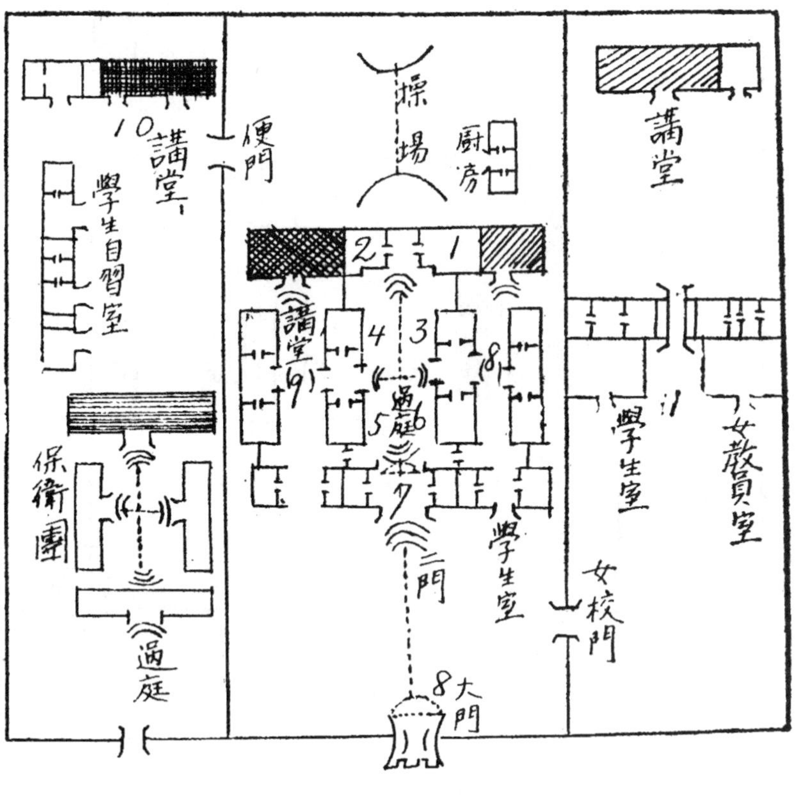

1 局長室
2 辦公室
3 縣督學室
4 課長室
5 教員室
6 校長室
7 二門
8 大門
9 完全小學校
10 模範小學
11 女子小學

林西農會平面圖　林西公安局圖

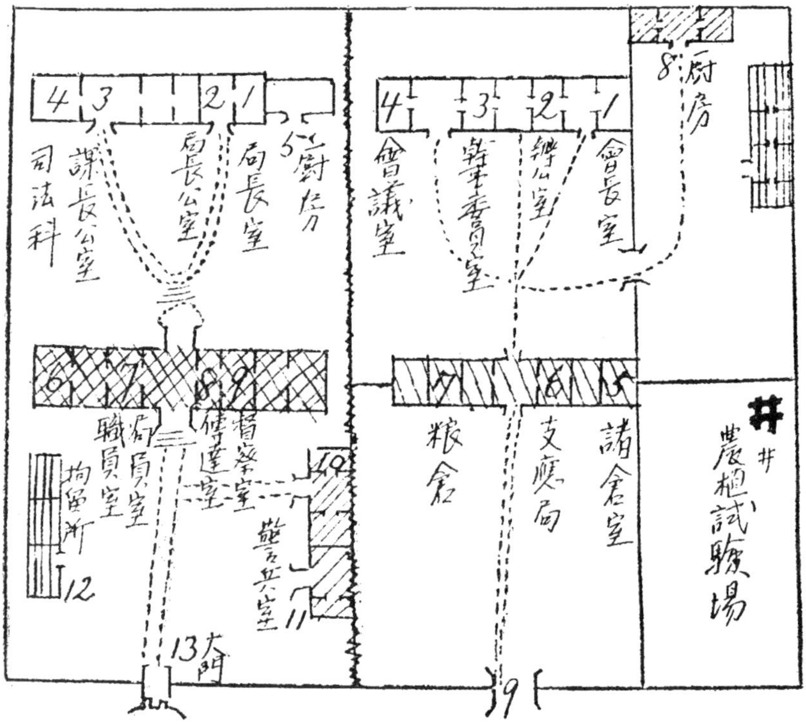

農會圖說

1 幹事長室
2 辦公室
3 幹事委員室
4 會議室
5 諸倉室
6 支應局
7 粮倉
8 廚房
9 大門

公安局圖說

1 局長室
2 局長公室
3 行政科
4 司法科
5 廚房
6 職員辦公室
7 局員室
8 傳達室
9 督察室
10 隊長室
11 警兵室
12 拘留室
13 大門

卷一

林西縣地理

民國肇基尊重民權實重國土墾闢邊疆鞏固國防此地雖得名爲林西縣焉前旣無文獻志乘之徵今又乏古書之考其難其愼義不容辭不敢言創實無可因以萬不獲已之事自不得不按現時之地理鄰地之設置聊爲著述焉云爾

建置沿革

周　春秋時爲燕北地

史記召公奭周之同姓武王滅紂封召公於北燕又考劉恕外紀周惠王三十三年齊桓公救燕破屠河等處按屠河卽徒河徒河卽土河相傳之轉音也今名之曰老河在熱屬之平泉縣境內

秦　遼西郡地統五城

後漢書秦置遼西郡建五城曰陽樂曰海陽曰令支曰肥如臨榆按臨榆卽山海關之臨榆縣

漢　幽州地因地居北邊幽昧之處也

後漢書遼西郡安帝時改爲遼東屬地

東漢　幽州爲遼東屬地

後漢書遼西郡有燕然山有醫巫閭山有徒河按燕然山疑卽興安嶺山徒河卽今老河

晉　爲十六國割據地

按十六國春秋慕容皝建龍城爲都龍城卽熱省朝陽縣三座塔地

隋　爲遼西郡地爲契丹所據（見熱河志）

隋書契丹傳當後魏時部落萬餘內附止於白貔河（卽今白狼河）又言部落最大當北魏時分爲奚萬丹等八部散居潢水南北林西地居潢水之北知卽隋時契丹地也又云太和時內附居白狼河者乃其別部其全部仍居故地開皇時款塞內附聽居故地是仍在潢水左右也開皇末來降之人既衆令依託訖臣水而居（今老河卽古託紇臣水）流經建昌朝陽兩縣北境適當隋遼西郡又隋書地志大業初置遼西郡有帶方山雞鳴山松山松（山在赤峯縣境）

唐　爲營州屬地唐末入於契丹

新唐書地理志營州都城郡上都督府本遼西郡萬歲通天元年遼西郡爲契丹所陷

案熱河志載富弼行程錄中京正北三百六十里有崇信館自過崇信館卽契丹舊境

遼　上京屬之慶州地（見熱河志）

遼史地理志上京臨潢府之西二百六十里爲慶州今本境東北地名白塔子因有古塔得名塔爲遼太平年建在廢城址北門裡約高四十餘丈廢城址週圍約十餘里民國十年塔之西北山下地陷土人掘之得遼聖宗哀册石板兩端一仰一合册文鐫於中間又得遼仁懿皇后哀册石兩端二同讀其文知其處爲遼之永慶陵廢城址爲遼之慶州城也十九年夏來一郭姓委員派民夫百餘名在其地大事挖掘搜出哀册石十四塊向縣政府要全境出大車十四輛石重者車弱難載壓壞大車六七輛前後派車二十餘輛自備資斧運送赤峯縣約計耗民財萬餘元耗民力及倒斃牛馬在不計之列

按臨潢府爲今林東設治局地貝子廟東二里許有廢城址高三丈餘四門尚可指民國十年政府放墾左巴林荒地以該廢城爲林東縣治地點

金　北京路營州北地（見熱河志）

按金臨潢府仍遼舊慶州亦未改熱河志載赤峯縣北今巴林旗地金於其地升黑河鋪爲廬州縣之語復稱其地有潢河黑河等水

元　全寧路全寧縣兼得魯王分地（見熱河志）

案元魯王地在今烏丹城前清時烏丹城內曾掘出元魯國大長公主碑是其證也

又案元史地理志古慶州南至高州七百里高州爲赤峯縣南境里至亦相符

又案元貞元元年濟寧王曼濟岱尙囊嘉特公主請於帝以應昌路東七百里駐冬之地剏建城邑大德元年名其地爲全寧路是全寧路本在魯王分地之中其故城當在今赤峯縣北巴林旗界清巴林左右二旗應屬元全寧路地（見熱河志）

明　全寧衛地後廢入諾音衛（見熱河志）

明史地理志全寧衛（元全寧路直隸中書省）洪武中廢二十二年四月置衛永樂元年廢（有潢河又有黑龍江）西南距行都司二百里

案全寧衛生在大寧衛之北卽元之全寧路在魯王分地中者在淸時赤峯縣北巴林旗境志稱衛西南距行都司二百里以外地有潢河潢河在赤峯縣北界適與林西縣南界赤峯方位相合所云黑龍江當卽巴林境之黑

河土人名爲黑水（見熱河赤峰縣志）

清　爲右巴林旗西境地光緒三十三年放墾初名巴林墾務行局宣統元年改名今縣民國元年毅軍後軍統領米錦堂公防邊駐紮林西始派兵築城四五尺高無城門雉堞民國三年大興兵工築土城高丈二尺雉堞二尺厚亦如之四門用磚石建築縣長路柳門君監修週圍十里有奇城內南北街六道三大街三小街東西街六道三大街三小街鎮守使署在二道街偏西縣政府在頭道街居鎮署西北

民國　林西縣

案林西縣於前清光緒三十三年三月設右巴林墾務局王順存爲墾務總辨定立疆界勘丈荒地面積爲八千頃至六月以李錟接任右巴林墾務總辦三十四年張公文灝繼墾務總辦兼知縣事隸屬赤峰直隸州民國元年改知縣爲縣知事二年廢除府州之制隸屬熱河道十七年廢除直制始道隸熱河省政府

疆　域

南北相距二百十三里東西相距南端四十五里中段三十二里北端七十里南以哲拉沐淪河爲邊東接赤峰縣之哈叭汽西接經棚縣之上石橋東以查干沐淪河爲邊南隅至本境之公益閣北隅至白塔子北以烏朱穆沁之

大壩爲邊東起白塔子西至西北哈達霍燒西以黃槓梁爲邊北起哈達霍燒南止木石匣溝門

附 邊疆之險要

民國二年蒙匪擾林東北由烏泥汰壩筒入境西北由十八台壩筒入境本境之疆域惟北邊爲最險要毅軍駐防林西該兩處俱設營壘今已頽廢民國五年蒙匪擾林由巴林越查干沐淪河入境東邊之險要次之十一年票匪擾林兩次均由南界入境穿東河至五十家子由西邊出境西南兩邊之險要又其次也

方　位

縣境分野在箕尾之間析木之次東極之經線自西經七度九十分二十八秒之查干沐淪河起至西極東經線七度五十六分四十秒之黃崗梁止南極自緯線五十度二十分二十六秒之潢水起至北極之南緯線四十度四十分四十四秒之二莫力壩止按經線以北平天文臺子午線爲中線緯線以赤道爲中線

附 輿　地

縣治在省治西北相距九百五十里西至經棚縣治一百二十里東至林東設治局三百五十里（中隔大小巴林）東南至赤峰縣治五百里南至克什克騰旗界之潢河上石橋一百二十里北至烏珠穆沁界之潮洛埧一百六十里東北至左巴林之白塔子一百八十里東南界至赤峰縣界潢河下石橋一百五十里西南至黑水十八里

附晷刻

按四時之晷刻以夏至時之晝爲極長夜爲極短日出爲早四時三十分日入爲晚七時二十八分四十秒晝長十四小時五十八分四十秒夜短九小時二分二十秒冬至與夏至異晝短夜長日出爲早七時二十八分四十秒日入爲晚四時三十分晝短九小時二分二十秒夜長十四小時五十八分四十秒春分與秋分晝夜相等各長十二小時日出日入均爲六時其餘各節候日出日入之時刻亦有相同者分列於後

小暑與芒種同　日出四時三十五分日入七時二十五分晝長四小時五十分夜短九小時十分

大暑與小滿同　日出四時四十三分日入七時十七分晝長十四小時三十四分夜短九小時二十六分

立秋與立夏同　日出四時五十八分日入七時二分晝長十四小時四分夜短九小時五十六分

處暑與穀雨同　日出五時十九分日入六時四十一分晝長十三小時二十二分夜短十小時三十八分

白露與清明同　日出五時三十五分日入六時二十五分晝長十二小時五十八分夜短十一小時十分

寒露與驚蟄同　日出六時二十五分日入五時三十五分晝短十一小時十分夜長十二小時五十分

霜降與雨水同　日出六時四十一分日入五時十九分晝短十小時三十八分夜長十三小時二十二分

立冬與立春同　日出七時二分日入四時五十八分晝短九小時五十六分夜長十四小時四分

小雪與大寒同　日出七時十七分日入四時四十三分晝短九小時二十六分夜長十四小時三十四分

大雪與小寒同　日出七時二十五分日入四時三十五分晝短九小時十分夜長十四小時五十分

附開闢記

林西未放墾前係右巴林旗地自遜清光緒二十九年巴林王呈請清政府放墾原報面積八千頃至光緒三十三年經熱河都統廷傑派知縣王順存爲巴林墾務總辦設行局於色布敦廟假喇嘛齋舍或支帳房以居隨員勘丈荒地定立邊界甫三越月卽更派李縣君名錟接巴林墾務總辦之任三十四年五月張公文灝又蒞斯土接巴林墾務總辦差兼知縣事始定名爲林西縣劃清界址勘明荒段諸端略堪就緒各縣之農民來領荒者多畏避觀望張總辦開誠布公寬以將事藹以接人全境荒段始放二三成經張總辦呈請減價減則以廣招徠熱垣又派國仁

泰來接事自三月至十二月毫無成效上憲感悟宣統二年一月張公文灝復臨斯土繼而減價減則令下全境荒段僅放八成有奇境之西北隅地名達希不冷哈達霍哨兩處至今猶未放出以其地址極高極冷而又乏河流故也近年有在該地試驗種植者不但不能成熟而苗亦未見發生云

附墾荒記

林西自前清光緒三十三年墾荒招徠民戶甚爲延緩至宣統元年經張總辦請准減價減則全縣荒地放八成餘二成至今猶懸民國元年調查全縣熟地一千三百頃有奇至二年則墾荒一千五百餘頃秋八月初旬蒙匪擾林全境人民逃亡十分之七八三年則畧復歸來四年則墾荒千餘頃五年秋九月蒙匪擾林促不及避傷亡兵士四百餘名石管帶陣沒農民之廬舍被燒者百餘家前後槍斃民人三百餘名燬房屋千餘間牲畜難以數計六年蒙大總統賑郵兩次耗庫款兩萬元七年八年至九年春調查全境墾熟之地五千一百頃有奇九年秋毅軍開往口裏東北陸軍來此駐防十年即遭亢旱民戶耕種有籽種不獲歸倉者十一年有三成收獲十二年酷旱又被旱霜僅二成收獲十三年票匪入境搶掠牲畜致延耕耘至秋又復旱霜全境平均收獲二成十四年全境之受雹災霜災約在二分餘八分獲六成收稔十五十六兩年除沙灘澇窪之荒墾闢無餘矣十七年新墾遭旱無收獲十八年

七月二十四日至二十六日大風三日屋瓦皆飛禾稼則不堪聞問矣十九年惟七月末旬降雨一犂所種之禾籽粒未得歸家以邊界之小縣所遭之匪患天災如此人民之流離逃亡殊令人觸目心悲也夫

附城鎮

本縣城址經張總辦勘定烏粱蘇汰川口爲全境適中地點原畫一面五百丈週圍十里有奇城內街基三十三頃有奇彼時劃分十一小區每區各設鎮基六頃後因匪患天災民戶凋零各區均不能立鎮經政府將各鎮基地皆作荒段出放矣惟縣城乃設治之地根本攸關民國二年經張公文灝招集士紳農商等會議募款數百兩於四圍建築短垣高五尺厚三尺是年春三月毅軍後路統領米振標奉令駐防於此秋八月蒙匪乃登公數千犯境蒙諸烈士血戰數旬擊退蒙匪保全本境此時張公文灝於七月間即辭職卸任矣經米公振標查閱本城形勢見短垣不足持久於民國三年春派馬步各營作工建築土城各區饋送白麵萬餘觔肥猪二十口商戶亦饋送物品若干林西此城實毅軍諸烈士之力也雖然非米公深謀遠慮慈祥愷惻以林西艱窘之地豈能建此城哉彼時路柳門君爲縣尊實董其事四門皆鐫名字北曰受福南曰受祿東曰受功西曰受勳此林西建城之始末也

附氣候

本境地雖偏小氣候多自不同近南者種穀粱尚能成熟西北兩隅惟植蕎麥莜麥小麥糜黍等禾遇霜旱之年收獲多及半數自墾荒以來十歲九旱多暴風少溫燠自秋分至來春之季月烈風嚴寒之日十居其五故人人皆需要皮衣且歷年冬必有極寒數日風觸人面立起泡漿是以凍斃人畜之事往往有之惟六月屬伏必有酷熱十餘日能曬燃火藥火柴等物按華氏寒暑表寒至零零度之下熱至百度止每歲霜降水必氷至清明乃化凍農人始能耕種說者謂純近大陸氣候時常亢旱雨澤極稀四季不斷暴風種植黍麥略能成熟若種省垣穀類則不能稔向北行百二十里爲烏珠穆沁旗則不能種植穀蔬矣較熱河氣候暖則晚一月寒則早一月有餘謂爲溫帶之北寒暑俱烈者誠爲不虛

山脈

本境三條山脈皆自經棚縣東之黃崗梁發源南條自黑水入境名爲胡蘇汰梁至本境王干齒梁爲王干齒梁迤東爲敖包圖梁於臥龍撤冷出境入巴林境至黃金山查干沐淪河入哲拉沐淪河處止中條自木石匣溝腦入境層巒壘嶂蒼翠烟籠蜿蜒六十餘里至東邊查干沐淪河止公主陵在焉至河沿處山勢似由平地矗立因呼爲龍頭山北條即烏珠穆沁南之大壩地址甚高山陽則石峰林立絕壁嶙峋至其巔則土壤平坦惟氣候極寒夏至凍

始解處暑必見霜故烏珠穆沁一旂均在山巔上不能種穀蔬等物厥爲寒甚耳該處距縣治一百二十里

按蒙古紀要巴林二旂在直隸喜峯口東北七百五十里古北口正北一千里至北平一千三百六十里地勢當陰山山脈之起頂爲白岔山自西南向東北斜貫巴林旂境克什克騰旂在西巴林旂在東查林西縣治居巴林旂之西經棚縣之東（經棚縣在克什克騰旂內）西邊名黃崗梁全境山脈皆發源於黃崗梁考黃崗梁卽蒙古紀要之白岔山也今昔之名稱不同耳

按蒙古紀要云西遼河卽潢河亦卽現今之晳拉沐淪河也源出平地松林今名圓水頭爲多倫諾爾之紅山縣境唐書名老地松林有水名饒樂水設饒樂都督府於水北東流七百餘里與老哈河合流至遼陽爲大遼河考山川兩項之方位里至大畧近似惟名稱稍異疑今昔不同之故因志之

考清時又爲蒙人之游牧域語言不詳名稱互異故本境之山川除以蒙語命名外悉因其形肖像似以指歸謹備數山臚列於後用待後之賢者增修焉

黑山頭　在縣治東南十八里附近縣城恰似照壁杜塞林西縣川之東門山雖小而黑秀堪輿家以爲縣東門之鎖鑰

葫蘆山　在縣治西北八里柳條子溝崗巒起伏遠望似亞腰葫蘆圓滿可愛俗呼爲亞腰葫蘆山

龍頭山　在縣治東北六十里東區之東北界查干沐淪河西岸蒙古云前清康熙年使石工打破清公主陵在其西山前靠河兩岸有古榆樹數千株地名樹林子

盔甲山　在縣治東北一百二十里北區之東界居查干沐淪河西岸士人在該山石磂上得古年鐵盔一頂甚大今人戴之覆肩

鹿　山　在縣治北一百里居北區之中心爲高爾其北山山起平面石磂石色黑褐上有三鹿形像白石線生成如畫不能磨滅有刊之者去一層其形完在山下有平面石一塊上刻三人之名無年代似當時之石幢惜不完全

五磊供山　在公主陵後背與龍頭山相聯在龍頭山之西山最高五峯並峙遠望之如五磊供然士人因呼爲五磊供山

四塊石頭山　在五磊供山之西相距十餘里小巴士之北山高爾旂之南山也四石並峙如人擺之四石然士人呼爲四塊石頭山距縣治七十里

筆架山　在龍頭山之西北三峯如削直插霄漢中峯高鋭左右兩峯稍低疎整可觀山嵐如畫說者謂公主陵之建端因此數山靈秀云

邊牆山　在縣治北六十里因有古邊牆一道故名
蛤蟆埧山　在縣治東二十五里
老君山　在縣治東北三十里老君溝北
吉登壩山　在縣治北五十五里與邊牆山接
敖包圖山　在縣治東南七十里
半拉山　在縣治東南九十五里居西遼河北岸山脈連雙尖子山
元寶山　在縣治東南八十里爲海拉烏蘇溝之北山以其形似故名
雙尖子山　在縣治東南六十里川都坤兑之溝裏地名哈嗎圖山高約二百餘丈雙峯對峙故名
鍋撐子山　在縣治南十二里哈拉海窪之西山也三峯鼎立形如鍋撐子故名
蓮花山　在縣治南七十里好樂井子川之東山也羣峯高聳形如蓮花故名
雷劈山　在縣治南八十五里西遼河北岸之山也因古時被雷擊故名
三道梁子山　在縣治南三十五里烏藍溝裏
轎頂山　在縣治東北百二十里之僧機博洛葛溝遠望如轎頂然內有石洞一座惜無字據可考

石門山　在縣治東北百四十里內有石洞土人云問病祈雨頗靈驗民國二年蒙匪入境在該處作戰數晝夜傷亡兵士甚衆

轎車山　在縣治東北八十里朱爾沁之西山也遙望如騾拉車形頗肖前後如人馬形者尤夥

河流

本境以內河流祇兩道縣城南門外里許一道卽木石匣河下流至蒙古境之五十家子入查干沐淪河縣治北六十里有高爾旂河一道發源十八汰經流琥珀溝門越高爾旂至朱爾沁入查干沐淪河兩河之岸可灌田二百餘頃近年若旱居民始知提倡水利若逢大旱兩河皆涸恐難持久是以不大擴充查干沐淪河水勢較大雖界東邊可灌田二百餘頃至南界之哲拉沐淪河兩岸盡是沙灘距農田甚遠與本境毫無利益河流既少而池沼更無本境之井深十餘丈者數處無水卽無木五行缺二焉此地之興盛將難望矣

哲拉沐淪河　發源多倫諾爾地名遠水頭東流二百五十里至櫻桃帳房北岸誇林西縣境水勢雄狂色混濁携泥沙產黏魚泥丘魚船丁華子魚等春秋季開封時行旅過渡極危險歷年有淹斃人畜之事上下建兩石橋行人始稍感困難由雙井子流出南岸爲赤峰縣境北岸爲巴林旂境本境內無河流會入下至東省遼陽入海

查干沐淪河　在本境東邊與巴林旂分界卽以此河發源白塔子之西山遼之永慶陵前流經敖包五十家子烏泥汰水勢稍大能灌田至珠爾沁高旂河自西來會之水色濁產鯉魚黏魚華子川丁等魚流經龍頭山官地二八地等地方七十餘里至下太白廟木石匣河由西來會之以上皆自北向南流至此轉東流經巴林之大坂廟至黃金山東南流與哲拉沐淪河會長三百里

高爾旂河　在本境北部發源黃崗梁東之十八汰溝裏流七十餘里至珠爾沁入查干淪河

木石匣河　在本境中部發源黃崗梁東之木石匣溝裏流七十餘里至太白廟入查干沐淪河

道路

本境疆域極徼又處邊檄無交通之大路自縣治出南門入哈拉海窪三十里逾三道梁子十餘里經好洛井子五十里至哲拉沐淪河沿爲往赤峯縣之大路自北門入烏梁蘇汰川行五十里逾邊牆梁又三十里至英溝門入英溝行四十里至二莫力壩爲往烏朱穆沁之路自縣治出西門經盆瓦窰村十八里至黑水出境爲往經棚縣之路自縣治出東門由五間房村逾東梁經博立溝銀河川博羅坤兌計地四十里至查干沐淪河出境爲往林東設治局之大路此全境內之四幹路也至由此村往彼村之支路不便交通亦難悉載

橋　梁

本境無大河流惟本城之南門外河流較大建設局擬建橋梁便利行旅尙未興工再則哲拉沐淪河有石橋兩座上橋與本境毗連係經棚縣疆域橋係昭武上將軍姜桂題令毅軍統領張鴻儒募各縣之欵修築與本境無涉故不備

公　廨

縣公署　在頭道街於遜淸宣統元年興工欵由荒價之一五經費項下開支至宣統二年秋工竣大門三間東西廂土房各三間東廂法警室西廂看守所第二進爲儀門一門東西廂瓦屋各五間東廂爲第二科西廂初爲第一科今爲財政局第三進爲大堂三楹大堂後東西廂瓦屋各三間東爲收發處向爲後稿室今改東爲第一科向傳達室今改第四進二堂三楹二堂後爲內宅門一間第五進爲三堂五楹爲縣長寢室東西廂瓦屋各三間東跨院與二堂齊有瓦屋三間昔爲墾務局今居守衛隊靠東牆有土屋六間爲馬號前面有瓦屋三間向住護墾隊今爲管獄員之宿室西跨院有瓦屋三間向爲幕室今賓爲禁煙善後局及墾務善後處前爲監獄門東嚮

近獄之南有土屋三間內居看獄吏及更夫大門外八字牆前爲照壁

教育局　林西學校地址向爲放綠時護綠隊住所民國二年毅軍設軍械局於此後則荒廢至民國十一年經勸學所長錢敍齋募款建修門洞一間腰房九間中間後簷虎尾東廂配房前後併列各三間西廂配房前後併列各三間當中上房三間中間設大成至聖位規模頗整肅後院舊有土房二十七間係開闢時安置護綠兵建築民國十七年被局長李香山折木變價者數十間今祇西跨院五間東邊留厨室三間學生之宿舍因而不便在頭道街與縣政府毗連中隔鄉團局

教育會　附設教育局內民國十八年秋組成旋因地方困難經費無着尙在空懸

鄉團局　在頭道街西鄰縣政府東鄰教育局向爲毅軍之粮秣處民國十八年鄉團遷居於內柵欄門一座腰房三間後正房三間東西廂房各三間東面圓倉十一個已傾圮後院瓦正房十一間現設小學校又西土廂房七間住警察第二隊

公安局　在二道街向爲五區公所之地址經張總辦蘭舫請准立案不索地價且免歷年課稅共兩號計地十二畝民國四年經各區抽款建瓦房五間於中段被警察所借佔名爲警察公所九年由理財所長王連有警佐韓濬於畝捐項下撥款建腰房五間後簷中間築虎尾厦一楹十一年經警察所長劉鐵俠於畝捐項下撥款建門

洞一間腰房前之東西廂各建土房五間西爲拘留所東爲警士宿室又於上房之東建土房三間爲厨室又闢西跨院建瓦屋三間土屋三間爲所長内宅規模頗整東鄰農會西連苗圃北鄰縣政府民國十八年改組今名

農　會　地點與公安局同民國三年各區抽款建築海靑房七間（瓦眷瓦簷中段舖得拉蘇草）八年本境爲劃一公款起見成立理財所選舉王連有爲所長以區公所改名理財所九年又由畝捐項下建腰房七間十三年經所長錢叙齋由畝捐項下開支闢東跨院正面土房三間靠東牆蓋土平廈三間周圍築丈二高之土牆二百餘丈將公安局之院亦包納在内似一院而闢兩門耗款三千餘元加以購滄枝子彈等七千餘元因是本境之公款虧損難支矣人民至今猶有餘痛十四年成立農務會安置本院腰房内第一任農務會長爲常萬金十五年理財所改組爲財政所遷於縣署之第一科内第一科遷於大堂後西廂房内此院爲農務會完全佔領十六年錢培元爲農務會長十七年馮蔭亭爲農務會長十八年律歲平爲會長十九年七月改組爲農民協會舉李建堂爲會長九月取蒂農民協會二十年三月奉令組職農會改會長爲幹事長選舉童有仁爲幹事長王和爲副幹事長其餘幹事五人每區各舉五人爲會員

財政局　設縣政府大堂前西廂房内

電報局　在二道街鎮守使署之西係租賃民房

郵政局　在三道街西中街租賃民房

建設局　在三道街西門裏民國十九年一月成立租賃民房

徵收局　在南北街三道街之南門裏租賃民房

車捐局　在南大街與徵收局相對租賃民房

菸酒事務局　在二道街東隅原爲菸酒公賣局民國十八年奉令改組名菸酒事務局租賃民房

蒙鹽局　在五道街東隅租賃民房

蒙鹽收稅局　與蒙鹽局同處一院向祇有口北蒙鹽局於民國十八年取締督銷局增設收稅局

附縣城

本縣城址原係一片荒場在烏梁蘇台川口於前清宣統元年經張縣尊文灝請准立案劃定城基原議每面長一千弓宣統三年由各區地畝抽款四面建築土墻高五尺厚三尺民國三年經毅軍後路統領米公錦堂令各營兵士作工以土築墻每面長二里半零二十五步計九百零二十五弓高一丈二尺雉堞在內厚八尺裏附馬路於內面厚六尺四門用磚石建築城門樓高一丈五尺磚梁在內門板高一丈零五寸寬一丈縣知事路柳門爲總監工

四門皆鐫字於磚南曰受福東曰受祿西曰受功北曰受勳款由軍事費項下開支未曾支配民間窮黎之作工運料者多受益潤各區紳民感激除送匾建碑外饋送兵士麵四萬斤猪二十口城內於二道街偏西修鎮守使署一處規模宏狀鎮署後頭道街修營盤一座東西南三門外各修營盤一座南門外爲演武廳今政關岳廟東門外之營盤於民國五年被蒙匪焚燒惟西門外之營壘今尙存在其餘因兵事建築於城內之屋宇附列於公廨門

附營壘

地方之設立機關建置營壘原爲保治安固封守也而其間民力民時在所不恤林西此際邊荒初闢工商未集稍加支配卽力有難支幸米公深體民隱重惜民力雖興浩大之工畧無負擔之擾通商惠工直不啻以工代賑焉本境之商聚工集者源始於此今則人往風微甘棠宛在謹誌之以傳來玆

鎭守使署　在本城二道街靠南北街三道街之西基址寬闊建築宏壯爲林西各公廨之冠照壁一座大門三間東西配房各十一間大堂五間東西耳屋各一間大廳五間廳前東西配房各五間大廳耳屋各一間鎭軍宿室五間東西配房各三間東西有兩小跨院各建靜室三楹又東西闢兩大跨院每院各建正房四層每層房均十一間爲兵士宿室兩廂各有厦棚兩大跨院共計房八十八間惟米司令去後所來之將校無定額亦無卷宗可

稽歷任之職官不能備載

頭道街　營盤一座在鎮署後與鎮署同時建修現居四十一團士兵照壁一座營門洞一座東西配房各十一間正中大廳五楹東西配房各三間第三進正中房三間係官長宿舍東西關兩跨院係仕兵宿舍每院各建房三層每層各正房十一間共六十六間

西門外營盤　照壁一座營門一座東西配房各五間正中大廳五間廳後東西配房各九間第三進正中官長住室三間東西配房各三間東西關兩跨院各建房三層每層各九間共五十四間

林西縣區村

分疆畫界各固封守古昔之綱緯悉詳城有市鎮區有鄉村今時之法制綦密林西自前清光緒三十三年設墾務局招徠數年略堪就緒民國元年始申畫區政令既無規定之支配儘從人民之習慣指山據河畫本境爲十一小區面積之多寡不侔次序之比列難倫民國三年設警察轄境併十一區爲五區以中東西南北爲分稱民國十二年頒區村制因凶歲流離未便施行洎舉辦自治又被饑饉影響以邊陲小縣屢受災歉之浸可勝惜哉玆將各區村之里至倣承德志之規範臚列於左俾主治者有所本焉是爲志

重要村鎮交通表

雷劈山　在南區喇沐淪河北岸爲南路交通總路北通縣城南通赤峯烏丹凡過巴林橋必經之路

三道梁子　在南區耗來井子之北爲南路之總塞凡南路入林西境者必經之處

方家店　在縣治南門外十八里凡南路商旅多經宿於此

黑水　在縣治西門外十八里爲縣之西邊界往來經林之總路

什巴汰　在縣治西北凡西北路人來縣者此爲總路西通駝螺廟

蓋家店　在縣治北邊牆梁根凡往來縣城者必經此處爲縣交通之北路

英上　在縣治北一百二十里爲往烏珠穆沁之西北路蒙人運鹽往來交通多由於此

五十家子　在縣治西北一百八十里爲北區東北邊塞東通小巴林北通白塔子西通浩布都壩筒子爲通蒙境三路之總蒙人運鹽恆由於此現已設營駐防又有緝私鹽卡於此

二八地　在縣治東五十里爲交界之東邊東通林東開魯

北區村庄

五十家子大川在縣治北距縣一百二十里係南北大川長五十餘里
白塔子　至五十家子三十里距縣治二百十里
五十家子　至太白廟五里距縣治一百五十五里
琥珀沱　亦名郝部都係五十家子西北分岔至太白廟三十餘里距縣治一百七十里內有天主堂一處
二道灣子　在五十家子下川相距六里距縣治一百六十里
頭道灣子　在二道灣子下川相離四里距縣治一百五十里
烏泥汰　係五十家子大川西分岔距縣治一百三十里
大馬金　距縣治一百二十里至頭道灣子二十里
珠爾沁　距縣治一百里至大馬金十五里
高爾旗　係東西大川由珠爾沁至雙傲包五十里雙傲包以上卽統領部營子高爾旗溝門縣治一百一十里
任家窩舖　至高爾旗六里距縣治一百里
律家營子　係大烏蘭溝門距縣治九十里
韓家窩舖　至任家上地一里距縣治九十里

大鳥蘭　至韓家窩鋪十五里距縣治七十八里

鹿山營子　至律家營子五里距縣治八十五里

中島蘭　至大鳥蘭五里距縣治九十五里

永盛號　至中島蘭三里距縣治九十五里

莢上大川東西川川長五十餘里通川村庄若干

溫家營子　在營上溝門在縣東北距縣治九十里

董家營子　至溫家營子五里距縣治九十三里

產業公司　距縣治一百里至毡鋪五里

千溝子村　至董家營子八里距縣治九十五里

五間房村　至王家營子村五里距縣治九十里

寶蓋溝　與千溝子村相對距縣治九十五里

二只莫里填　南北小分岔距縣治一百二十里

毡鋪　至寶蓋溝九里距縣治一百里

蛤蟆胡蘇汰　至毡舖六里距縣治一百里

哈　什　吐　至蛤蟆胡蘇台七里距縣治一百十里

劉家營子　距縣治一百三十里

王家營子　係干溝子門距縣治九十五里

東區村庄

波立溝南北正川村庄臚列於左

杜　家　店　在波立溝門距縣治二十里

白草墊子　至杜家店三里距縣治二十里

趙家營子　至白草墊子五里距縣治十八里

東　三　家　至趙家管子三里距縣治十八里

西　三　家　與東三家相對距縣治十六里

雜　八　地　至東三家六里距縣治十八里

小城子　至雜八地四里距縣治二十里

楊家大院　至小城子五里距縣治二十里

小井子　與楊家大院相對距縣治二十五里

後烏蘇　至小井子五里距縣治二十五里

老君溝　至後烏蘇九里距縣治二十九里

小銀河川　至波立溝五里距縣治二十五里

小木桶　係小銀河川溝裡距縣治二十八里

漫撒溝　至小木桶八里距縣治三十五里

三道西立　至漫撒溝三里距縣治三十六里

波立坤兌　至波立溝五里距縣治三十二里

楊家營村　在東河上川距縣治八十里

田家窩舖村　至楊家營子八里距縣治七十二里

上官地村　至田家窩舖村八里距縣治六十里

下官地村　至上官地村六里距縣治六十里
王家大院　至下官地九里距縣治四十里
兩棵樹村　至王家大院六里距縣治四十里
孔家營村　在小巴吐溝裏距縣治四十五里
宋家營村　至孔家營子五里距縣治四十五里
牛拉山村　至宋家營子八里距縣治四十里
楊家村　至牛拉山村八里距縣治四十里
郭家村　至楊家村二里距縣治四十里
十間房村　至郭家村三里距縣治四十里
徐家營子　至十間房四里距縣治四十五里
畢家燒鍋　至徐家營子三里距縣治四十五里
波立高川亦屬東河川西北分川通川村莊計有若干
四塊石頭村　在波立高溝裏距縣治六十里

馬鞍子山村　至四塊石頭村六里距縣治六十里

王家溝村　至馬鞍子山村五里距縣治五十五里

魏家溝村　至王家溝村五里距縣治五十五里

吳家溝村　至魏家溝村三里距縣治五十五里

常家營村　至吳家溝村三里距縣治五十五里

王家營村　至常營村四里距縣治五十五里

甄家燒鍋　至王家營村六里距縣治五十里

北營部村　至甄家燒鍋一里距縣治五十里

南區村庄

三道梁子大垻　在縣正南爲南路交通必經要道距縣治三十五里

干麪子溝　在三道梁子大壩之北中隔小梁相距二里距縣治三十二里

拾二吐村　在三道梁子之西中隔小梁相距四里距縣治三十二里

王爺溝村　在十二吐之西相距二里中隔一梁距縣治三十里

枕頭溝村　在王爺溝之西相距五里小梁爲界距縣治三十里

侯家溝村　在大壩東北相距二里山嶺爲界距縣治三十五里

小大川村　在侯家溝之東相距一里距縣治三十六里

叩嘫烏蘇　在小大川之東南相距二里中界小梁距縣治三十八里

傲海撒拉　在叩嘫烏蘇之北梁下相距五里西界烏蘭溝東界蒙古境距縣治四十里

北傲海撒拉　在傲海撒拉之北隔一溝爲界距縣治四十五里

一道溝村　在傲海撒拉之北村在溝裏距縣治三十里

七間房村　在傲海撒拉之西相距二里距縣治三十里

宋家營子　在七間房村之南距縣治三十里

班山圖村　在一道溝村之西界一小梁相距四里距縣治二十八里

房家店村　在班山圖村之西相距半里距縣治二十五里

榆樹溝村　在房家店之南相距三里距縣治二十二里

小城子村　在楡樹溝之西相距二里有古城遺跡因而名爲小城子距縣治二十里
錢家窩舖　在房家店之西相距四里距縣治二十里
哈拉海窪　在錢家窩舖之西相距一里距縣治二十里
千家灣村　在哈拉海窪之西相距一里距縣治二十一里
劉家灣村　在于家灣村之西相距三里距縣治三十三里
黑山嘴子　在劉家灣村之西相距二里距縣治二十五里
王干池　在黑山嘴村之西相距四里西界黑沙灘距縣治二十八里
鍋撐子山村　在鍋撐子山之下距邊家營子四里距縣治十五里
邊家營子　在錢家窩舖之北相距二里距縣治十八里
蘇家溝村　在邊家營子之西小梁子爲界相距四里距縣治十八里
馬家溝村　在蘇家溝之西相距四里距縣治二十里
莫里溝村　在王干池之北中有小梁爲界相距五里距縣治三十二里
下帳房村　在莫里溝之中距莫里溝八里距縣治三十里

四大門村　在莫里溝門東界一小梁西卽經棚界距縣治十五里

河　　沿　在本縣南河南岸在四大門之東距縣治五里

大柳塘子　在縣治東南舊分區溝裏距縣治三十里

哈　什　吐　在大柳塘子南相距五里距縣治三十里

耗萊井子　在哈什吐之南相距五里距縣治三十五里

哈　吧　哈　在耗萊井子東南相距三里距縣治三十五里

海棠溝村　在哈吧哈東相距二里距縣治三十五里

海棠葫村　在海棠溝西南距縣治三十六里

哪　的　嘎　在英桃莫河川裏半截子溝之西相距二里距縣治一百一十里

鹽　店　村　在哪的嘎之東相距二里距縣治一百一十里

鹽店溝門　在鹽店川口相距二里距縣治一百一十二里

哪的嘎溝門　在英桃莫河川口距縣治一百一十二里

炭　窯　溝　在哪的嘎之東南山距縣治一百一十五里

井　溝　在哪的嘎之西梁距縣治一百一十五里

戴家窩舖　在哈吐井子之東山根距縣治一百一十里

哈拉吐井子　在戴家窩舖北相距三里距縣治一百五里

劉家營子　在哈拉吐井子川西山根距縣治一百里

英桃莫河　在戴家窩舖之東相距六里距縣治一百十五里

下　燒　鍋　在英桃莫河川口相距三里距縣治一百十五里

陳家灣村　在英桃莫河之東距縣治一百一十里

崗崗坤兌　在陳家灣川溝裏距縣治一百里

八個坤兌　在崗崗坤兌之東距縣治一百里

兌的坤兌　在八個坤兌之東距縣治一百里

少冷溝村　在海棠葫之東相距五里距縣治四十里

老虎石溝　在少冷溝村之東相距六里距縣治四十五里

趙家灣村　在老虎石溝之東相距三里距縣治四十七里

三三

大東坡村　在趙家灣村之東距縣治六十里

大金溝村　在大東坡之南距縣治六十里

城　子　在大東坡之下牛川距縣治六十里

水泉溝村　在大金溝村之東相距五里距縣治六十里

大蓮花山　在大金溝村之東距縣治七十里

小蓮花山　在大蓮花山之西距縣治七十里

雙井子村　在大蓮花山之東南距縣治七十里

白音長漢　在雙井子村之東相距二里距縣治八十四里

雷劈山村　在白音長漢之東相距四里距縣治九十里

櫻桃溝村　在雷劈山村之西相距十二里距縣治九十里

西傲包吐　在大東坡之東北與東傲包吐相對距縣治九十里

公　議　閣　在傲包吐之東南相距十里距縣治九十里

川圖坤兌　在西拉沐淪河之北岸當南路要衝距縣治一百三十里

北坤兑　在川圖坤兑之北東界蒙古距縣治一百二十八里

海拉蘇溝　在北坤兑之西北界一山嶺距縣治一百二十六里

海拉蘇溝門　在海拉蘇川口相距海拉蘇川裏村十八里距縣治一百二十里

高麗房身　在坤兑正川口西山根俗人訛傳因名高麗國房身純無考稽距縣治一百十五里

烏蘭溝村　在古房身之西北界一溝距縣治一百二十里

太平莊村　在坤兑川東南古房身之東北相距三里距縣治一百二十里

下杏樹窪　在太平莊之西北與坤兑界一山嶺距縣治一百一十六里

上杏樹窪　在下杏樹窪之西北相距縣治一百一十六里

哈馬吐村　在上杏樹窪川裏四小村均名哈馬吐距縣治一百一十五里

半截子溝　在坤兑川之南溝與杏樹窪遙對距縣治一百一十里

西區村庄

敖包河村　在西區之西與經棚分界距縣治九十里

大廂金溝　在敖包河之北相距二里距縣治九十里

小城子村　在敖包河之南相距二里距縣治九十里

黃土梁子　在小城子之東相距五里距縣治九十里

塞箥羅村　在黃土梁子之東相距五里距縣治八十五里

胡私汰村　在塞箥羅溝裏相距七里距縣治八十五里

水　頭　在胡私汰之東相距一里距縣治八十九里

下地村　在水頭之西相距一里距縣治八十八里

老鴰子窩　在下地村之西相距二里距縣治八十五里

大廂金溝　在敖包河之東川岔相距二十里距縣治九十里

烏蘭溝　在大廂金溝之東山嶺分界距縣治九十里

板石房子　在烏蘭溝之東相距二里距縣治九十里

溫底坑村　在板石房子之東相距二里距縣治九十里

二道城子　在溫底坑之東南相距二里距縣治九十里

三道城子　在二道城子之東相距二里距縣治九十里
陝西窪村　在三道城子之東相距二里距縣治九十里
碧柳台溝　在陝西窪之北界一山嶺距縣治九十五里
海拉汰村　在陝西窪之東南相距四里距縣治九十里
漫撒子溝　在海拉汰越西梁卽是相距五里距縣治九十里
南大寒村　在漫撒子溝過西梁相距五里距縣治一百里
陸家小舖　至石家營子三里距縣治七十里
石家營子　至鐵匠營子一里距縣治七十里
鐵匠營子　至任家窩舖村三里距縣治七十里
任家窩舖　至黃家營子村三里距縣治七十里
黃家營子　至馬家營子一里距縣治七十里
馬家營子　至四道城子村二里距縣治七十里
四道城子　至常統領部村三里距縣治七十里

常領統部　至甘珠廟村五里距縣治七十里
甘珠廟村　至鮑營村三里距縣治七十里
鮑　營　村　至黑山頭村二里距縣治七十里
黑山頭村　至八五十三家村三里距縣治七十里
八五十三家　至孤榆樹村五里距縣治七十里
孤榆樹村　至吉林壩梁十里距縣治七十里
吉林壩村　至韓家溝村五里距縣治六十五里
韓家溝村　至曹官營子七里距縣治五十八里
曹家營村　至胡家店村六里距縣治五十八里
胡家店村　至琥珀營子六里距縣治五十五里
琥珀營子　向正南至板山吐村九里距縣治九十里
板山吐村　至小井子村九里距縣治六十里
小井子村　至毛垓圖村十里距縣治七十里

毛垓圖村　西界經棚境距縣治七十里
葱坑溝村　至蓋家店村八里距縣治三十七里
蓋家店村　至馬家店村二十里（其中無村落）距縣治二十七里
馬家店村　至新店五里距縣治二十二里
新　店　村　至韓家村六里距縣治十八里
天主堂大營子　向東二里至東灣子村距縣治十八里

中區村莊

東灣子村　至司令地五里距縣治十三里
司令地村　至小哈達村三里距縣十三里
小哈達村　至白石磖村三里距縣治十里
白石磖村　至葫蘆山村一里距縣治九里
葫蘆山村　至北宮廟村四里距縣治五里

北宮村　至縣治北門五里
莫葫蘆溝村　西界經棚縣治之劉家營子距縣治十八里
黑水村　至盆瓦窰村五里距縣治西門三里
盆瓦窰村　至縣治西門外三里
趙家村　至縣治西門外一里

古蹟

古蹟一項本境實屬闕點雖有頹垣敗堵了無故事之堪尋歷數月之採訪搜索訖無斷碣殘磚之遺留僅於境東北界外左巴林地方查得古城一座城内有塔土人呼爲白塔子與承德志所載之古慶州在臨潢府西里至方位俱相符畧㮚大概藉備此格

白塔子

在縣境東北界外三十餘里查罕沐淪河之上游該川南向寬約七八里近西山有古城舊址高約七八尺如土壠

然門徑尙可辯識塔居北門之東土人以日影約計高將四十餘丈週圍之座盤畧可彷彿塔身之磚石猶爲完整相傳其側有碑八稜形甚偉上鐫漢字及契丹等字樣漢字載此地爲中會川末行書大遼神册五年建惜被蒙人損壞不得詳錄其文字塔則巍然宛在時人皆呼爲白塔子因不在本邑境內未便調查故畧志之以備此地之古蹟焉

永慶陵

永慶陵在白塔子西相距約二十里遼代諸帝后之陵也鑿山塋兆規制甚宏其建築亦當甚多因藏於地中又不爲本邑之地曩遂畧焉民國十九年秋經郭委員由該處掘出遼陵之哀册石十四塊係兩片合爲一册者中有文載遼帝后生平事跡文之用漢字者均已抄錄有用契丹大字者因不能辨識未抄錄焉將所抄錄之文列於文藝門內

公主陵

與本邑東區接界在查罕沐淪河西岸地名樹林子前清之公主陵也其墓形如轎頂東嚮圍用短垣墓前有殿三

楹中設座位供俱等殿門前有石碑一石質粗劣被風雨磨蝕崩碎不平字跡因不能辨識詢諸該旗番譯云係康熙年建無底卷可稽

查本境古墓頹墳以及城若者之垣基村若者之墻址遂處皆有均似年湮代遠畧存形像且無殘缺之石刻字跡此所以古蹟爲斯志之闕點也夫

義田

城東北大笸箕溝義地六十畝放墾時留民國初年經蒙匪戰事傷亡將士七十餘名於該處立墓葬埋

大笸箕東隔一小梁地名小笸箕溝義地兩頃民國初年戰事傷亡將士五百餘名均於該處立墓葬埋亦放墾時請准立案

縣城西門外西山坡墳墓叢雜係掩埋法斃罪人及行旅等之尸身查該處係民地因山地不能種植之棄地也

林西縣公安區村鎮戶口表　民國二十年度

區別	鄉鎮名稱	戶	口數	距縣里數	距區里數	備考
公安第一區	林西縣城南鎮	六七五	男女二千九百四十六			查第一區境內共計兩千一百零一戶男女共計九千一百四十八口計編兩鎮七鄉
	林西縣城北鎮	六五九	男女二千七百八十八			
	柳條溝鄉	一一六	男女五百零七	十里	十里	
	色布敦廟鄉	一一五	男女五百零二	八里	八里	
	黑水鄉	九九	男女四百二十	三十里	三十里	
	東不冷鄉	九八	男女四百二十	十里	十里	
	城東南鄉	九七	男女四百一十八	五里	五里	
	大簸箕溝鄉	一二二	男女五百三十三	十里	十里	
	小簸箕溝鄉	一二〇	男女五百二十四	六里	六里	

區別	鄉鎮名稱	戶	口數	距縣里數	距區里數	備考
公安第二區	上官地鎮	一二八	男女五百五十九	五十里	三十里	查第二區境內共計一千七百戶男口共計四千三百三十九口計女三千一百零二口共計男女七千四百四十一口計編一鎮十六鄉
	吉登埧溝鎮	一〇五	男女四百五十四	五十里	六十里	
	老君溝鄉	九九	男女四百三十二	四十里	六十里	
	烟筒山鄉	八七	男女三百八十	四十里	五十里	
	小井子鄉	一〇三	男女四百五十	三十里	四十里	
	雜八地鄉	九六	男女四百一十九	二十里	十里	
	小銀河川鄉	九八	男女四百二十八	二十里	三十里	
	漫撒子溝鄉	九七	男女四百二十六	三十里	二十五里	
	玻璃坤兌鄉	一〇一	男女四百四十一	三十里	二十里	
	小巴爾吐鄉	九四	男女四百一十	四十里	二十里	

區別	村鎮名稱	戶	男女口數	距縣里數	距區里數	備考
	大巴爾吐鄉	一〇七	四百六十八	五十里	十里	
	敖罕卜立葛鄉	九五	四百一十七	五十五里	三十里	
	三道夕立鄉	九一	三百十八	三十五里	十五里	
	察干漠淪河鄉	九三	四百〇六	五十里	四十里	
	下官地鄉	一一二	四百九十七	四十八里	八里	
	崗崗鄉	九二	四百一十	五十里	十里	
	楊家營子鄉	一〇二	四百四十六	六十里	十五里	
公安第三鄉	耗洛井子鎮	一二〇	五百二十一	四十里	二十里	查第三區境內共計一千六百零二戶計男四千〇八十八口女二千八百九十
	方家店鎮	一二五	五百四十五	二十里	三十五里	
	鍋撐子山鄉	九八	四百二十七	十五里	四十里	

枕頭溝鄉	九九	男女四百三十六	二十里	五十里
老虎石溝鄉	九八	男女四百一十九	六十里	十五里
大金溝鄉	九七	男女四百二十四	七十里	十里
趙家灣鄉	九五	男女四百一十九	八十里	十里
小城子鄉	九六	男女四百一十一	七十里	十里
放罕撒拉鄉	九八	男女四百二十七	六十里	三十里
公益閣鄉	九七	男女四百二十四	八十里	四十里
雙井子鄉	九八	男女四百三十四	一百里	二十里
東西英桃溝鄉	九六	男女四百一十九	九十里	二十里
英桃莫河鄉	九五	男女四百一十五	一百里	十里
東坤癸鄉	九五	男女四百一十五	一百里	十五里
北坤癸鄉	九六	男女四百一十九	一百十里	五十里

九口共計男女六千九百八十七口計編兩鎮十四鄉

區別	村鎮名稱	戶	口數	距縣里數	距區里數	備考
	莫力溝鄉	九九	男女四百三十二	一百里	六十里	
公安第四區	大營子鎮	一三八	男女六百零三	二十里	四十里	查第四區境內共計一千二百五十戶計男三千一百九十六口女二千二百六十五口共計男女五千四百六十一口計編一鎮十一鄉
	東灣子鄉	一一二	男女四百八十九	十五里	五十里	
	西灣子鄉	一〇四	男女四百五十五	十五里	五十里	
	烏梁蘇太鄉	一一六	男女五百零六	三十里	三十里	
	馬家店鄉	九八	男女四百二十八	三十五里	三十里	
	蓋家店鄉	九七	男女四百二十四	四十里	二十里	
	琥珀鄉	九九	男女四百三十二	七十里	五里	
	戛岔鄉	九八	男女四百二十八	七十里	十里	
	統部鄉	九七	男女四百二十四	八十里	二十里	

區別	村鎮名稱	戶	口數	距縣里數	距區里數	備考
	馬家營子鄉	九八	男女四百二十九	九十里	三十里	
	敖色河鄉	九六	男女四百一十九	九十五里	五十里	
	溫土坑鄉	九七	男女四百二十四	一百里	六十里	
公安第五區	五十家子鎮	一五一	男女六百六十	一百五十里	五十里	查第五區境內共計一千三百四十二戶計男三千四百三十六口女二千四百三十二口計編一鎮十二鄉
	雙敖包鄉	九七	男女四百二十四	九十里	三十里	
	鹿山鄉	九八	男女四百二十九	八十里	二十五里	
	四方城鄉	九六	男女四百一十八	八十里	二十里	
	毡舖鄉	九九	男女四百三十六	九十里	四十里	
	溫家營子鄉	一〇九	男女四百七十六	七十里	二十五里	
	烏藍溝鄉	一〇七	男女四百七十二	八十五里	三十里	

高爾旗鄉	九八	男女四百二十九	八十里	十里
朱爾沁廟鄉	九五	男女四百一十五	一百十里	十里
大馬金鄉	九二	男女四百零二	百一十里	十五里
烏牛汰溝鄉	九五	男女四百一十五	一百二十里	四十里
琥珀鄉	九七	男女四百二十四	一百三十里	八十里
東敖包鄉	一〇八	男女四百七十二	一百一十里	四十里

林西縣人事志

卷二

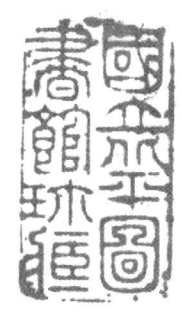

人事志

人事者乃日用工作衣食住宿之籌劃酬酢往來之對待以及土產物非人工不能成者天然物非人力不能顯者士農工賈之變遷非人事不能維持者皆吾國嚮日知之能之已有程序者也惟近之世界潮流之轉移經濟之壓迫者日繁政策之應付者日熾實業之講求孔亟而吾林西之人雖樸厚而時務之智識毫無所望於有民社之責者亟宜振而興之使日見發展則庶乎其有豸乎

種族

林西之地古時未見列諸版圖故種族之云何以無文獻之可考惟遼時畧有可查因縣境之東北隅距縣治一百八十里有一古塔巍然矗立土人呼其地曰白塔子其西二十餘里在民國十年地陷露出墳墓其中有石碑八九座考其文知爲遼之永慶陵其東之白塔子爲遼時之慶州城藉以知此地之種族爲遼人考宋史遼主常逞近入

關擄掠財帛子女又將內地全城漢族驅來此地建築城堡立軍以鎭壓之使百工服務農人力耕以供遼人之需用金元因之未事變更總稱可謂漢夷雜處之地焉明時成祖北巡隳遼東西地方七十餘城廢此地爲甌脫後元裔潛處此地可云此地彼時爲蒙族人至前清末葉光緒三十三年始將此地闢而爲縣定名爲林西縣所招徠之人赤峰經棚兩縣者居多圍場縣次承灤平朝等縣之人數又次之總以漢族居十分之八九滿族融化於漢族內回蒙兩族居十之一二焉外國人族有俄國數人日本數人比利時推敎堂之敎士故統言林西境內祇可分漢滿蒙回四種族外國種族係僑居玆將各族分別於後以俾後世覘人類種族之消長焉

漢族

漢族即古蒙古利亞族黃色種人也初起黃河流域三代時延及長江流域其後歷經變遷人口繁殖遂滿布於內地各省清祖入關奄有華夏因內地各省地狹人稠始將內地人民遷來邊關以外康熙年立口北三廳至乾隆年戶口日增改升熱河廳爲承德府始設一府一州五縣稱謂外七廳咸同時又設圍場廳稱外八處總以漢族居多數旗族次之蒙古族各歸各蒙旗不在此列回敎又次之惟省會及各縣鎭有之多係牙販屠戶及小本營業等回族林西民族係五方輳集凡業農工者均係漢族地壙人稀風俗樸厚文化未興智識簡單而禮儀時務亟待講求

謂爲似太古之漢人種族近而似之矣

滿洲族

滿族卽通古斯族周之肅愼漢之東胡晉之鮮卑唐之渤海宋之女貞皆此族也明代女貞分爲三種曰海西女貞曰建州女貞曰野人女貞淸祖努爾哈赤建州女眞也有智略以武力統一諸部遂建國號曰滿洲以地舊名滿洲里也至天聰時乃改國號曰淸以滿洲爲部族兵制分爲八旗按紅黃藍白爲四正旗各加一鑲字爲四副旗是謂滿人稱旗人之原因也凡各省會各城鎭必有旗兵駐防用意在防制漢族凡各要職皆以旗族官之此滿人專制之嚴威也至末葉稍變通焉林西開闢最晚又處極邊故滿人甚尠卽有亦都更名冠姓通化漢族中矣

蒙族

蒙古卽韃靼族考舊唐書有蒙兀室韋族卽蒙族也蒙兀轉音爲蒙古查蒙古字無定音故假此轉彼之事甚多元太祖姓奇渥溫氏名特穆津轉音謂其老溫鐵木眞蒙族稱成吉思可漢崛起沙漠之北兵力之盛直達歐洲建國疆域廣而且長爲亞細亞洲建國疆域之第一惜專尙武力而不知文化僅八十九年而國滅元之後裔多散處於

大漠之南北及興安大嶺天山左右今稱之曰內外蒙古淸初蒙古相繼降附投入旗籍者著有檔冊謂之蒙古八旗其後蒙古直認與滿族爲一種矣林西境地嚮爲蒙族之游牧場雖闢爲縣治而蒙人之熙來攘往實繁有徒但各有居止不相羼越至相交日久觀感漸磨蒙古將從此進化矣

回族

回族卽阿剌伯人其敎祖名穆罕默德建國大食創回回敎其勢力起於土爾其直達中央亞細亞暨天山南路等地方皆有其敎之禮拜堂淸眞寺等名目惟其敎多禁忌少文化是以隘而不宏云傳聞由隋唐時已入中國延及四方漢族受儒釋之敎性情博愛故回族所至皆能容納彼則守敎甚篤歷千百年未能融化歷代回族之在中國爲儒士者有之爲官僚者有之反其敎者亦有之而與漢族結婚且忘其爲回回種族者未之見也林西之回族營商業者居多開飯館者次之惟事牙儈者不少於赤峯烏丹兩處而農業中無一回族人焉

日本人俄國人

林西自開墾之時卽有東升泉燒鍋領東人名曾紀綱字貫一領日本人之資本設立商號承領縣城東黑山頭荒

地二十餘頃北區高爾其荒地三十餘頃今燒鍋停止該院內設日本醫院並擬試辦蒙古產業公司現在黑山頭設牧羊場牧放外國羊若干其羊種可同化本地羊其毛與本地異且佳故價值甚高執事皆日本人忽來無定數蘇俄人之在本境者惟縣城之瓦利洋行專事商業無他問題人數不過三四人亦倏去倏來無定

宗教

歐化東漸人類進化物質文明凡昔之混混噩噩今亦指而名之矣我國向無宗敎之稱曰基督曰希臘曰耶蘇曰天主見回人曰回回不以敎名之戒煙會曰在理者至於聖賢八卦天地皆卽其人以爲名稱不問其宗旨者何此所以無宗敎之名也夫故特志之

佛教

佛敎一名釋敎其敎主爲釋迦牟尼生於吾國之東南國名印度三代周靈王時人父號淨飯王北印度迦毗羅城主母名摩耶夫人奉婆羅門敎於深山冥林中密求眞道終不能離生老病死之途釋迦年十九歲卽持厭世主義遂逃入極寒邃之巖穴數年得眞覺乃出而說法歷四十餘載壽八十而沒後世稱釋迦牟尼以釋迦爲姓牟尼爲

名一說牟者等也尼者孔子諱也尊爲聖賢之義也其教以博愛濟衆爲宗旨又有大乘禪小乘禪之說大乘禪講性有似聖道中之性理不無差忒然非上智大覺者不能辯也小乘禪者純講神鬼其效在天堂地獄禍福自招爲喩中國取之猶先王以神道設教之義而下愚小智之人每假此以爲啓廸東漢明帝時佛教流入中土晋時間有假以告隱者唐則有浮圖伴侶師徒之分定矣五季爲最盛至遼金元以下直倭事之甚至宮幃府邸各設專祠大而京都小小而郡縣沿以爲制清有僧錄司各掌本境佛事較金時之寺院僧侶不過百數地址不甚廣大從未有如清之崇隆尊嚴威儀恒赫耗民膏血難量其數皇帝尚許替身鼓動一世祈福免禍求生免夭最難解者惟捨身一事且指梁帝有捨身臺名曰同泰清帝有替捨僧故智相沿何其愚之甚也女子出家謂之比邱尼俗稱尼姑其蘭若名曰菴無論男女僧侶均是横占田產蠱惑愚人舍香火地者在在皆是宜乎我

中華民國之嚴厲取締之廢除剷盡之眞正大快事也

道　教

道教一名闡教教主爲老子姓李名耳字伯陽謚曰聃後世亦稱老聃東周時人曾爲藏室吏著道德經傳世計五千餘言繼其後者爲莊周世稱莊子得老子之大道著有南華經傳世計十萬餘言世又稱莊子爲南華老人言論

多本諸老子惟寓言妙諦意想非非人樂讀之故又以老莊並稱其敎之宗旨在淸淨無爲與佛氏之博愛相反其道盛於漢初如留侯之避穀武帝之求神仙旣而文成五利之徒輿傳授煉丹服食不能成神仙亦可延年益壽炫感世界而道敎之本旨失矣是後有張良之八代孫名張道陵者云得老氏書悉其奧秘世傳子孫號稱天師入其敎者男稱道士女稱姑又稱女冠所居之處或稱某宮或稱某觀道姑爲數寥寥不似尼之繁多遜淸末葉歐化輸入新政學行學界宣傳破除迷信無論釋氏佛氏俱日見凌夷矣覩此尙武世代吾儒敎亦恐遂此波而靡矣望有扶持世道之責者加之意焉

回敎

回敎一名天方敎主敎名穆罕默德阿剌伯人聰慧有大志至四十餘歲時始彙核基督猶太兩敎之間獨闢門徑創回回敎其敎以造物爲主不信他神著可蘭經敎人相傳其左手持經右手持利劍傳敎四方都尙武力遂奄有阿剌伯全境建國曰大食政權卽神權稱敎主曰元首穆罕默德卒繼其後者爲哈剌發以武力著東侵波斯西略非洲遂統一西亞細亞遣使東閱通好於唐而東亞細亞之天山南路等地方展轉入於回敎勢力範圍矣凡其族所到之地皆建禮拜堂亦名淸眞寺風俗習慣與漢人逈異樂事小本經營以屠牛謀利者夥或言其敎皆素口猪

肉不許食誤爲但不食豬肉以諸諱豬字又云豬肉最不潔故不食因其不食豬肉故多數人工作內不得加入其所食之肉不得自行屠宰必首領操刀乃得食其首領名阿訇猶漢人之村長然又稱回民頭凡公私各事必舉以爲代表尤最禁忌者與漢族結婚一事又云無人不親戚故呼回民爲老表墨守舊規不事變通此其所以教義狹隘發達者稀云

在理教

清代時有云爲明朝之逸民其教蘊有恢復宗社之意猶清末之宗社黨焉以南海爲教主慈善爲宗旨禁忌煙酒反對滿洲末爲充量之喻強健軀體是爲上乘其五字眞言有云爲一心保大明者甚無謂也相傳李鴻章督直時其弁兵多在理者李令改爲觀世音菩薩仍守秘密揭明卽謂背教規亦無謂也今則城鎭多設此會名其聚會之地曰公所首領曰大爺齋日必在公所舉辦燒香吃茶畢設宴高會首領當衆演說曰開釋教義極簡單惟戒煙酒殊堪嘉許至所用費由各人均攤決不客氣似有古直樸風云

耶蘇教

耶穌教卽基督教之維新派以平等自由博愛合羣爲宗旨基督教最早後分三派曰天主曰希臘曰耶穌統不外基督之教義相傳當十六世紀有日耳曼人名馬丁路得者倡宗教革命主義爲反對羅馬教皇別創耶穌教脫離舊教桎梏打破教士階級牧師亦得蓄養妻子於是大不列顛諸國人民之信仰者靡然風從水湧矣職是而新舊教徒既衆且多遂各立門戶互相水火矣及近世倡信教自由之說始息其迭起戰爭之糾紛耳林西惟天主教早來而耶穌教近年始見發展相傳其教師極藹和可令人親近人亦漸起信仰力將來其教之盛可決言矣

天主教

天主教爲基督教舊派自明代永樂時始入中國其宗旨以信上帝修靈魂行善去惡與道教近與耶穌教反耶穌似博愛天主似爲我教士不許娶妻教友之子女有童貞之守教士之名稱覡耶穌之牧師逈異官稱曰司鐸令信其教者稱曰神甫見之無論在何也必須五體投地磕頭有人訾神甫教友聞之必怒比訾其家何等尊人都甚教友視神甫殆有無上之尊崇神甫有聖神不得侵犯之威權平等自由在所禁例林西自淸末放懇時卽有比國人在縣城北十八里承領荒地五六十頃建築教堂規模極其雄狀相傳其堂暨堂巔之杆九丈九尺云近又在北區瑚布都塡筒烏泥汰筒兩處各佔地二三十頃建築宏厲之教堂民國十八年東區官地建堂佔地二十七八頃近

因保重國土各該堂之地擬俱歸敎友名下云總由林西地處邊陲民智未開不懂敎義一般莠民相率入敎遇有官事依天主堂爲護符社會上所以有煩言也然堂內設學校敎敎友之子弟設嬰孩院收養無主嬰孩亦頗堪嘉許

禮俗

孔子云富庶而後敎之孟子云富歲子弟多賴管子云倉廩足而民知禮衣食足而民知仁義近今之社會學者每研究衣食住爲三大要素由今思古雖聖賢豪傑莫不以禮義節文有關於人類行爲也吾林西開闢雖晚人類雖雜而當時淳樸之風俗敦厚之禮儀直有古風焉觀於近年連歲災歉賊刧兵燹雜盜相繼老弱者展轉流離黠狡者挺而走險其禮節儀文有難飾言者矣謹將曩日見諸事實者略舉數事以備觀風者之採擇焉

民風

林西境內向爲蒙民而人情風俗迄無足論惟數十年來人民輻輳家家俱搭一窩舖或築馬架至旅店客舍一概闕如而旅是境者日中尋食日晚投宿無不容納招待較之他縣與內地等處大相徑庭民風可謂厚矣而窮而無

賴之徒或假兵籍或借詞尋人至農民之家俱有周恤近時被年景所迫亢旱頻仍交通梗塞文化未開不良之行爲如潮似湧殆有汲汲不可終日之勢焉吾聞之天道好循環人事易變遷願負民社之責者調護之維持之而昔時淳樸之流風與夫善良之餘韻將不難復見矣貪廉儒立惟恃賢者誠哉是言也夫

婚嫁

林西之婚禮各仍其舊譬之赤峯人與赤峯人結婚性情同禮儀亦無差忒與他縣人結婚往往致媒妁之展轉大約以隨方就圓然率富厚者與讀書者與官界之在此地落戶者其結婚略可足述焉先由媒妁介紹分頭接洽名曰提媒兩家允妥女家書女之生辰於紅箋媒妁投送男家名曰庚帖有仿古時問名之遺義男家據庚帖延人推查吉否謂之合婚合婚妥協定日互相看視謂之相門戶由媒妁送彩禮有古時納幣義至娶親時擇選吉日避除遂項禁忌謂之選嘉期似合古納吉遺風書寫選擇吉日於紅帖仰氷人賚至女家名曰送嫁娶帖似古禮請期之變禮男家置備首飾衣服等數事謂之過大禮亦卽古納幣之義至於猪酒由男家遣人送之女家謂之下猪酒近古奠雁之禮至折猪酒等事爲錢帛由媒妁評定之謂之小折禮古禮則無定親之始無論男女兩家必使兩親翁同酌飲宴各致酬敬謂之換盅無論彩禮猪等項概由媒妁評定折合錢幣謂爲大折乾此俗鮮有謂取其簡便也

臨吉期前一二日女家設筵席各親友以財物助嫁名曰聘儀俗稱添箱男家具帖報告親友謂之辦紅事亦謂辦喜事各親友以財物相助謂之隨禮俗名隨份子男家於吉期之日門粘喜聯窗粘喜字大門懸紅布或紅綢謂之掛彩女家用車送櫃箱各器皿於男家謂之陪送嫁裝男家奏樂迎之陳設室內謂安嫁裝娶之日男家用車或轎且預請一女客謂之娶女客女上轎必身穿紅衣頭頂紅綾謂之穿紅衣蒙頭紅必須男家備車轎娶女有似古親迎之變體也彩車途遇井廟等事遮以紅謂避邪冲也新婦下車懷抱銅鏡頭帶紅巾兩童女抱寶瓶置新婦腋下扶之以行立於天地桌之前新婦行不履地必跪童男舖紅毡於地更替前行新婦立而不拜新郎跪拜如儀謂之拜天地新婦新郎俱步紅毡而行至門由新郎用秤杆代揭新婦頭巾謂之挑蓋頭入室兩兩向預卜之方向而坐名曰坐福喜娘爲新婦響髻開鬢名曰上頭斯時鼓樂齊鳴炸炮齊響親友紛紛致賀名曰道喜鄉里之助忙者知客者按賀客之數布筵席謂之喫喜酒宴時新郎拜筵謂之拜謝亦有新郎新娘俱拜者於蒙人見之漢人則尠拜筵罷新郎新娘拜祖拜皂似古廟見之義拜翁拜族長唐代時謂之拜堂今則拜天地爲拜堂謬矣親友餽財物新郎新娘上拜謂上拜禮當晚新郎新娘同食子孫餑餑亦有坐床時食者亦有名食子孫餉子者義同而言異耳且有食麵者俗云子孫餑餑長壽麵當日晚飲交盃酒古所謂合巹俗曰入洞房凡小叔小姑晚輩等皆來攪酒亦謂鬧洞房此風甚盛家家有之以爲大喜樂三日九日女家接女及婿謂之接回門亦有接七喚八者似古反馬禮焉

至一月迎女歸寧謂住對月近年聞官紳家多行文明結婚禮平民家尚未之見本境官紳亦仍沿舊制蓋此風由來久矣

喪葬

孔子云禮與其奢也寧儉喪與其易也寧戚觀此可知三代之時喪葬亦有奢簡之殊但後世喪葬奢簡以貧富爲準貧者之孝子雖供儀從簡而孺慕眞誠天眞流露哀毀涕泣廬墓祭祀三年不改者有之較諸富者之喪儀豐盛敷陳百里祭奠哭臨僅飾虛文且有號喪等事眞不及從簡者之萬倍矣林西開闢伊始文化未啓故凡婚嫁喪葬等槪無仿效各從其舊貫名因其貧富僅擧大略相同者數端料誌之當病者大漸家人爲穿履環守受遺囑舁牀上俟氣絶置於靈床或就地無定向枕鷄鳴枕覆紙衾納銀物或銅錢於口內置餌於左手置鞭於右手惟蒙面用糸布或白布近古設冒之意用疋布圍尸以彩繩絆足以生鐵壓紙被上看守之禁猫狗跳躍身上名謂停牀似古易簀事禮謂小殮靈前置盂每飯貯少許卽古設㸃之義靈前設盆奠紙其中名曰喪盆燃澄一盞云照幽路名長明燈從佛敎也供兩碗飯於前插箸三枝裹棉上端俗名打鬼棒古屬纊之義也殮訖焚馬或車於門前名曰倒頭馬孝子登高處號走西南大路俗稱呌道或云指路似古臯復招魂之誤者孝子等衣白衫捧壺漿執燈籠赴廟

社焚香化楮而哭名曰報廟亦曰送倒頭紙每日早午晚三次當死之日剪白紙爲條書死者姓氏年庚掛於大門外名曰掛門旛紙卽古神帛魂帛之義宋以後則稱招魂帛引死者之魂來復之喪旗也用米色書亡者略歷俗謂報喪帖卽古所謂赴朱子改爲訃書某日成服開弔談經修主致祭發引及亡者生平事蹟皆詳敘之名曰哀啓惟世家名族有之平常人則無親友賻奠鏹唁之曰弔紙亦曰弔孝孝子必叩頭陪哭凡喪事孝子皆以磕頭爲禮故俗云孝子頭遍地流必發喪乃收禮不收禮物亦必收紙俗云千金難買靈前弔通義也發喪有排三排五排七之異以貧富不同也故曰屯靈如屯兵有一七二七三七五七七七等名留量貧富爲率有大破孝小破孝之例凡弔者至奉腰經於男首經於女不分親疏遠近授受皆磕頭謂之大破孝按五服以穿孝出五服者否疎遠者否謂之小破孝亦以貧富爲率喪事必延陰陽卜殃所在然所在殯葬禁忌時刻列榜告衆名曰躲殃顏氏家訓有歸煞之說是北齊時卽有此說入殮時司木者用木釘釘棺蓋親屬呼死者左躲右躲名曰躲釘釘畢伏地痛哭名曰入殮卽禮所云大殃也有停於堂以待弔者不設靈棚有設棚於庭旁列殉葬冥物待弔者設跕名曰搭靈棚古時棺前書亡者姓名年庚通稱皇元清成宗始改書顯以別於民庶也男稱某府君女稱清故顯妣某門某太君之靈柩今則書民國時故顯考或顯妣壽享幾旬之靈柩不論貧富本境惟此相同謂開明堂卽古墓誌銘之義又有送盤川俗禮亦謂接三亡人越三日置備紙草供品赴所主廟社無廟者在十字路口燒之富者有鼓日僧道喇嘛前導喪

主持旛抱紙至廟繞行三匝向西南焚紙草寘品孝子東向親友西向跪哭焚化事畢同返喪家設筵叩謝又凡弔客出入喪主門孝親等俱磕頭迎磕頭送擡靈名曰舉重用親鄰人等舉重名曰助忙諺云一家有事親鄰幫助奠儀以麵菓供紙爲多間有賻錢者贈輓聯誄幛者惟富者始有必懸於客棚靈棚中又有舁供儀於桌上或三棹或五棹游行街路名曰擺祭弔客宴畢而去孝子跪門側磕頭名曰謝弔又有早午晚三時着僧道誦鼓吹獻劇孝子獻帛獻楮獻各色供品謂擺家祭行三獻禮閱古制梁武帝時曾有此事有成主致祭者必請點主官以年高望重者充之請四相以功名者充之喪主預置嘉木修主匣內藏木主名稱牌位點主官將亡者之官銜壽數生歿之年月日時分別寫於其上寫神字不寫豎寫主字不點上點即付喪主再由喪主奉木主跪點主官前請主官用新朱筆塡寫神之豎爲通神朱塡主字上點謂之成主孝子稽首受之或奉祠堂或供於家廟四季禴木主祭祀俗甚揄揚之以爲喪禮之美善棺有用圍幛者古禮名棺罿俗禮稱爲棺罩擡棺至墓所由陰陽指定方向卜定時刻將棺下壙內殿平撥正孝子必三次捧土塞壙中助葬者始築土成墳焚燒殉葬等事哭奠而返俗名曰除殯葬後三日孝子孝親詣墓焚楮抉土築墓名曰圓墳是後三十五日哭奠謂之辦五七百日哭奠謂之作百日始脫孝衣即禮所謂百日卒哭也至來年之歿日哭奠於墓者謂之燒週年三年孝滿謂之三週年服闋林西設治僅二十年無官紳世族等家鄉里之喪葬大略如是爲時地所限固此簡單亦無可厚訾也

上壽禮

上壽乃他人之稱自稱曰作壽俗云作生日齒高有德望者親友送壽聯壽幛或壽桃壽麵等禮主人設筵宴之謂慶壽林西惟官家有之鄉里罕見

信巫

林西地處邊陲良醫眞藥在所難覓故鄉里之有病者每多用巫療治疾病而爲巫之婦因之較多燒香許願千奇百怪靡所弗至俟文化開通此風當卽殺矣

習俗

林西之文化幼稚人民之智識簡單故見思遷者往往而夥效蒙人之唱蒙曲者有之效兵人之口出匪言者有之且有無論紅白事鼓吹演唱殃歌甚爲不雅所望有民社之責者亟起提倡文化維持善良之風氣此惡習卽免焉

民𡊮

本境民刧莫慘於民國十六十七等年歲旣凶歉又値劉山勝之黨羽來此駐紮號糧草抓車馱百般需索毫不給價而且意外苛勒鴉片馬匪財賄等等稍不滿望弔打男子姦淫婦女隨意爲之有來縣控告者不但不得伸理而且變本加厲反受責罰傾家者實繁有徒故外號稱劉迷糊因是人民大起公憤假紅槍會（是時內地正起紅槍會）爲名抗拒糧草其先劉山勝亦以紅槍會之名加罪於民曾將良民孫成業抓來押於縣署兩月之久經鄰人納款贖回是案發生時慘死之靑年三四百名老弱轉溝壑者無數婦孺等因避兵刧逃躱山澗溝穴間時値舊曆十二月初旬天降大雲凍餓死者何止數百傷心慘目不忍言狀後劉被熱政府通緝其侄在熱河受槍決刑說者謂刑不蔽其辜云嗚呼痛哉慘哉

戰役記

本境前代未經設治亦無兵事之可考惟自民國二年外蒙肇亹匪酋率惡黨數千東由烏泥汰壩筒入境西由什巴爾台壩筒入境彼時人民不知種族關係窮黎不曾逃避該匪逢人卽用槍斃遇場圃屋宇卽用火燒時値八月仲旬禾稼甫登人民戀棧殞命者難以數計至三年春政府派人調查時過景遷徒增人悲悼者實居多數民國五年秋九月十一日蒙匪七千餘猝然而至兵不及防民不知避米鎮軍於夜之早三點鐘派石管帶率步兵五百赴

東河敵禦至則天曉已七點鐘該匪在東沙臺張兩翼包圍而至驟逾風雨全軍盡沒農民四散奔逃陷入匪中者盡皆殞命匪進至縣城東門外之東山東營盤亦被焚被守城兵用機關大礮擊退此一役也凡經過之地俱爲灰燼至今言之猶有痛心焉民國七年夏又有蒙匪之警我軍進至北大壩匪至烏珠穆沁不知因何故解散農民逃而復廻者有之荒蕪農業者實繁有徒民國十一年票匪老明字寅夜由南區入境軍警鄉團合力追剿至北區葸根溝陣亡區官一名巡長一名警士二名損失槍枝十餘枝此一役也全境震驚曾開追悼會於本城之城隍廟內民國十三年九月十三日東區張殿武冒充奉軍團長希圖擄財至本境東邊之噶蘇汰廟被我鄉團及警察協力擊退我鄉團奮不顧身幾至肉搏此一役也傷匪十餘名陣亡鄉團四名亦在城內開追悼會一次民國十六年十二月劉山勝鎮守本境暴兵激變黑石灘農民劉鎮守使以紅槍會之名義及假證據汚之殺戮該處農民婦孺等千數波及本境南區耗萊井子等處民斃者三百餘口是以本境有紅槍會禍之紀念近年來天災迭降滴雨不落民不聊生逃亡將半而兵事遂因之息焰矣

林西縣全境常年攤派化費數目表

區別	關于支應軍隊者	關于行取部分者	關于供給者	關于應酬者	總計	地畝總數	每頃應攤洋數
一區	一二〇九六、	二七五〇、	八二五	五五〇	一六二二一	五五〇頃	二十九元九角九分
二區	二六九九〇、	四二八五、	一九〇四	九五二	三四一三一	九五二頃	三十五元九角二分
三區	一四九五五、	一六九六、	九六九	四八五	一八一〇五	四八四頃	三十七元七角一分
四區	二三七七八、	五〇四九、	一六八三	八四二	三一三五一	八四二頃	三十七元三角二分
五區	一七九七三、	三八四九、	一二八三	六四二	二三七四七	六四一頃	三十七元一角
六區	一五二八四、	二六一八、	七四八	三七四	一九〇二四	三七四頃	五十一元四角一分
七區	一七二三五、	四四四五、	一二七〇	六三五	二三五八五	六三五頃	三十七元四角三分
八區	一一四六三、	一一四八、	七六五	三八三	一三七三二	三八三頃	四十九元三角四分
九區	二一二〇〇、	四四八八、	一四〇二	五六一	二七六五一	五六一頃	三十六元一角三分

十區	一三三九一、	二二四四、	七〇一	二八一	一六六一七	二八一頃	五十九元三角四分
十一區	八一八八、	三二八〇、	七四四	二九八	一二五一〇	二九七頃	四十三元一角三分

本表依舊制分十一小區攤派款數均以現洋圓爲單位地畝依八扣所得之數

說明

表列支應軍隊一項凡關于徵發車輛拉運燃料暨攤派粮秣向不發價之數及他關于軍隊用途者屬之

行政一項關于行政部分之攤派非法令所規定者屬之

供給一項係指過往食宿或委員下鄉公舘及他各項差役之應付

應酬一項如外省或本境捐賑布施暨農會頌揚各界匾額等費及其他公私間之酬酢費用均屬之

地方擔負之重輕

查本邑遜清末葉設治招徠農商多觀望却步經張總辦文灝公撫臨斯土寬以將事需以接物請准領照後三年升課廣留荒界寬展路徑人民帶惠無甚負擔政簡賦輕戶有蓋藏斯邑可稱樂土焉迨民國元年外蒙肇釁大軍雲集供給雖屬浩繁而照物發價民戶反利賴之矣商賈輻輳城垣興修若無軍負之事餉糈恐此邑然是巨款之

來源也地方雖有負擔不覺虧累至十年後地盡升課機關初設雖有擔負不爲甚重近數年來迭遭饑饉屢增捐稅大軍屬集局卡星羅加之牙儈皮販動輒盈游手而食者難以數計凡此皆依農而食者也總計有形之擔負每地一頃歲約七十元上下而無形之擔負實難屈指焉統計全境農田七千頃有奇有力耕種者不過五千因是米粟等常仰外縣全境人數五萬餘名口而用力耕田者三萬餘逢僱工農忙時工作者約達四萬食之者衆爲之者寡而擔貨之重輕概可想見矣

地方之理亂興衰

富歲子弟多賴凶歲子弟多暴賢聖之定評也地方豐則諸事興地方歉則諸事衰今時之確論也本邑當開闢之初村落未建人煙稀少農民墾荒露地而居畜散遍野大有太古之景象焉至民二年外蒙擾邊軍事勃興盜賊潛滋官府之案件陡增農民之營業維艱斯時也歲有收穫生活之程度猶低雖有匪患人民頗可自衛如票匪入境警甲頗堪敵禦如東匪張殿武雖踐東界我保衛團一鼓而擊退焉近年來旱魃爲虐連歲成災民戶凋零商賈仰屋雖有盜賊只一窮字禦之而有餘力矣邇兹邊縣遭此巨凶爲望仁人君子體恤而調劑之則企予望之矣

慈可勵俗善足感人世之所以慈善也林西地爲塞北之邊陲十年九旱連歲告饑窮困流觸目皆是苟無輕財好義者維持於其間老弱者轉乎溝壑强黠者挺而走險不獨良宰不得彈琴而理亦世道之隱憂矣今採其有成績可稽有事實可徵者弁諸簡端庶鷄鹿塞邊亦善良之風俗焉可也

律歲春　赤峯縣北小河子人父大財心立誓願自前清光緒初年年施粥繼而林西設治又佔領大段荒地民國初年景亦有收穫歲春繼父志遂於英溝窩舖設粥鍋一處宿貧人房數間於民國十六年歲春乘馬受跌損傷物故後人不能善繼述鄰里嘖有煩言至二十年春季停辦矣雖然施粥飯濟貧窮歷四十餘年實力奉行者父子兩世不得謂非慈善之家也況又有一鄉善士之匾額李子嘉縣知事之許豈非我邑麟角鳳毛乎

夏福堂　字翰鄉山東臨邑縣人年五十餘民國初來林領地於林街設立小生意舖年年行隱善不令人知每歲年終或節時暗施貧窮者米麵或錢物若干有勸其呈報備案者伊云施濟衆乃稱善舉今我無多資財難謂慈善倘異日有不能繼續進之行時豈不遺慈善者之羞乎

節孝烈婦

序

黃河以北僻居熱省北邊向爲胡族不修節孝自林西開闢招徠佃戶多係內地良民尙知節操雖艱險困苦而心志不撓士敦詩書女尙貞潔頗亦有人所謂求禮節於僻鄉者良有以也今將其年逾知命猶兢兢從事於勤勞教子旣有義方守身仍復仲矩者採錄簡端庶潛德幽光不致湮沒於蔓草荒煙焉是爲序

姜焦氏　二區三家村東南趙家營子人姜鳳儀之妻年二十夫歿遺腹五個月誓志守節後果生子名文藻十七娶妻李氏得二孫長大僧次小僧文藻二十六病故兩世孀居家又極貧李氏歿焦撫二孫成立今小康苦節歷四十八年尙健存

李馬氏　東區人李海峯之妻年二十九歲海峯故氏誓志守節支持門戶歷盡辛堅如鐵石鄰里稱贊如出一口現年四十八歲猶終日操持家務庶能生活苦節歷二十年

徐李氏　南區櫻桃溝村徐申之妻二十五歲夫病逝子女俱幼有廢疾之伯兄家極貧婦志愈堅民國十一年林西大饑米珠柴桂氏晝爲人傭夜織摺蓆一家賴氏活終使伯得葬子女成立苦節歷二十年鄰里稱賢

尹李氏　東區大巴士村人尹德山之妻於二十六歲夫病故遺四子俱幼氏夏傭工冬行乞至民國十一年林西大饑幸長子十四歲與母將野藿糊口苦志歷三十年現五十七歲尙健强能操家務現今四子成立務農

張張氏　東區水泉溝人張永之妻年二十七夫病歿子女俱幼無親族可依家綦貧氏攜拔草傭工夜縫紉做履

賣錢糊口百般艱辛終不二志鄰里咸稱道之現年四十九

田楊氏　西區木石人田士貴之妻二十三歲夫病歿當夫病時氏延醫調藥晝夜扶持歷數月不稍廢怠家有微儲盡爲養費夫沒生計日蹙且無翁姑兄弟二子俱幼氏誓志守節撫養繼田氏後其艱辛嘗三日舉一火登峻拾峰拾柴失足跌爲殘疾終不二志歷艱守節今三十年

高劉氏　東區大巴士人高彬之妻二十七歲夫沒祇一子名鵬飛氏延師教子操持家務度凶年遭兵刼歷艱苦不稍懈終教子成立鄰里咸羨其節操今苦節二十年矣

馬劉氏　縣城東門馬信之妻家有薄田數十畝夫沒遺四子均在妙齡氏躬親耕作終歲無少懈長子成丁娶呂氏女爲媳過門生二子不幸長子又因病夭殂氏與孀媳撫三子二孫終使家庭內外井然可見該氏治家有法戚黨隣里皆稱女豪傑現年六十餘媳呂氏頗有姑風卿里議爲請旌因歲歉未果

張閻氏　中區人張文之妻夫在外遭刼死氏年二十一事悍姑以孝聞妯娌咸仰慕之夫沒姑欲鬻之氏婉詞慰謝從容殉節人咸稱爲婦人中之皎皎者議請立坊致亂世未得表聞

任柳氏　四區高爾旂村人十八歲于歸爲任忠有之兒媳夫無名字年二十夫沒守孀族人因其年稚無嗣咸勸其醮婦曰遺腹已六月餘倘蒼天見憐不絕任氏生一子矢死撫孤如天絕人嗣再議又三月果生一子名曰夢珂

婦喜曰予意決矣垢容毀面不御華飾後其生父又勸其移節婦拒絕其父與之絕往還終不造父門鄉人咸慕其操敬其貞靜之德現四十五歲子成立亦頗承母意

張何氏　東區官地村人張九合之妻年二十于歸三十三夫沒現年四十七歲子十五歲寡母孤子貧苦萬狀鄰里親族咸道其懿行貞德世所罕聞夏則傭工度日秋則拾遺禾決不貪人之物因是鄰里皆議周恤之法

姚劉氏　西區湯牌村人姚景文之妻年十九于歸民國二年蒙匪變亂夫罹難死婦年二十七矢志柏舟撫孤子名看不上貧困萬狀決不二志感動親鄰隨便周濟苦節至今十七年矣

姜王氏　東區博立溝村人二十一于歸姜維範爲繼室二十七維範沒遺子在襁褓撫前室子如己出及成立從軍赴黑龍江無耗與子娶婦楊氏不數載子死孀婦年二十六頗賢慧遺一子一女姑媳兩孀同勵苦節子孫女已完婚今氏年七十三媳年四十六雖有薄產歷盡艱辛鄰里咸稱慕焉

劉張氏　東區博立溝東三家村人劉起之妻於民國五年蒙匪擾林西路經其門入室宣淫氏不受自戕死蒙匪將氏甫三月之子亦摔死士紳徐致軒巡官灤明德等爲之請旌蒙大總統袞褒給心堅匪石匾額

王劉氏　東區小井子村人王景文之妻十九于歸二十守孀過其弟景魁之子爲嗣氏撫養周至愛逾已出貞潔踰氷霜勤勞勝童僕且舉止端肅溫柔合娣姒一家咸敬重之守節至今十九年矣

楊杲氏　本城人原籍承德縣年二十八守孀子幼名俊山最孝孫耀彬賢能至民國十九年壽八十三歲無疾而沒子孫爲請　旌蒙
省政府賞懿行可風匾額縣政府獎節烈氷霜孀額四十一團長給闔儀足式匾額現隣量議建坊勒碑

嘗觀節義傳有見危授命而損軀守正者矣有以一時之激烈而身殉所天者矣又有欲殉而不可得至於飲蘖茹荼歷數十載如一日卒使子成孫立數世同堂瞻家道之裕足享期頤之永壽厥維哲士猶屬難能而況出諸女流者哉邑人楊俊山者其母杲氏原籍承德縣人儒門之女也十九歲于歸楊氏夫名志不幸中年病故氏年二十八歲家不中貲孤子稺幼欲殉則孤子叏涕弗忍訣絕理喪則棺衾無措室鮮儲積茹痛銜悲典質簪珥竭誠盡禮親視殮埋從此家業蕭條益難度日矣氏則辛苦備嘗戚隣咸加景仰經營家務內外畧無間言歷十餘載子俊山成立遭年光之凶歉受食指之艱難於光緒十八年移居赤峰縣爲子完娶獲抱孩之慶焉民國七年又遷林西孩耀彬成立矣天嘉節義俾麟兎降於其家人鐘彛德獲丹桂毓於中庭氏子俊山數履坎坷佳兒生於膝下氏孩耀彬身膺貿易榮譽播於鄉邦邑紳等因纂修邑乘溯楊氏之節義爰於請　旌之後建立墓碑屬余爲誌余忝爲纂修義不容辭且素聞夫人之懿行謹勉掇數語之云爾

方夏氏　本城人原籍山東濟南前清附生方振聲之妻十七于歸二十七守孀奉姑有孝聲紡織得息教二子讀

書省成立享年五十五壽終苦節歷三十年民國十九年請旌蒙省政府賞節凛氷霜匾額

農　事

林西地居熱省北鄙在興安大嶺之東北部地勢高阜天氣酷寒尤多暴風暴熱於初中兩伏僅二十餘日交通梗塞產物簡單惟牛羊皮來自蒙境爲數無多商業不合軌道沿昔作蒙古買賣習慣惟事苛勒不理顧主自招徠漢民之後始有農業天時亢旱地多砂磧阜陵曼衍河流極少水脈極深境內十丈之井不止數處費力多而收獲少饑貧之源實在於此近年駐軍供給浩繁毫不發價警練增餉捐稅加額局卡日增游民日盛汲汲乎有良民不得存在之勢距省會遠籲懇無門處荊棘中莫敢誰何此所以招徠未久而逃亡相繼也既無礦產之山多有不毛之地砂磧中間有厚土爲酷旱而成焦土所以維持二十年者端賴初闢逢張總辦仁慈愷惻嘉惠良多秉彼時徵有雨澤致大戶畧有蓄藏查各區之戶口對當時之底冊原佃之姓名似晨星寥寥無幾矣僅記現狀情況畧舉數事以備觀風者採擇焉

附　土田水利

縣治近城之地𩀱木石匣河兩岸平原土屬硝質有云堿質者非也黑墳含三分以上之砂量近河者爲膏腴居民稱爲淤土地近山者爲黃壤呼爲黃砂土土既含砂遇旱則成焦土蒿草俱無近時興辦水利在縣治南門外挖河渠一道名富利水渠然獲水利者僅百十頃不獲水利者數百頃獲水利者有苗而不秀不獲水利者苗亦寥寥東區挖富民水渠一道灌地百餘頃該處人心渙散屢起爭訟大有因訟停辦之勢北區烏泥汰溝門有水渠一道灌地二百頃之譜係該處民戶韓海獨力創辦未立名稱該處居民頗霑餘潤迤西之英溝有水渠一道係律歲春牽鄰里募款拔工羣力築修近年頗獲利益惟處四處𩀱河可興水利僅四五百頃地耳其他則盡屬高崗連年酷旱赤地彌望籽種不能歸倉十年於兹矣

附　土　宜

縣治近城地爲中區改爲一區有河一道兩岸盡平原土色黑墳最膏腴惟含有硝質水性鹹澀穀類宜粟豆穈黍小蘇子鴉片木類宜楊柳榆畜類宜牛馬羊爲數雖寡不得云無

縣境之東北爲東區改爲二區東疆𩀱查罕沐淪河山皆崗阜形似覆鍋黃壤黑壤參半無他樹木惟有山榆穀類宜粱豆粟麥則十不獲一畜類宜牛羊豕

縣境之西爲西區現改爲四區稍河流多砂質地甚瘠薄山勢縱橫爲全境山之來脈穀類宜莜麥蕎麥小麥粟豆木類宜楊榆畜類宜牛羊馬

縣境之南爲南區現改爲三區有大嶺高山土阜無河流居民挖井有二十餘丈者十餘丈者多黃壤錯出砂磧間穀類宜粟豆小蔴子穈黍木類有楊榆畜類宜馬牛羊豕

縣境之北向爲北區現改爲五區毗連大壩山水綰錯地勢高寒土多黑壚間雜砂質最爲膏腴穀類宜小麥莜麥粟豆蔴子鵶片與中區相將近年督種鵶片縣境若無一五兩區之地必至全境分擔煙捐農民更生路矣畜類宜牛羊馬及駱駝等木類間有榆松楊柳

田制

林西闢荒較晚田制俱仿照他縣以縱橫五尺爲一弓二百四十弓爲一畝一百爲一頃買賣地畝以畝爲單位園地亦以畝爲單位惟價值較農田貴二三倍或四五倍不等園田每畝價值國幣二十元至四十元農田近水者每畝價值國幣四五元若元旱高崗地每畝佳者價值不過一二元稍瘠則無受主矣近年來搬地逃荒者日相接踵統觀本境經營田產約有四等一等曰鎊菁富農出籽種食糧工資及一切應用器皿招貧民耕種謂之招菁貧民

謂之招菁收穫兩造平分不收則貧民賠一年之身力地主賠一切化費再完納各項賦稅捐欵及給養軍糧草薪車等事是以近年來之逃亡相繼也一日租種地有上繳租下繳租兩種有資者出資受地有地者以地受資謂之上繳租有牛力人力者言妥年限種地有地者言妥秋後得糧若干謂之下繳租一曰僱工種地長工以年計短工以日計秋穫糧稭盡歸地主非富農不能一曰自種地自己有地有人不用他人備工此等爲數甚少民國十年以後凶歉迭遭賦稅軍食疊增不已農民蕭條工商罷業若不速圖挽救此新設之邊疆將不堪設想矣

產量約數

穀子　帶殼曰粟去殼爲小米豐歲每畝可產三斗餘（每斗重三十觔上下）間有產七八斗者十不有一每畝種子半升穀雨布種白露收割產穀草一百五十觔上下

糜子　黏者名黍立夏播種處暑熟割每畝需種半升豐歲收穫二三斗約三十觔弱稭可作燃料

棒子　亦名玉蜀署東省名包米穀雨前播種六月底成熟每畝可穫三四斗需種子一升半種者甚鮮

小麥　清明布種六月底成熟武斗種子可布六七畝每畝收穫一斗者爲中等二三斗者爲上等最畏旱近年來種子多不歸倉

大麥　播同小麥其成熟亦相等每畝地可收穫二三斗而種者極稀因其不適食品之故

元豆　亦名黄豆每畝需種子二升收穫可得三四斗與黑豆青皮豆種法收數相等惟畏旱之故不甚暢旺

綠豆　亦名吉豆立夏後播種白露前收割每畝需種子二升收穫三四斗因畏旱種者多不成熟

小豆　產量甚豐每畝需種子半升可穫四五斗畏旱畏霜白露前熟否須割爲此地土宜

線蔴　土人名蔴子稀種者生枝乂結實可搾油燃燈稠種者不令生枝乂初秋成熟用木刀削去枝乂及杪漚水中去青膚皮可剝蔴用路頗廣能輸出遠方爲此地輸出品之一初春布種令結子每畝需種子半升秋分後成熟欲剝蔴每畝需種子二升

蘇蔴　土人呼爲青蔴畏旱喜種窪下地種者甚少穀雨播種七月成熟取實後而稭始漚蔴用路不及線蔴

大蔴子　即蓖蔴子立夏前布種每畝需種子半升秋分後成熟可穫二三斗可搾油用途較小故鮮有種者

蔬圃

本境多高崗阜陵地高水低蔬圃之設甚爲難題惟縣治近河水脈亦淺週圍園圃頗堪設立蔬類以茄韭菠菘芹爲普通近年種罌粟乾地不易穫苗故園圃多有種者至專以種蔬爲業者因銷路不廣亦見易思遷矣

名宦

張文灝　浙江省紹興人自前淸光緒三十四年至宣統二年兩次宦遊林西政聲惠德商農共戴如緩徵田賦淸理民戶寬留田界道路及請准商農等立會之地址學校之基礎諸大端全境人民至今稱頌不輟卽當日之維持荒價緩納課捐等使農民各戶有積蓄至今日不受凍餓之苦者皆張公之賜也

王懷有　字寶臣安徽鳳臺縣人於宣統三年充當毅軍中路步兵第四營營長民國二年九月初二日援經棚縣攻克敷包山在劉家營子與蒙匪接戰陣亡於孤山頂年僅四十六歲今其家屬猶在本城寄居

姜瑞朝　字雲五安徽亳縣人充毅軍礮隊第二營營長民國五年十月初九日攻克林西在東門外敷包山陣亡

石成金　陸軍步兵中校充毅軍步兵第四營管帶民國五年攻克東河陣亡

劉殿起　熱河省朝陽縣人充毅軍先鋒馬隊第二十八營營長民國二年攻克湯上陣亡

鄉宦

譚蘭馨　字香谷安徽省亳縣人民國二年充毅軍糧餉局局長歷朝陽縣縣長現居本城德興源商號有農田十

數頃在縣城北外

尹寶山　字宗五熱河省平泉縣人移居林西縣城二道街歷充熱河游擊馬隊第一營左哨哨官陞補熱河第一混成旅步兵第一團第三營營長現充東北邊防軍熱河駐軍騎兵第十七旅第四十一團團長陸軍騎兵第十七旅第四十一團長陸軍騎兵上校銜於二十六年又改爲東北獨立騎兵第九旅第五十八團團長現有農田十數頃在第二區博立溝西三家村

鄉賢

胡銘岑　字明痴本省平泉縣人有膽智志超羣清國授八溝營他拉波羅窪汎千總加藍翎都司銜清季入警務學校畢業從事革命致被懸賞通緝幾瀕於危民國成立入同盟會改入民黨民國二年隨同志人在天津國民黨交通部被緝逃往林西投入毅軍右翼充幫帶授陸軍騎兵上尉七等嘉禾章十一年更河南陸軍第一師輜重營長後接補充團長授陸軍上校銜中校十三年充林豐鎮守使上校副官長因時局不定退伍爲農現年五十爲鄉里排難解紛稱善士云爾

葉　葰　字純浦河北玉田人本境放墾時來領荒民國初年成立學校爲勸學總董破產捐貲熱心新政席不暇

暖是邑青年受其援引者多人民國十四年地方不靖徵收局長棄職地方公舉代理徵收局長職務除收公欵外絲毫不取其急公好義事全邑稱道

林西縣商會職員沿革

查林西縣於前清光緒三十三年經熱河都統廷杰奏請清政府諭准丈放右巴林荒地招徠商民設官治事但此時雖經設治人民仍屬無幾縣街商號不過數家市面蕭條尚無商會洎至民國肇造外蒙倡亂林西居處邊徼適當其衝於是中央簡拔師旅大軍雲集至民國二年各行商號方始輻輳來林日漸發展是年秋季遵照前農商部章組織商會於九月間成立初名爲林西商務會投票選舉結果郝勤得票最多爲商會總理曾紀綱爲協理因前商號無多暫設四家會董至民國四年九月改選正會長爲曾紀綱副會長爲馬東斗四家會董爲恒興成等至民國六年九月改商務會爲縣商會正副會長仍舊聯任四家會董並無更動行民國八年九月改選正九長爲馬東斗副會長爲孫家惠因縣城生意較前增加數倍遂改爲八家特別會董至民國十年九月改選正會長仍係馬東斗副會長爲張守玉八家會董之中惟道生永德潤成改換別無更易至民國十二年九月改選正會長仍係馬東斗副會長爲王德銘八家會董惟滙豐祥慶德正福興厚三家改換餘無更動至十四年九月改選正會長爲葛起

翔王德銘八家會董無更易至十六年九月改選會長爲葛起翔副會長譚樹棠八家會董爲慶記慶德元慶德正慶德亨合盛成福全成裕興棧榮生德至十八年十二月遵照國府新章改行委員制投票選舉葛起翔爲主席曹蔄孫家惠袁鍾傑楊占源爲常務委員此外尙有十家執行委員七家監察委員此係林西縣商會歷年改選沿革實在情形也至於地面商業因近年花費浩繁迥非昔比實有不能支持之勢矣

林西縣錢法之沿革

查林西縣設治之初地面行使均係以現銀爲本位至民國三年軍興以後始見現洋每圓作銀七錢二分以及交通銀行之鈔票亦照現洋行使並無折扣地方頗覺活潑至民國五年交通紙幣略漸貼色至民國六年逐漸跌落後至五六扣則卽收回於是本省興業銀行發行一種兌現鈔票週流地面迨至十四年秋季停止兌現票價因之跌落幾乎交通停止至十五年春三十元折合現銀洋一圓夏季又改至六十元十六年春另加畝捐一倍農民交捐以十五六元折合現銀洋一圓市面則四十五元折一元人情恐荒達於極點此項鈔票各處市價竟由二十元至二百元然後始行廢除十七年又發生一種兌現鈔票載明京津兌現行使經年後又來同樣鈔票因無兌現字樣遂致日漸跌落約至二元合現一圓至十九年春規定法價五元折現洋一元嗣後各行陸續廢除現在市面已

屬不見因此票價不穩地面商號交易往來率皆改成津洋爲本位境迭遭賤年又加此鈔票商民交困端因於此

林西縣全境輸入表

輸入品	額數	備考
大布	八〇〇〇疋	
洋線布	五〇〇疋	
花旗布	二〇〇件	
打連布	二〇〇件	
坎布	八〇〇件	
市布	一五〇〇疋	
套布	五〇包	
色花布	二〇〇疋	

青貢綻	五〇板	
花緙緞	一〇疋	
國華緞	八疋	
花絲葛	一五疋	
線春	一〇疋	
綫緞	五疋	
線呢	一五疋	
嗶嘰	一八疋	
洋紗	一〇疋	
白洋線	五梱	
佛表紙	四〇〇簍	

三七

紅糖	八〇〇包	
白糖	八〇〇包	
冰糖	三〇包	
洋糖	八〇〇斤	
蘑菇	一〇〇斤	
木耳	二〇〇斤	
海參	一〇〇斤	
海米	一五〇斤	
小海米	一五〇包	
面鹼	一五〇包	
洋鹼	一〇包	

紙烟	五〇〇〇箱	
洋麵	二〇〇〇袋	
洋毯	五〇〇塊	
洋傘	一五〇柄	
日光皂	二〇〇箱	
洋燭	五〇〇箱	
洋釘	五〇箱	
洋火柴	二〇〇〇箱	
廣大料	五〇斤	
古月	五〇〇斤	
花生	五〇〇斤	

土鹼	四〇〇斤	
鉛粉	一〇〇箱	
顏料	值一〇〇〇元	
書籍	值二〇〇元	
毛筆	值二〇〇元	
鉛筆	五〇打	
石板	二〇〇塊	
石筆	五〇合	
粉筆	五〇合	
香墨	二〇〇斤	
瓷器	值五〇〇〇元	

玻璃	值六〇〇元
草帽	值五〇〇元
化妝品	值三〇〇元
藥材	值二〇〇〇〇元
木材	值四〇〇〇元
煤油	八〇〇〇箱
棉花	二〇〇包
鐵器	值一〇〇〇元
生鐵器	值一〇〇〇元
萋蓆	五〇〇捆
廟香	五〇〇捆

其餘貨物不詳備載

林西縣政治志

卷三

行政類

縣公署

本境爲中國內蒙地前淸初時分封盟旗劃爲昭烏達盟巴林旗於光緖三十三年經熱河都統廷杰奏請開放左右巴林兩旗荒地八千餘頃先設墾務行局於色布敦廟札派候補知府王順存辦理丈荒事宜於本年四月到局七月丁艱回省又札委候補知府李鋑接辦三十四年撤回又札委候補知縣張文灝接辦宣統元年仍經廷杰奏准設縣治以張文灝爲知縣兼管左右巴林克什克騰三旗漢蒙事宜卽以墾務總辦試辦林西縣正堂是年於烏梁蘇台溝門修建林西縣衙門冬月遷入之民國三年奉令改組以縣公署繼又改爲縣行政公署十八年奉令改組爲縣政府

林西縣治沿革

林西於前淸末葉設立衙門損舊制而設兩房一日刑房兼敎育內務事宜一日刑房兼實業財政事宜房設經承

一人貼寫三人設三班名曰衙役快壯皂承辦傳票緝捕事宜每班無定額並有額外散役之設又設有門房（即今之收發處）又設有班管（即今之看守所所長也）民國三年奉令改組設兩科名曰第一科第二科第一科設科長一員秉承縣知事指揮綜理全科事宜設科員二人擬辦稿件秉承知事科長指揮助理理全科事務設錄事四人承辦站堂錄供繕寫管卷事宜第二科設科長一員科員二人錄事三名承辦事宜如一科

職務

知事總理全署行政司法事宜所有民刑訴訟由知事或科長審理之

第一科執掌內務教育行政司法事宜

第二科執掌財政實業稅捐等事宜

又設檢驗吏一員司法警察八名所有司法應辦各宜均歸第一第二兩科兼理

設有監獄一員管理監獄事宜設治之初名曰典史又名司獄管理獄事宜民三改組名曰管獄員並設有弓兵四名禁卒一名攢書一名

設班房一所設治之初由縣派人管理名曰班管民三改組後班房改名看守所由管獄員一人兼理之監獄看守

所共設看守丁六名書記一名
民國十八年奉令改組按縣組織法依法組織將縣公署改爲縣政府縣知事改爲縣長仍設第一第二兩科科長
員仍舊錄事改爲事務員並名書記
司法專設承審一員專理民刑訴訟事宜並設書記一名承發吏一員男女檢驗吏一員司法警察改名政務警察
原設六名改增十六名內有警長一員巡官一員縣長改爲司法監督

職官

通判

王順存　前清光緒三十三年任左右巴林兩旗丈荒事宜設墾務行局於色布敦廟
李　錟　光緒三十三年七月到墾務行局任至三十四年二月交卸
張文灝　宇蘭舫浙江人光緒三十四年二月到任宣統元年以墾務總辦兼理左右巴林克什克騰三旂漢蒙事
　宜試辦林西正堂
國仁泰　宣統二年五月到任次年交卸

張文灝　宣統二年復任是年將克什克騰旂劃出另設經棚縣治

沈調燮　民國二年到任次年改組知縣爲縣知事

縣知事

路金城　字柳門皖亳人民國二年到任至三年冬交卸

李傳勳　字子嘉皖亳人民國三年冬到任連任至民國八年

馬汝紳　字肅堂皖亳人民國八年到任次年交卸

王　樞　字翙忱直隸河間人民國九年到任次年交卸

王士仁　字鐵珊遼寧人民國十年到任十一年冬交卸

鍾熙中　民國十一年到任十三年冬交卸

竇懋芳　民國十三年到任十四年夏交卸

張奉先　字奎一民國十四年到任是年因地方變亂離任公舉竇懋芳護理

竇懋芳　字香亭民國十四年冬被舉護理林西縣知事十五年一月交卸

李樹聲　字振珊民國十五年到任是年六月交卸

方培怡　民國十五年夏到任次年春交卸

馬寶山　字子坡民國十六年到任十八年夏交卸是年改組知事爲縣長

縣長

蘇紹泉　綏東人民國十八年到任

教育會

民國十一年春勸學所長錢叙齋君鑒於四鄉教才缺乏苦心籌思限於經費不能延聘遠地教員現有之塾師加以傳習科學再令設塾教讀誠爲不費而惠之舉廣告甫出不數日塾師齊集到校開學錢君率導高級各教員分擔教授各塾師亦發憤研究獲益實多各塾師自嫌修業期短紛紛請求延長修業以期深造錢君復又繼續固有精神再接再勵卒改爲單級師範傳習所終達到美滿結果迄今數易寒暑四鄉學校林立未始非當年勸導於前繼任者發展於後始覘今日之林西教育焉教育會文牘幹事記

林西縣縣教育會

國家需才賴國民以供給之國民向學賴國家以提倡之是以欲謀教育之普及固藉官府之督促然地方紳民亦何能袖手此教會之所由立也於是文化之促進社會之發展國家與人民分工合作教育與行政輔導進行共謀國是並行不悖林西教育會數經前人熱心提倡循序改善至於今日適值奉令改組故廣其範圍舉凡旅居之客民具有熱心教育者悉約參加分任職務本會氣象煥然又爲一新矣民國二十年教育會同人誌

林西縣縣教育會簡章

第一章　總　則

第一條　本會以發展地方教育促進文化爲宗旨

第二條　本會遵照中華民國教育會法組織之

第三條　本會以全體大會爲最高權利機關

第四條　本會定名爲林西縣教育會

第五條　本會以林西所轄境內爲區域範圍

第六條　本會地址附設於林西縣教育局院內

第二章　組織

第七條　本會以駐在本縣之中華民國人民有左列資格之一者組織之

一公立或已立案之學校教職員

二曾在教育界服務一年以上者

三現任教育行政人員

四曾在公立或已立案之高中及舊制中學以上畢業者或與有同等資格之學校畢業者

前項會員應請監督機關審查資格方得與會

第三章　職員

第八條　本會職員由全體大會選舉之

第九條　本會設幹事五人候補幹事三人

第十條　本會幹事均爲名譽職任期二年

第十一條　本會會務遇必要時得僱用有給職員

第十二條　設主任幹事一人其職務如左

一　關於執行大會議決事項

二　關於招集幹事會議事項

三　關於支配幹事工作事項

第十三條　設文牘幹事一人其職務如左

一　關於保管文件事項

二　關於登記會議事項

三　關於文牘通知事項

第十四條　設庶務幹事一人其職條如左

一　關於本會會用物品保管事項

二　關於設備公用物品事項

第十五條　設會計幹事一人其職務如左

一　關於財物登記事項

二　關於賬簿出入事項

第十六條　設交際幹事一人其職務如左

一　關於會外交涉事項

第十七條　本會幹事如有不得已之事故得呈請大會核准後得由候補幹事充任之

第四章　會員

第十八條　本會會員入會時須年滿二十歲以上具有本簡章第七條各項資格之一者並有二人以上之介紹方准入會

第十九條　會員入會有左列情事之一者應由大會通過開除會籍

一　觸犯教育會法第十七條各項之規定者

二　有不正之嗜好者

三　破壞本會議決案者及以本會名義營私者

第二十條　本會會員應盡之義務如左

一　履行本會章程之義務

二　服從本會議決案件之義務

三　負擔本會會費之務

第五章　會議

第二十一條　本會會議日期分爲常會臨時會兩種常會每月一次在五日前舉行遇有必要時由全體會員三分二以上之通過得招集之

第二十二條　每星期日開幹事會一次

第二十三條　本會常臨各會應設考勤表每於半年報告大會缺席超過會期三分之二得宣佈記過一次

第二十四條　本會職員如有觸犯教育會法第二十五條及本簡章第八條各項之一者應由大會議決罷免之

第六章　經費

第二十五條　除被選之職員免收會費外凡會員每年應納會費一元

第二十六條　每年由本會編造預算呈請縣政府設法指定的款補助

第二十七條　本會有不得已事故應由全體會員過半數之決議得解散之

第七章　附則

第二十八條　本簡章應由大會通過自呈准之日施行

熱河省縣教育局暫行組織規程

第一條　縣教育局設局長一人直隸於教育廳秉承縣長主管全縣教育行政事宜

第二條　縣教育局設縣督學一人至三人秉承局長視察指導全會教育事宜其規程另定之

第三條　縣教育局長在省政府未根據縣組織法施行法第四條通令各縣縣長依縣組織法第十七條就考試合格人員中遴選呈請省政府核准委任之前以合於左列資格之一者由教育廳委任呈報省政府及教育部備案

一　畢業於大學教育系或哲學系師範大學或高等師範學校者

二　畢業於師範學校本科或高級中學曾任教育職務三年以上者

三　畢業於專門以上學校曾任教育職務三年以上者

四　曾任縣教育局局長或省督學三年以上著有成績者

五　曾任中等學校校長或小學校長三年以上著有成績者

第四條　縣教育局設左列二課即第一課第二課

第一課　職掌關於文書編纂會計庶務統計及典守印信保管卷宗及其他不屬於第二課事項

第二課　職掌關於規畫執行指導及勞動教育社會教育等事項

第五條　各課得設主任課員各一人主任秉承局長辦理各該課事務課員秉承局長主任辦理各該課事務

第六條　全縣鄉市應由教育局酌劃學區每區設教育委員一人受教育局長之指揮辦理本學區教育事務但遇經費不充時得以一委員兼辦兩區事務

第七條　各課主任及各學區教育委員以合於左列資格之一者由局長委任呈報縣政府及教育廳備查

一　師範學校本科或高中師範科畢業曾任教育職務二年以上者

二　中等以上學校畢業曾任小學校長三年以上或曾任小學正教員四年以上著有成績者

第八條　縣教育局長有秉承縣長籌劃縣教育經費及保管監督縣教育財產之權

第九條　縣教育局長於每一學年終了應將該縣全學年教育經過情形及下一學年教育計劃編爲縣教育年

報呈由縣長轉呈教育廳查核

第十條　縣教育局因繕寫文件及其他事項得酌用僱員

第十一條　縣教育局應用鈐記

第十二條　縣教育局長任期三年但得連任

第十三條　縣教育局之行文程式規定如左

一　對縣政府用呈

二　對縣督學用令

三　對區教育委員用令

四　對本縣教育會及分會用令

五　對本縣私立中小學校用令

六　對縣區村立中小學校用令

六　對縣區村立中小學校均用令

七　對縣立通俗圖書館教育講演所均用令

八　對各黨部各團體及其他機關均用公函

九　對人民呈請書用批

十　對人民公告事項用通告

第十四條　縣教育局辦事細則由局長另定之呈由縣長轉呈教育廳查核備案

第十五條　本規程呈由省政府委員會議議決並呈經教育部核准立案後公佈施行

第十六條　本規程如有未盡事宜得由教育廳省政府委員二人以上之提議修正之並由廳呈報教育部備案

林西縣教育局辦事細則

第一章　總綱

第一條　本局辦事除遵照熱河省教育廳頒發熱河省縣教育局暫行組織規程外悉依本細則之規定辦理

第二條　本局一切行政由局長以局令行之除由第一課登記局令簿外有須通知其他職員者應將局令分別通知或傳觀

第三條　關於本局重要事項局長得隨時召集局務會議

第四條　局長因事故不能辦公時得派定課長臨時代行

第二章　局務會議

第五條　本局爲謀職務上之便利及效能起見得設局會議於每週開例會一次以星期三下午行之但於必要時經職員之請求得開臨時會議

第六條　局務會議以局長爲主席局長有事故時指定課長爲主席人員以課長課員督學爲限其他各校校長如局長認爲有參加之必要時亦得列席

第七條　會議事項參項如左

一　直屬機關及上級機關委辦事項

二　直轄各社會教育機關及各學校建議事項

三　本局職員建議事項

四　民衆團體及學生團體請願事項

五　規定各校課程表及上課時間事項

六　關聯兩課之處分事項

七　其他重要事項

第八條　本局會議細則另定之

第三章　職掌

第九條　第一課掌管之事項如左

一　紀錄本局職員及所屬機關學校人員進退奬懲事項

二　編製預算事項

三　本局經費出納事項

四　審核所屬機關及學校預算決算事項

五　登錄帳簿表冊事項

六　管理修繕建築事項

七　購置物品事項

八　保管公有物及財產事項

九　管理進退公役及考查勤惰事項

十　收發繕校各項文電事項
十一　保存及整理文卷圖書事項
十二　典守印信
十三　教育統計事項
十四　籌備各種會議及紀錄事項
十五　撰擬不屬於第二課之文牘事項
十六　關於一切雜務事項
十七　其他不屬於二課事項
第十條　第二課掌管事項如左
本局現無第二課本條各項事宜暫歸第一課管理
一　師範學校事項
二　職業學校事項
三　初高兩級中學校事項

四 與上列各校相類之各種學校事項

五 檢定教員事項

六 小學校事項

七 與小學校相類之各種學校事項

八 幼稚園事項

九 取締及改良私塾事項

十 地方學務機關設立變更事項

十一 三民主義教育之普及事項

十二 公民政治之養成事項

十三 平民之常識教學事項

十四 農工商職業上之知識技能教學事項

十五 文藝音樂演劇事項

十六 美術展覽會事項

十七　公共體育及遊戲事項

十八　盲啞技能及殘廢者之教育事項

十九　改良風俗事項

二十　博物管圖書館事項

二十一　蒐集古物事項

二十二　保存文獻事項

二十三　其他社會教育事項

二十四　各種補習學校事項

二十五　審查教育用品及標本儀器事項

二十六　宣傳講演事項

二十七　調查學齡兒童就學事項

二十八　審查報告事項

第四章　辦事規程

第十一條　凡收到文電由收發員摘由註明收到日期編列號數依次登入收文簿內呈經局核閱蓋章後分課發還辦理

第十二條　凡來文附有冊據表單者收發員應先查點數目是否相符如有錯誤得拒絕不收

第十三條　每日散值以後所收文件應分別緊要普通兩項普通文件得於次日送閱緊要文件應即時送閱

第十四條　收發文件附有現金或有價證劵者應交由會計主管人員核收於來文空白處註明收訖月日蓋章併塡收據轉給交款人收執

第十五條　凡收到文函遇有密字或親啓字樣收發員應即時送閱不得私自開拆收密電急電及緊要文件應即時送閱

第十六條　各課承辦稿件凡不屬於稽核者自接受之日起最要者應即時辦理次要及平常者不得過二日繁重者不得過四日如有疑難事件承辦人員不能決定者應即請示局長或提出局務會議

第十七條　某理事繁時得由局長諭令他課職員協助之

第十八條　凡遇兩課事件應由兩課會同辦理如兩課意見不同時應各述意見協同請示或提交局務會議

第十九條　本局除公布文件外任何職員均應嚴守秘密并不得將稿件借給外人觀覽

第二十條　已經判定之文稿發交僱員繕正後須詳細校對發文之時須將發文件數登簿記載然後用印送交收發員封拜註入總發文簿

第二十一條　文件印發後應卽將文稿登記歸檔

第二十二條　文稿歸檔後如須檢閱應開條調取俟發還時再將原條收回

第二十三條　本局文件應由第一課依其性質按年月順序分別編號保存

第二十四條　本局會計簿應由會計員保存

第二十五條　每月收支各款應繕具收支日報表開明每日支出收入若干送局長查核

第二十六條　每屆月終應將實存款項及支墊存儲數目分別造具支存款項一覽表送局長查核

第二十七條　本公有物品應由庶務員分別編號登簿加意保管不准私行供給外人使用

第二十八條　僱員寫繕文件應由書記長分配督飭不得諉卸積壓其畢事是否得力由第一課課長按月查核呈明局長升降之

第五章　辦公時間及假期

第二十九條　本局辦公時間如左但局長遇必要時得延長之

一　四月至九月每日上午八時至十一時下午一時至五時

二　十月至三月每日上午九時至十二時下午一時至四時

三　如遇緊急文件須星夜趕造者課長得指定僱員星夜繕正

第三十條　放假日期除星期外依國民政府所定假期辦理但局長於必要時得命職員之全部或一部照常辦事

第三十一條　本局職員須按時到局於畫到簿上畫到逐日送局長查閱如因事不能按時到局者應事前聲明請假前條職員請假逾三日者得自請人代理以免公務積壓

第三十二條　凡遇星期及放假日局內職員僱員應輪流值日并置值日簿由值日人員簽名蓋章送局長查閱其非休息日僱員應輪流值日

第三十三條　在辦公時間不得接見賓客但因公接見者不在此限

第三十四條　本細則由呈准備案之日施行

第三十五條　本細則如有未盡事宜得隨時呈請修正之

識字運動宣傳委員會

文字語言是代表思想的利器所以聽官能解釋語言視官解釋文字都是發表彼此的思想傳達意見的技能那麼天賦的視聽利器若無人作的語言文字的表示試想人事入了甚麼態度有了文字語言要不能利用視聽的感覺去學習則聾者的苦惱和盲者的苦惱很是可悲很是可憫人既不是廢疾的人祇因環境的限制未能學習文字終身抱恨的按全人口計算已經十分之七八我們生在這箇過程中替他們想法子挽救不是救他箇人兼全要想民族强盛能和世界潮流並駕齊驅非舉行識字運動不能達到完全目的翁桂林鑒到這裡從到林西就提倡識字運動遂組織識字運動宣傳委員會分途工作人心都是不謀而同將來准能得到美滿的結果所以把他記在紙上以示不忘中華民國二十年春識字運動宣傳委員會記

熱河省林西縣識字運動宣傳委員會組織簡章

第一條　本委員會（以下簡稱本會）依教育部頒發識字運動宣傳計劃大綱第一節乙項之規定組織之

第二條　本會以啓發民衆知識實行識字運動之宣傳工作爲宗旨

第三條　本會設委員五人至七人由縣政府主席或縣政府代表教育局長教育局職員及民衆團體宣傳部長

常務委員長常務委員並其他人員組織之

第四條　本會以縣政府縣長爲主席教育局長爲副主席

第五條　本會設幹事三人至五人辦理宣傳一切事務

第六條　本會遇有特別情形時得組織主席團以民衆團體出席委員及縣長教育局長推任之

第七條　本會職務爲左列各項

一計畫本縣單獨舉行識字運動計劃

二決定本縣宣傳識字運動之期間與時間

三利用本縣教育局長會議社會機關代表會議或其他會議宣傳識字運動或于此種會議劃出一二日行之

第八條　本會經費另定之

第九條　本會辦事細則另定之

第十條　本簡章自呈請核准後施行

第十一條　本簡章如有未盡事宜得由本會主席或委員二人以上之提議修定之

熱河省林西縣識字運動宣傳委員會辦事細則

第一條　本細則依熱河省林西縣識字運動宣傳委員會組織簡章第九條規定之

第二條　本委員會（以下簡稱本會）委員名額暫定爲七人由左列人員組織之

（一）縣政府縣長　（二）教育局長　（三）教育局職員　（四）縣立小學校長　（五）縣教育會一人　（六）商會一人

（七）農會一人

第三條　本會委員之職務

（一）計畫本縣識字運動整個計劃

（二）決定本縣識字運動之期間與時間

（三）利用本縣教育會議或其他會議宣傳識字運動或于此種會議中劃出一二日行之

（四）審査宣傳標語及書報

（五）決定宣傳地點

（六）審査本會預算計算

第四條　本會宣傳辦法如左

（一）講演　（二）標語　（三）書報　（四）旗幟　（五）幻燈電影及留聲機（本縣尚無此項設置暫缺）　（六）組織宣傳隊

第五條　本會宣傳地點分爲下列兩項

甲平常臨時宣傳的

（一）公共講演所　（二）游戲場　（三）街衢墻壁　（四）電影院（本縣尚無此項設置暫缺）

乙舉行宣傳週或宣傳目的

（一）公共場所卽公共講演所游戲場電影院　（二）酒樓茶肆　（三）廟宇　（四）工廠　（五）學校　（六）商店　（七）軍隊　（八）街頭巷口　（九）各種集會（如鄉村買賣集合及各民衆團體代表大會）

第六條　本會宣傳期間

（一）宣傳週全縣舉行之每年舉行一次或兩次

（二）宣傳日各學區分期舉行之每年至少舉行一次（除每次奉縣令舉行宣傳週外）

（三）利用各種會議實行宣傳一日或兩日

第七條　宣傳人員

（一）各機關各團體職員　（二）各級學校職教員　（三）小學校以上學生　（四）其他

第八條　舉行宣傳時應備置左列印刷品

（一）宣言　（二）告民衆書　（三）宣傳大綱　（四）識字要義　（五）識字方法　（六）其他

第九條　前條印刷品之分配以民衆散處密度爲標準並特別注意窮鄉僻壤

第十條　本會設幹事三人至五人由教育局長指派之其職務如左

（一）編製本會經費之預算暨計算書

（二）籌備本會宣傳標語書報及印刷品旗幟等項

（三）計畫宣傳地點

（四）預定宣傳時間

（五）辦理本會其他事務

第十一條　本會因辦理宣傳事務得用臨時僱員一人

第十二條　本細則自呈請核准後施行

第十三條　本細則如有未盡事宜得由本會主席或委員三人以上之提議修改之

通俗教育館

林西縣街舊有通俗講習所按期講演以輔導社會教育民國十九年教育局長翁桂林以該講演所改爲通俗教育館增設展覽圖書各部苦心孤詣繼續經營而該館成立焉復鑒於圖書空虛奔走各機關募集巨資購萬有文庫一書於是凡案清潔屋舍寬廠有書可讀有報可閱展覽物品日漸增多矣

林西縣立通俗教育館簡章

第一條　本館依據熱河省政府教育廳頒發熱河省通俗教育館暫行規則定名曰林西縣立通俗教育館

第二條　本館設於林西縣城內隸屬於林西縣教育局

第四條　本館以彙集社會教育增進民衆之知識社會之進化使其平均發展爲目的

第四條　本館暫設左列各部

一　圖書部

二　講演部

三　展覽部

第五條　本館設館長一人各部設主任一人其辦事細則另定之

第六條　本館館長由教育局遴選品格高尚並有左列之資格者呈請縣政府轉呈教育廳委任之

中等以上學校畢業者曾在教育界服務二年以上者充任之

第七條　本館各部主任由館長呈准教育局聘任之

第八條　本館經費分開辦費經常費臨時費三種由本館造具預算書呈請教育局轉呈縣長酌定再轉教育廳備案

第九條　本館經費以社會教育項下開支

第十條　本館酌量經費於可能範圍內設各種委員會提倡改良詞曲社及各種改良風俗事項

第十一條　圖書部之設備

一圖書桌椅　二書報架　三辦公桌椅　四書報目錄　五各種圖書雜誌　六各種日報　七通衢要道之公共閱報牌　八各項統計表　九其他各項

第十二條　講演部之設備

一講演壇　二聽講席　三各種關係講演之標語　四其他各項

第十三條　展覽部之設備

一陳列厨及陳列臺　二各種博物掛圖及標本　三各種產品及工藝品　四各學校成績品　五其他各項

第十四條　本舘於每半年情工作情形呈報主管教育行政機關彙報教育部

第十五條　本簡章自呈准之日施行

鄉村師範

林西鄉村教育自設治迄今由私塾而進於改良而進於成立初級小學近數年來往生殖日蕃而鄉村學校之增加率遠遜於他縣者其原因雖多而以師資缺乏爲最大之造因當民之十一勸學所長錢叙齋成師範傳習所一班教材供給鄉村迨後人事變遷各教才去留不一鄉村學童學力與年累進而又感高級師資之困乏矣民國十九年翁桂林來長教育局感於鄉村教才之缺乏籌設鄉村師範學校定修業期間爲二年招學生聘教員籌經費定簡章鄉村小學前途可抱樂觀矣

林西縣立鄉村師範學校簡章

第一條　本校以訓練鄉村小學師資爲宗旨

第二條　本校定名爲林西縣緊立鄉村師範學校

第三條　本校附設教育局東院

第四條　本校經費由縣教育經費項下支給

第五條　本校暫招收學生一班以四十八人至六十人爲足額

第六條　本校學生修業年限暫定爲二年

第七條　本校學生入校時須具有左列資格之一年在十八歲以上三十五歲以下者合格

一　初級中學畢業或肄業者

二　高級小學畢業者

三　具有同等學力或現任初級小學教師者

第八條　本校學生入校前須試驗下列各科

黨義　國文　算術

第九條　本校教授科目如下

國語　算術　歷史　地理　衛生　自然　音樂　體操　圖畫　手工　農業　教育原理　教學法　小學行政　兒童心理　兒童發展之程序　童子軍之組織及訓練

第十條　本校學生修業期滿成績及格由學校發給畢業證書

第十一條　本校不徵收學費惟膳費操衣書籍筆墨等費均歸學生自備

第十二條　本校學生期滿畢業後呈請教育局分派各鄉區充任小學教師

第十三條　本校學生畢業後須在本縣服務三年

第十四條　本簡章如有未盡事宜隨時呈請修正之

第十五條　本簡章自呈准之日施行

音樂俱樂部序

樂以舒性故列於六藝之中以其音律格調入於聽官感人之功深且長矣是以古今中外文明進化之國家莫不競競以求進步而不敢廢者也民國念年春完全小學校開學授課諸教員皆到校而於課餘之暇品茶庭堦話到興濃則以管絃即興　獨奏合奏各盡其妙惟　集合之時間與採譜之　標準終未一致於是糾合　同人組織會體定

簡章購樂器甫經一週每人能奏國樂數曲宮商叶和日進規律愚亦自意固陋濫竽其中追隨後塵焉音樂會序

林西縣立完全小學音樂俱樂部簡章

第一條　本部以研究音學陶冶性情爲宗旨

第二條　本部附設於完全小學校院内

第三條　本部部員以完全小學教職員學生之入會者爲基本部員

第四條　外界加入者不論年齡職業須身家清白無嗜好者經基本會員二人以上之介紹始得入會

第五條　本部各員一經入部應遵守本部簡章

第六條　本部開會期間以學校課餘之暇舉行之常會每星期日午後及每假日開部會一次其時間臨時規定之

第七條　部員每人自置樂器一件但重樣樂器不得超過兩個以上

第八條　部員購買樂器其管類樂器經風琴配合始爲合格否則卽時退換絃類樂器不在此限

第九條　各樂器之附屬用品各員自行經理惟樂器之大部分存於本部

第十條　本部保管樂器以基本部員依次輪流負保管之責

第十一條　本部公用遇必要經全部部員三分之二同意預算物價全體部員平均擔負之

第十二條　本部部員在開會期間遇不得已時得陳明理由始准缺席本部蒐集樂譜經基本部員審定後列入譜表

第十三條　每次開會合奏程序以最後得之樂譜復奏三次其餘各譜臨時規定之

第十四條　凡新得之樂譜如係工尺音級皆改譯簡譜以資通用前項改譯員以學校音樂教員充任之

第十　條　本部部員皆有徵集樂譜之義務

第十六條　非本部員不得入座凡本校學生得入部靜立聽樂餘者祇許部參觀

第十七條　本簡章自基本部員通過張貼之日施行

教育局長之沿革

林西係新闢之縣從前既無教育之可言復無教育行政機關之設立自民國四年二月邑紳王省三葉稜充當學

董僅組織初等小學堂一處迨民國九年六月邑紳錢叙齋始呈准組織勸學所由熱河道尹戚委爲勸學所長是爲有行政機關之始民國十二年十月財政所改組錢叙齊被選爲財政所長遺缺由熱河道尹劉委爲勸學員王省三接充民國十四年三月勸學所改爲教育局局長一職由縣委邑紳崔成烈接充至十五年十一月崔局長因事去職遺缺委高等小學校長焦成章代理十六年三月焦成章被選爲財政所長遂由熱河統委縣視學李桂馨接充十九年二月李局長因事去職由教育廳委科員史雲亭接充是年八月史局長因病請假遺缺由教育廳委教育行政考試及格人員翁桂林接充

教育局員職之沿革

民國九年六月勸學所成立以王省三陳世清爲勸學員以李桂馨爲縣視學歷繼王陳以後者可分二項述之（一）民國十年三月陳世清辭職遺缺以鄭鴻恩接充既而鄭鴻恩調充高等小學校長遺缺以焦成章接充繼焦成章又調充高等小學校長遺缺以錢培元接充錢培元因事辭職遺缺以陳墨林接充十六年三月李桂馨陞教育局長陳墨林陞縣視學遺缺以康殿文接充康殿文辭職遺缺以魯寶善接充魯寶善辭職遺缺以孟翰章接充（二）民國十二年十月勸學所長錢叙齋被選爲財政所長勸學員王省三陞勸學所長遺缺以王九卿接充王九卿辭職

以馬國樑接充十九年八月調馬國樑爲完全小學教員遺缺以翁桂森接充

高等小學校長之沿革

民國十一年二月邑紳錢叙齋組設高等學堂一處以勸學員鄭鴻恩爲校長民國十二年一月鄭校長辭職以勸學員焦成章接充民國十六年三月焦校長被選爲財政所長又以鄭鴻恩接充是年九月鄭校長因其兄病故辭職以中文教員張信接充民國十七年三月張校長辭職以教員楊秀成接充民國十九年八月楊校長因煽惑學生發生學潮奉令撤差嚴押民國大學縣治專修科畢業生郜其昌接充

職官

勸學所長

錢叙齋　字功九本縣人民國九年七月任

王省三　字殿宸本縣人民國十一年十月任

教育局長

崔成烈　字丕成經棚縣人民國十四年三月任
焦成章　字斐堂本縣人民國十五年十月任
李桂馨　字香山赤峯縣人民國十六年三月任
史雲亭　字秀峯承德縣人民國十九年二月任
翁桂林　字芳五隆化縣人民國十九年八月任

縣視學

李桂馨　字香山赤峯縣人民國九年二月任
陳墨林　字翰鄉本縣人民國十六年三月任

縣督學

王省三　字殿宸本縣人民國十九年九月任

熱河林西縣全境學校表　民國十八年度

學校名稱	職教員人數	學生人數	校址 成立年月	經費來源	經費數目	備考
完全小學校	校長一人教員四人 訓育主任一人	九十五名	林西縣頭道街 民國十六年六月	畝捐項下開支	二四八〇	
模範小學校	校長一人 教員一人	七十六名	教育局西院 民國十一年二月	畝捐項下撥發	四一九〇	
第二初級小學	校長一人 教員一人	二十九名	東區波黎溝 民國十一年二月	畝捐項下開支	一五六〇	
第三初級小學	校長一人 教員一人	二十六名	東區雙廟村 民國十一年二月	畝捐項下開支	一五六〇	
第四初級小學	校長一人 教員一人	二十二名	北區大馬金 民國十一年二月	畝捐項下開支	一五六〇	
第五初級小學	校長一人 教員一人	二十七名	北區五十家子 民國十一年二月	畝捐項下開支	一五六〇	
第六初級小學	校長一人 教員一人	三十三名	西區溫土坑 民國十一年二月	畝捐項下開支	一五六〇	
第七初級小學	校長一人 教員一人	二十五名	西區統部村 民國十一年二月	畝捐項下開支	一五六〇	

第八初級小學	校長一人 教員一人	三十五名	西區文土坑村 民國十一年二月	畝捐項下開支	一五六〇
第九初級小學	校長一人 教員一人	二十五名	西區統領部村 民國十一年二月	畝捐項下開支	一五六〇
第十初級小學	校長一人 教員一人	三十七名	北區五十家子 民國十一年二月	畝捐項下開支	一五六〇
第十一初級小學	校長一人 教員一人	二十四名	西區烏梁蘇台 民國十一年二月	畝捐項下開支	一五六〇
第十二初級小學	校長一人 教員一人	十九名	中區北門外 民國十一年二月	畝捐項下開支	一五六〇
第十三初級小學	校長一人 教員一人	四十五名	南區小城子村 民國十一年二月	畝捐項下開支	一五六〇

公安局

民國三年經知事李傳勳創辦警察以邑紳等充當警董巡長等名目設書記一名因民戶寥寥只可按現有民戶抽丁劃分五區中區抽步警二十名東區抽馬警三十名西區抽馬警二十名南區抽馬警三十名北區抽馬警二十名公費工資各按各區分擔雖未正式成立而防患未然保衛地方治安頗爲整肅民國八年縣城始設警察所所長由知事兼代委邑紳李建堂承當警佐未分幾股僅設僱員書記等名九年改委邑紳韓濬爲警佐十年王錫

綱爲警佐十一年經劉鐵俠改警佐爲所長設有總務行政衛生司法四科僅設股員二員十二年歸警佐制以宋介臣爲警佐高德揚繼之十四年恢復所長制以安鳳祥爲所長十五十六兩年所長潘國棟十七年汪文壇十八年三月奉令改組警察所改爲公安局所長改爲局長改設總務兼司法行政兼衛生四課僅設課長二員各區區官改爲分局長巡官改爲分所長警餉仍由畝捐雜捐項下開支每月經常臨時費計洋兩仟四百元按月由財政局支領謹將各職員各局所地點列表於後

全境公安一覽表　十九年

區別	官長員書額	職員警士額數	駐在地點	備考
公安局	局長一	僱員一	縣城二道街	
	總務兼司法課課長一	督察長一		
	行政課課長一	督察員一		
	衛生課課長一	馬警五名		
	課員一			

公安隊	隊長一 隊副一 僱員一	巡長二	馬警三十名	縣城裡
第一分局	分局長一 局員一 僱員一	巡長三	步警三十名	縣城裡
第二分局	分局長一 分所長一 僱員一	巡長二	馬警十八名	波力溝關東道
第三分局	分局長一 分所長一 僱員一	巡長二	馬警十八名	板山吐

第四分局	分局長一 巡長二 分所長一 雇員一	馬警十八名	馬家店 河東
第五分局	分局長一 巡長二 分所長一 雇員一	馬警十八名	英上 烏泥汰
共合	官長員書二十六員馬步警長兵士一百五十名分局所共計九處		

林西縣立保衛團

自古寓兵於農奠良於保甲詰奸除暴最重乎清鄉熱省自軍興以後伏莽滋多本境原屬右巴林旗藩封地僻處邊陲距省千里不但爲盜賊出沒之區亦控制難周之域也清宣統二年熱河都統奏請版圖遼濶生齒日繁擬仿古移民實邊政策放墾巴林兩旗地先設墾務行局繼設林西縣治即以墾務總辦兼知事時値庚俄協約邊疆戒

嚴民國元年奉令創辦保衛社拔選民丁充作練勇以鞏邊防而保治安意至善也維時設治之初民戶簡單槍技缺少竭力籌辦聲勢始振民國二年外蒙背叛內蒙響應全熱振動經團練總局迭申明令督飭按照直隸省議會擬定章程舉辦團練並飭將清代之郊規費劃爲團練開辦費規定每支局開辦費三百元分局半之先由各地方官墊辦以期迅速當由縣傳諭鄉區董區佐等來縣票選邑紳劉際昌爲林西團練分局長任承璽爲副局長依警察區域分全縣爲十一小區聯爲五鄉每鄉設鄉所長一人隊長一人每區設區所長牌各一人由本地公舉之酌鄉區之大小按戶抽丁皆不支薪槍彈由自備價經官向赤峯州購買彼時正值毅軍出師壩後人心慌恐聚民團維持縣城商民賴以安度此初辦鄉團之效果也至民國五年蒙匪之死灰復燃值毅軍出發開魯林西被匪逼近城垣彈雨橫飛司令米公親冒矢石督率軍警鄉團及巡防游擊各隊分路兜勦匪勢不支潰退出境當乘破竹之勢共同奮門縣城空虛留鄉練守城終使奸究未敢隙滋擾人民得安雖正式軍隊不是過也民國七年五月奉熱河道尹公署及全區警務處會令倣照平凌各縣辦法將保衛社改爲預警并檢發預警章程責成認眞辦理其預警主要宗旨在補助現有警力之不足其意在不費不擾以民間私有槍枝葯彈檢點預備並不特別購置亦不另設局所此謂之不費挑選壯丁鄉村聯絡互相援助遇有大股賊匪仍由各區巡官長臨時調遣指揮事畢歸隴畝於農時毫無違誤此謂之不擾本邑設治未久村莊零落前由赤購買槍枝有不堪適用者有子彈告罄者預警經

此次擴充幾如虛設矣因呈請列憲訂購槍枝需時至年終十二月底經警佐李建堂約集五區巡官長及各區董等每區籌設預警一百四十名七百名八年呈請縣知事親詣各區點驗逐一完整即以八年五月一日爲預警成立紀念日由縣分報熱河道尹及全區警務處備案由是改委李建堂總理預警一切事宜仍歸各區巡官長兼帶十年熱察綏特別三區劃歸奉天管轄經知事王士仁按照奉省警察編制法將警佐改爲所長內部添設股員等職正預兩警各立機關是年十二月又另設預警事務所以清界限而專責成委警察所行政股王錫綱兼充預警所長所內附設助理一員贊襄所長辦理所內事務設文牘兼庶務一員書記一名夫役二名常川住所預備馬警十名輪服勤務每地一頃抽現大洋三角作該所經費全境十一小區併爲五大區每區置甲長一人牌長無定額視區域之大小戶口之多寡酌量派之區所常駐預警二名以備遞送公文及調集壯丁之用其餘人數有事則聚無事歸農此誠寓兵於農不費不擾之善法也十一年四月預警所長王錫綱調充警察所長遺席以邑紳王瑞坤接充十二年四月著名匪首明字李匪數百竄擾林境綁去人票數名搶掠牲畜若干縣城雖有駐防陸軍皆係步隊只可截堵不能追剿瑞坤集合全縣預警及軍警協力痛擊前後十餘戰將人票牲畜悉數救回復追至經棚屬之花花哨四面包擊匪勢不支紛紛逃散該匪經此痛剿遂漸消滅矣肅清後駐軍沈團長調赴阜新繼駐林軍係前毅軍幫統常萬里十三年九月戰事發生常師全部開拔縣城空虛適由東竄來股匪二百餘名匪首張殿武

詐稱軍隊希乘間佔林已入東界邑紳王瑞坤鄭重治安早將預警調齊恐有不虞匪悉有備未敢驟進遂迎擊於界上又派人知會巴林蒙警三方官長同奮士皆用命由日晡至日落斃匪十餘人獲大小槍數十枝馬數十匹匪潰東逃全境不受蹂躪實預警之力居多從此匪皆聞風斂避不敢越雷池一步此役預警額警及蒙古警士各陣亡一人在縣街各法團開追悼會又捐資分別撫恤其家十五年取消預警改爲保甲事務所遵新章所內設所長一員教練兼稽查一員文牘一名馬丁十名夫役二名各區設保甲分所一處區保長一員書記一名甲丁二名十一區分設保長十一員所內薪工衣裝公費等均照保甲章程規定開支每地一頃徵收大洋二元五角甲丁數目仍按預警規定是年十月駐縣常旅奉令編師强將全縣甲丁編爲騎兵三營民間槍枝被該旅搜索一空甚至被押轉買槍枝者全縣損失實達八九萬之多民心痛恨適逢闞都去熱常師沿途崩潰騙去槍枝馬匹不可數計十二月民軍宋哲元蒞熱取締保甲未幾土匪蜂起駐林特別民軍第三路司令樂景濤襲故智編練警備隊以衛地方雖屬法良意美林民受常師痛苦皆裹足不前矣十六年民軍退却地方警力單薄盜匪乘機搶擄經林西縣長李樹聲恐人民重受塗炭仍令邑人王秀堂繼續辦理保甲以衛地方現狀該秀堂病勢纏綿因將保甲事務暫委四區保長左金榮代理是年七月湯都到熱委鄭慶餘爲全熱保甲總辦是時各縣匪氣甚熾遂奉到鄭總辦火急快郵付電以現屆青紗帳起軍事孔急盜賊若恃險藏匿更難撲滅限電到三日各縣保甲一律成立當由縣令策

三區保長李文貴接充俄而票匪入境李所長督丁協警赴經棚屬之哈拉海溝及白岔雙廟等處追剿救回人票數名槍斃賊一人處此匪患鴟張槍枝缺乏之際尤能以寡勝衆遽寒匪膽足見該所長幹練有爲正在整頓間李所長因事撤差經農商教育各界聯名保舉邑紳谷呈麟爲保甲所長該所長以林西地方蒙漢雜居照修正保甲章程第十三條之規定呈請由縣聘定巴林旂蒙員韓振藩爲保甲協理員以期聯絡漢蒙一體遇事協助辦理頗見起色旋奉都統公署訓令內開熱河人民皆係浩刼餘生現在赤氛暫遠匪患粗平民間擔負自應酌量緩急分別減經以蘇民困各縣保甲立令取消甲款亦行停止當將甲丁子弟各令歸農將公有物品交財政所接收十七年六月縣長馬公涖林關心民瘼聞承灤豐隆圍平各縣被匪擾亂民不聊生林西僻處蒙邊素多伏莽誠恐軍隊開拔匪起倉卒無所措手令行農會召集各區首領成立聯莊會先事預防正籌辦間于九月二十日奉熱河道尹公署訓令內開熱屬各縣向多匪擾近年迭遭政變匪勢益加披猖軍隊有時不能兼顧未辦鄉練各縣已被盜匪蹂躪不堪通令各縣普辦鄉練以資自衛當經縣令農會尅期進行嗣經農會召集各區士紳會議表決縣城內設鄉練總所一處公舉邑紳韓守禮爲總附設文牘一員書記一名兼庶務隊長一夫役二常駐練丁二十名依警察區域各區正副練長一員由地方公舉之常駐練丁十名預備練丁十名仍照七百名規定有事則聚無事歸農是年十二月劉漢傑部在白岔因號糧草激變農民假紅槍會名目大起衝突該部殺農民孫承業等數人禍延林境

南區雷劈山老虎食溝等處劉山勝全部出發縣城警力微弱商農各界異常慌恐韓練總一面應酧軍隊一面保衛商民席不暇暖一夜數次警報以鎮以靜各得其宜非材擅幹濟孰克當之是役凡出力人員皆由縣呈請嘉獎十七年劉山勝背叛省政府由多倫勾來土匪數百名擾害本境加以劉部要車派款韓練總雙方調劑卒使林民未受大害凡此數事皆地方最大之禍患也而鄉練能從中維持之林境紳民等所以有取締警察擴充鄉練之計劃也是年十二月鄉練奉令改爲保衛團總團長由縣兼差紳民仍舉韓守禮爲副團長照章縣城內設團公所一處文牘一員夫役二名常駐團丁按區抽調全境五大區各設區團長一員設甲長十一員牌長視事之繁簡定之團丁人數仍舊本邑爲盜匪出沒之區積有年矣自辦團甲以來雖未能路不拾遺夜不閉戶而全境無綁掄之虞賴有此也

林西縣鄉練簡章

第一條　成立鄉練專爲保衛閭閻剿捕賊匪爲宗旨

第二條　本所設置縣城內名爲林西縣鄉練總所以全縣住在人民組織之

第三條　本所設練總一員統率全縣鄉練擔任剿捕盜匪事宜設隊長一員輔練總辦理總所事務名譽職由地

方公舉之酌給膳費公費設文牘一員書記兼庶務一員夫役二名均給薪水工資

第四條　全縣轄境依警察區域爲區域每區設正副練長各一員義務職由地方公舉之常駐練丁十名預備練丁十名槍馬由出丁民戶自備

第五條　林西地方舊區制向分十一小區每區均須出丁二十名只准按戶抽調不准僱覓外人以杜流弊

第六條　各戶出丁以五頃地出丁一名爲限地多之戶依次遞加計算其不及五頃者兩戶或三戶共出一丁以昭公允槍馬亦由各戶公置輪流使用

第七條　各區練丁使用之槍無論何種槍枝均須送縣烙印登記以便考查

第八條　各區鄉練區內發生匪警正副練長聞報後立卽督丁前往勦捕一面知會鄰區合力兜勦務期撲滅以免竄擾

第九條　各戶應出練丁遇有勦捕之時卽將應調不許藉詞推諉倘有抽調不到或故意延遲者由該區練長查明聲請知所酌量處罰科罰之欵充作鄉練經費如遇冠婚喪祭實有障礙者不在此限

第十條　各區鄉練如勦捕盜匪時得獲槍彈及其他賍物先將槍彈送縣存庫遇有必需時再呈請發還充作某所公用其賍物除限期招領外若過期無人認領得變價充賞原出力練丁一示鼓勵

第十一條　各區練丁如因捕盜受傷致成殘廢或陣亡者得由本區酌給醫藥費殯殮費及䘏金等項以昭激勸而瞻遺族

第十二條　總所練總及各區正副練長均得受縣長之指軍盡分內之職務

第十三條　本簡章自奉縣核准之日施行如有未盡事宜得隨時呈請更正之

熱河省林西縣保衛團一覽表

區別	保衛團數	人數 職員	人數 團丁	槍枝	子彈	常年經費	駐所地點	
本城	總團	正副團長一一	服務團丁臨			七百四十四元	本城	
本城	公所	督察一文牘一訓練一書記一	時由區抽調			由地方籌集		
第一區	區團長公所	區團長一	編練守望團丁五五	十枝	二〇〇	二百四十元	柳條子溝	
第一區	第一甲公所	甲牌長一一	編練守望團子五五	十枝	二〇〇	一百九十二元	大菠箕溝門	

第二區	區團長公所	區團長一	編練團丁十 守望團丁十	二十枝	二〇〇〇	二百四十元	波力溝
	第二甲公所	甲牌長一	編練團丁五 守望團丁五	十枝	二〇〇	一百九十二元	雜八地
	第三甲公所	甲牌長一	編練團丁五 守望團丁五	十枝	二〇〇	一百九十二元	東河上官地
第三區	區團長公所	區團長一	編練團丁八 守望團丁七	十五枝	三〇〇	二百四十元	公益閣
	第四甲公所	甲牌長一	編練團丁八 守望團丁七	十五枝	三〇〇	一百九十二元	方家店
	第五甲公所	甲牌長一	編練團丁八 守望團丁七	十五枝	三〇〇	一百九十二元	小城子
	第六甲公所	甲牌長一	編練團丁八 守望團丁七	十五枝	三〇〇	一百九十二元	川都坤兌
第四區	區團長公所	區團長一	編練團丁十 守望團丁十	二十枝	五〇〇	二百四十元	英胡溝
	第七甲公所	甲牌長一	編練團丁八 守望團丁七	十五枝	三〇〇	一百九十二元	大營子
	第八甲公所	甲牌長一	編練團丁八 守望團丁七	十五枝	三〇〇	一百九十二元	統部

第五區	第九甲公所	甲長一 牌長一	編練團丁八 守望團丁七	十五枚	三〇〇	同前	溫土坑
	區團長公所	區團長一	編練團丁十 守望團丁五	十五枚	二〇〇	二百四十元	烏藍溝門
	第十甲公所	甲長一 牌長一	編練團丁五 守望團丁五	十枚	二〇〇	一百九十二元	高爾旂
	第十一甲公所	甲長一 牌長一	編練團丁五 守望團丁五	十枚	二〇〇	同前	丹木金
總計	六團十一甲	三十三員	二百二十名	三百二十枚	四千四百粒	四千〇五十六元	
備考	査林西縣原有之鄉練按照奉頒保衛團法于十九年七月改編爲保衛團						

林西縣物產志

卷四

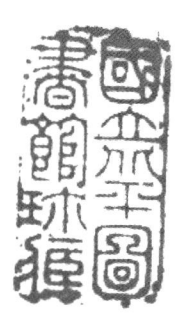

物產志

酷寒之地物類簡單產額亦覺薄弱林西居熱省北鄙再北百數十里即不能種禾植蔬矣自　民國開闢至今二十年民戶較他縣相差十餘倍而所有之農產物相差更不止倍蓰矣然墾荒育民不能無土產僅將此地之能植易熟者概舉數事用以表地利之腴瘠產量之豐嗇焉作物產志

穀類

穀　有紅苗與青苗兩種紅苗者易熟而產量寡名有棒子熟嬾嘛黃等俗稱六十日還倉此地爲宜清明後播種白露前收割每畝豐年可產四斗有奇(斗)赤峯縣之半斗爲此處一斗青苗者有小青苗有刀把齊有菠菜根等四五種產量較紅苗穀殼厚而成熟較遲清明後播種白露前收割豐年每畝可穫五斗有奇每斗重量廿四五觔

高粱　惟有紅色者一種名打殼錘清明前種白露後收割高五尺餘七節而七葉此地不甚宜東與區南區近年

來間有種者性酸澀人不能食賤年亦有食者喂畜惟馬食之若與蕎麥相雜乃佳稭可葺屋又可作燃料産量每畝可穫三斗上下

蕎麥　性有甜蕎麥無苦蕎五月播種白露前卽熟實三角形葉圓有尖如鴨掌宜於此地農人食麪爲大宗之一豐年每播可穫四五斗近年來苦旱不易生長最畏風

莜麥　爲此地正産物早春播種立秋卽收割晚則不能成熟喜下溼惡乾燥近年苦旱此類糧少穫此地人食品之最要者俗云要食莜麥麪須至黑石灘喂馬與黑豆相合最佳産量每畝可穫五六斗

小麥　暮春播種初秋卽熟有紅芒白芒兩種喜雨水平勻之年最畏旱燥豐年每畝可穫三四斗旱年籽粒不歸倉此地食品以麥麪爲上等是以近年麥麪價最昂向則每百觔需銀洋四五元近則每百觔至十餘元農人食者鮮矣

糜子　爲此地正産自立夏至芒種播種至白露亦能成熟土人呼爲晚禾六十日歸倉生碾米爲糜子米炒熟碾米爲炒米爲此地出境之大宗蒙古人必需之品至白麪莜麪亦蒙古之必需品皆爲此地出境之大宗本地用以釀酒他無用途有紅色黃色兩種産量每畝可得五六斗

黍子　爲此地正産物形似糜子惟性粘與糜子異有易成熟者有不易成熟者易成熟者産薄不易成熟者産厚

有黑黃紅白四種用以做糕人多樂食釀黃酒之必需品產量每畝可穫五六斗

黍穀　爲此地附產物殼黑米白味美可食農人用以合稻米煮飯色俱白播種收割與黍子同產量每畝可得四五斗

蘇子　古爲苧類今人呼爲蘇子早春播種晚秋成熟棵愈稀滋杈愈多生花者不結實結實者不生花稠者不取其實長成殺其葉而取其皮爲麻備農家麻繩之用取其實者用以軋油供燃燈膏車等用渣亦喂畜每畝可穫四五斗

胡蘇　不能作食飼畜祗可軋油作食品菜蔬春種秋熟渣可作肥料稭作燃料爲此地附產物每畝可穫三四斗

棒子　即玉蜀黍穀雨後播種至六月成熟者俗呼六月鮮每畝收穫二三斗需籽升餘一種莖高葉大者產量較多而成熟晚每畝需籽一升收穫三四斗俗呼八葉齊亦有白者黏者種類不一而收穫同

豆　類

黃豆　此地不甚宜初夏播種白露後收割其用甚廣作豆腐醬油食品中不可少之物每畝需種二升能產三斗餘

合豆　亦名黑豆有大粒小粒兩種用途不及黃豆種植相等收穫亦相等

豌豆　此地產者粒小而色黑赤峰園場產者粒大而色白供食品之用釀酒配麯及飼畜之用較多近年種植者少農人煮飯用接青黃與棒子成熟同時每畝需籽三升收穫五六斗

芸豆　有紅黃白褐花紋數色結角可食土人呼爲豆角他縣五月可食此地非六月不能結角秋後剖角得豆可煮飯食亦呼爲飯豆近年酷旱往往不生暮春播種每畝若不食角可穫二三斗需籽二升餘

小豆　有紅白兩種只可食豆不可食角豆內有沙可煮澄爲餡亦可煮飯暮春播種初秋成熟產量頗豐因此處天時亢旱生植不易故種植者少云

豇豆　近年微有種者頗能成熟產量每畝可穫三斗亦畏旱故不能多種

蠶豆　此地亦可種植但用途微亦畏旱故種者甚少

綠豆　有小大粒兩種此地亦頗習種植因其用廣價亦昂產量亦不薄故家家思種植最畏旱又怕蜜蟲土人亦罕知植法未能廣佈全境故此地粉房漏雜糧粉條粗味劣尤不如山芋粉矣暮春播種白露前收割每畝需籽二升可穫四五斗將來定當擴充種植焉

四

瓜類

西瓜　暮春布種七月中始有熟者如詩云七月食瓜較此七月相差幾兩個月以周正建子故也　民國之用陽曆相差亦一個月有奇多津液味極甘脆有紅瓤黃瓤兩種又有白瓤者名曰三白瓜自內地掄種而得紅瓤黃瓤者皮極青翠三白瓜皮交白色間有黃秧黃葉瓜皮亦黃色惟瓤紅色爲此地之恒產物諺云西瓜原出西北證此可信然以此地所產之種歷三年之植此地則不旺矣輪種之說瓜類最顯

甜瓜　先西瓜而熟形則小西瓜數倍俗呼爲香瓜性屬陰多食傷脾作瀉葉有尖齒深綠色種者不令其滋蔓長則不結瓜布種與西瓜同每畝約二千棵可收瓜四五千枚

黃瓜　卽月令之王瓜也早晚皆可種植所以有春黃瓜秋黃瓜等名稱蔓生物非插枝爲架不可形有細長者綠黃瓜有粗而長者又有地黃瓜無須架形短粗非澆水不能生生甚速爲此相當產物除作蔬無他用途

燒瓜　與地黃瓜相等種者甚稀無關食品故略載

倭瓜　立夏前布種與西瓜等葉圓有葉似西瓜葉者名曰角瓜俗稱西葫蘆成熟較早味淡多津液煮略久則化爲湯不及倭瓜之肉厚瓤脆故農人有以倭瓜救饑者

地瓜　名爲實角而非瓜也蒂豐秒銳形如錐老則自展中子毛似棉絮見風則飛嫩時可食破則滋白黏漿味微甘生山坡野草間非人植物故此地瓜皮河者以此得名

菓　類

山丁　山谷自生結小菓叢生嫩青而熟紅味酸不甚堪食

杏山　叢生山陽結實纍纍三月開花粉紅可觀五月凋謝生小杏味酸似梅不可多食初秋杏老內有核名曰杏仁味苦有毒脫其褐色膜皮露白仁可鹹漬爲鹽菜可磨漿作粥饑歲有食者又可炸油色青黃可食可膏車可作燃燈料蒙古供佛燃燈以此爲佳有云膏火車最宜者

郁李　山菓也棵雖木本不能成樹高者不過尺餘春開小白花花落結綠粒至仲秋熟色赤味酸甘有核內含仁可入藥名郁李仁塞山多有之此地無園植菓品生於山者惟山丁山杏與此三種耳可知此地與熱省附近之縣所產之物迥乎不同也農民之擔負與他縣比較自有過之無不及吁嗟乎此地爲熱省北垣墻殊令人啓後顧之憂也

蔬　類

白菜　古稱菘今則無此稱矣園田中何時皆種所以此地圃勝農白菜有數種葉密色黃者爲黃芽白莖白葉綠而稀者爲大青棵莖高而細者名疼疸白亦曰回回白有棵大色濃綠者爲黑白菜有一莖而附麗數株者爲羅漢白菜惟園圃有之農田只有黃芽與青棵兩種他則無焉

蘿蔔　五月種八月底長成有青紅兩色可生食可熟食菜品之嘉者也無分園田農田皆可布種惟新墾荒地產者較佳味甘質脆不及芥與蔓荊經久不變可淹漬爲鹹菜佐食禦冬食貨志謂蘿蔔合牛肉食之滋補力最大子曰萊菔子可入藥調氣

胡蘿蔔　亦名紅蘿蔔長形錐入地裏下鋭上豐不似大蘿蔔形橢圓或長圓也味甘合羊肉熟食用滋補力淹鹹菜食亦可敵芥蔓

蔓荊　古稱諸葛菜處處宜種之此地產者微小有青紫兩色與芥菜同時種葉亦相同每畝可穫六七百觔

芥菜　種時在蘿蔔先根有瘩疸不宜生食味辛辣可淹漬爲俎士人呼鹹菜農人食品必需之物

葱　爲隔年植物先年秋種於畦次年夏移植成壠性耐寒畏旱故經冬不枯食品中必需之物也此地有山葱與相別葉空圓而細小莖細而短近根處圓粗似蒜縣境有葱坑溝有葱根溝皆以有山葱得名

韭　葉扁根短叢生喜濕惡燥園畦者肥脆生野地者非雨水充足不發芽縣境有韭菜溝以山野多韭得名

蒜　葷菜屬林西之罕植物惟園圃有蒔植者產量不甚豐

蘑菇　亦作麼菰菌也產塞北者爲之口蘑內地最爲貴重物味有奇香稱山珍信然縣境少產縣北烏珠穆沁諸山坡產此最夥縣南境寒罕壩亦間產之生蘑地必有圈極圓大者週百餘丈寬廣綫不差尺寸似憑藉天地靈氣所生承德志云多車歇卓帳之處藉糞壞肉汁之沃而生似屬誣解又稱營盤蘑菇以屯營之地潑拋肥料所生亦屬誤解此處爲特產之地目覩手拾最爲詳審故敢云然形似車釘頂圓足細大者圓徑二三寸足高二寸餘六七月初秋生非伏天雨足秋雨應時不生惜蒙境人跡罕到雖生無人收穫終爲棄物

又有一種頂大足粗形如葦笠肉厚四寸餘足粗加拱把高尺許名天禾板蘑菇自始生至老枯不生蟲不似口蘑老則生蟲其蟲曰蛐有云蘑菇蛐更貴重者未得要旨不敢附會味濃有敖香不如口蘑味柔良其價值較口蘑差十倍有云此蘑有毒者未經化驗難定是否味不及口蘑誠爲不謬

又有草蘑菇土人稱爲鷄腿蘑鮮時味亦甚美惟頂薄而腿細長形似鷄腿故名至小草蘑菇霤蘑菇白鵝蘑菇榆蘑菇種類不一土人於夏雨後多摭拾而食之味均鮮美故備錄之

擘藍　一名芥藍俗呼撇拉瘩疸葉似白菜而色青厚較蘿蔔葉圓根大於芥有薹高等於芥花子大於蔓菁皮內有勁寨穰嗍脆味甘可生啖可醃可脯可用白糖拌食山厨之妙品也

茄　縣城內園圃有之

木菓類

榛　承德志云大寧土產榛(見元一統志)又寨山多有之實極香美近年苦旱樹多枯斃惟高陡之大山略有

橡　結於欏欏樹上縣境各山惟此樹略有秋末成實落於山坡次年卽生凡有欏欏樹處此物卽有蒙古云昔時山有野豕食此橡爲生活可知昔時之多云

楊　山澗生者爲山楊村鎭道旁栽者乃家楊秧由黑石灘運來近年栽種頗多山澗者較寡焉

柳　有河柳生於沿河有山柳生於山溝一種葉似柳而條幹細短名駱駝柳近年城鎭栽者乃家柳由遠縣移植於此焉條可觀

松　大山石巒上間有之矮而小土人稱爲跐山猴松

柏　與松同處生大小亦如之惟葉細碎氣味香惜罕覯耳案林西縣木植甚稀不得云無故於僅有而極小者亦採錄編輯以備此一格閱者諒之

榆　慣生沙漠之地故處處有之境內稱榆樹林者稱孤榆樹者稱兩棵樹者皆以有榆樹得名縣治東北龍頭山

前有古榆數千株幹被沙壅成材者少然遙望如菁蔥排滿長川淸公主陵墓在西山中與榆樹林相映故蒙人看守甚嚴至今仍全他處者皆小係土人新培養而生

樺椵樣　山澗深處間有之皆微小僅可蓋房作芭條樺惟明樺一種椵樹較圍場縣椵樹葉小木質極劣無用途樣卽穪糴樹土人呼爲穪糴紅木質頗堅用做鐮刀把等小器其葉因此地氣候寒不能飼蠶

獸類

馬　產北邊烏珠穆沁者良此地產者性質形狀皆劣由他處遷來者一再蕃息卽變爲劣質云係水土使然

牛　身有花斑者多近年苦旱原野草萎生殖亦不蕃盛且有舌瘟腸黃等災

羊　此地畜者頗多故羊皮羊毛羊絨爲出境之大宗交通進款惟此稱最近年日本人在縣東設牧羊場專以外國羊配化爲正業間亦蓄其種與本地羊相配偶未見暢旺

駱駝　惟蒙人畜多漢戶亦間有畜者爲載物用不以產育爲事聞此獸孕十二月始生以故不甚蕃盛

野猪　產山之有林木處毛淡黃色皮堅厚肉味不如家猪油亦黃色

靑毡　契丹地多靑羊（今境卽古契丹地）南人罕有見者惟北產出高山絕壁上故其性善走歷巖間與家羊

之走坦途無異由千仞峭巖墮落無損傷爲山羊之特別種俗云青羊血治跌傷

跳兎　前足寸餘後足尺餘尾似鼠末毛長扁似魚尾嘴耳頭目與兎等身小如四五個月之貓毛短無針褐色穴地居

狐　縣境山皆有狐紅黄色者爲火狐爲上等素毛長針者爲草白狐次之斑色毛雜者爲沙狐最次秋末九十月間爲狐狸皮最好時期過與不及皆不值錢爲此地皮屬之上等

狼　此地多山此獸亦夥與牧養甚有妨碍初冬所獲之狼皮爲上作衣褥等雖不及皮美觀而禦寒則勝之然不及青羊皮之遇寒生暖也

虎　昔時甚多今罕見矣大約避入他徒耳境内有名巴爾圖者因蒙古謂虎爲巴爾得名

鹿　大者爲馬鹿小者爲羊鹿省政府之故清宮内畜者皆羊鹿此地羊鹿馬鹿均有走最速不易獲仲春脱角立夏生角生茸中含嫩骨附骨有血血外生皮皮外生茸堪入藥性大熱諺云羊鹿茸貴馬鹿茸賤其生角脱角之節時與麅子相反近年以來此物甚稀

麅　比羊鹿尤小角亦生茸初夏解角而嚴冬生茸比羊鹿茸毛麤而幹細羊鹿茸高二尺餘麅茸則僅咫尺説者謂此茸爲陽中之陽以其生於嚴冬也鹿茸爲陰中之陽以其生於夏也惜李時珍本草未詳用法今則科學發明

若化驗研究當不致廢棄矣故詳載此條以待科學家之研究

蟲　類

蟬　土人呼爲蜩蟉有呼爲蟬者蓋是物爲寒蟲此地旱寒蟬鳴較內地特早往往六月終即有鳴聲較他處淸狀秋夜蟬鳴遠山聲聞數里爾雅釋蜩類有七種皆蟬屬又攷楊雄方言諸蟬多至二十餘種究難指此蟬爲何種約言之是物隨地而異耳土人云此蟬也因其特小之故

蟋蟀　初秋即生遇寒則鳴昔人名爲促織今土人皆呼爲屈曲鳴於草間幽揚淸越甚堪動聽但商聲悲耳

絡緯　身斑黍翅色正赤夏至後即有振羽而飛者索索作聲以翅鳴土人呼爲撒大蝨有一種綠色者形大翅長飛而不鳴土人呼爲靑樗蟲

蜻蜓　長身細腰有四翅六翅者八足二鬚俱細長近水處有天將雨陸地時見之

蟈蟈　昔人呼爲螻蟈周禮月令螻蟈註云似蛙非也廣雅云蛂蟈馬蜩絡緯蟋蟀屬承德德志爲榛蟈查其解卽此地人呼爲蚪蟈蟈疑爲此物存俟考

蝶　一名野蛾又有名蛺蝶者名甚多今林西所產有白黃黑靑斑等色白蝶居多黑色者大似蝙蝠有四五寸許

者

蜂　此地馬蜂最多牛馬甚畏之形甚大有小者名爲土蜂木蜂亦飛繞山花間無蜜蜂

魚　類

鯉　查罕木倫河有之鱗鰭有金色者居少數肉厚味亦頗佳不及他魚多

鯡　林西境内三河皆有鯡子魚土人呼華子魚有特味經棚縣泡子產者不如此地河產者佳

黏魚　縣東查罕木倫河產甚夥重至十餘觔肉細味美無鱗土人云食其頭則犯痼疾承德志作鲇

鯽　縣境河間有之形小多骨泡子中產者大狀似鯉土人樂食蒙古甚惡取魚

草　類

得勒蘇　土人呼爲掃箒草多用以做掃箒亦農具一物叢生高七八尺稍有穗如箒質堅硬如木中秋割莖次年春復滋莖或被畜食或未經割取亦另生莖生沙土中年久則根如邱壠故山坡不生平原處始有之

透骨草　爲此地特產獨梗無枝葉如蔴而小土人取以煎水洗風火毒謂能透骨搜毒秋時上節生角如綠豆角

而短中有子

烏拉草　縣北諸山間有之不及東省產者良叢生土人呼爲羊鬍子草

野茴香　處處有之春夏秋時芳氣襲人土人呼爲黃瓜香

蝎子草　境内多有之叢生草間高四五尺莖葉徧生毛芒有毒人觸之膚紅腫惟駱駝能食他畜無敢近者蒙人名爲哈拉垓窪蓋以此名

烟草　承德志名淡巴菰土人稱火烟園圃中多種之葉肥廣徑尺餘蒙漢人多吸之因他草之烟不及此草烟之多且芳故名烟草近年來征税之外復加勒索人不敢種

藍　一名靛葉圓厚而復密濃綠色掘地爲池漚之至三四日水色極翠有知漚法之人以石灰搗合之澄爲澱用以染布帛濃淡隨人意我國染舖用甚廣近日被外國顏色壓迫無復種者可惜哉

葦　水產物縣城東南沿河邊水泡有之長七八尺葉窄小無培植之故耳若加人工培養調理當可織蓆現時土人有葺屋者灌臘舖取其莖作臘莖若經人培植之用以織蓆此處之蓆當不至貴如羊毯矣

蘆　喜生沙磧中凡沮洳處爲盛蒙人呼爲呼魯蘇今境内之地方名呼魯蘇台者數處以此得名

蒲　惟河套水泡中有之土人呼爲蒲棒以其穗似棒子而名破之似絮飄揚而飛嫩時穗有黃屑堪入藥名蒲黃

生破血熟裂血婦科多用之

藘　卽藜蘆縣境甚多叢生根入地尺餘粗拱把頂上朶花紅白相間離離層層如織縣城當未建築時一望盡是牲畜皆不敢食折之出白汁人食之立死土人呼爲斷腸草亦名貓兒眼蓋因花朶似貓眼耳

艾　叢生山原皆有高四尺許一種葉整而厚似艾一種葉碎皆有芳氣能襲人衣襟經久不消俗言可入藥

蒿　有種名萬年蒿者每叢七莖爲棵圍六莖環抱中一莖高大且直質堅硬如木枝節對生刮之節內有花紋生山澗中人跡罕至處人皆愛之可爲此地特產園場產者不及蒿類甚夥惟此獨異

藥材類

鹿茸　北大壩之東麓產馬鹿形似驢較羊鹿甚大其頭部生兩角立夏後生茸謂茸角立冬後茸脫爲乾角冬至後脫落此地產者茸毛色靑故爲特品

黃耆　產野地荒山間立夏生苗七月開黃紫花葉扶疎作羊齒形秋後挖掘其根入藥此處產者皮色黑較他處爲異爲此藥之特品銷南省爲數最廣惜被旱災產量不豐

大黃　產北大壩甚夥立夏生苗葉長如海帶有莖爲三稜形味極酸性極寒秋後掘其根銷於各烟草公司不入

藥

黃芩　產野地處處有之立夏後生苗隨時掘其根日乾去皮入藥本草綱目蘇頌曰苗高尺餘有獨莖者叢生者幹麤如筋葉細長兩兩相對類紫草根如知母長四五寸

遠志　產野地處處有之立夏後生隨時掘取其根售於藥肆本草綱目李時珍曰此草服之能益智强志故有遠志之稱晉桓溫呼爲小草

防風　產野外荒山中立夏後生隨時掘取售之肆本草綱目蘇頌曰莖葉俱綠色開小白花攢聚如蓬房絢爛可觀實較胡荽子而大根黃色與蜀蔡相類黃而潤者佳

知母　產平原處處有之遂時挖取本草綱目陶宏景曰似菖蒲而柔潤葉至難死掘出仍生至枯乃止蘇頌曰四月開青花如韭八月結實

狼毒　產平原此處當未開墾時甚多生同知母本草綱目馬志曰似商陸等大黃莖葉有毛根皮黃肉白以實而重者佳輕者爲劣入藥以分量定値

赤芍　產山間畏旱產量較少卽紅芍藥花根取其花單瓣者者入藥

柴胡　產山間塞山處處有之一作茈胡本草綱目雷斆曰茈胡出平州卽今銀柴胡李時珍曰平州卽銀州今爲

延安府神木縣五原城是其廢址所產柴胡長尺餘而白且甚不易得此謂北柴胡月令云仲春芸始生芸蒿亦柴胡之類

地骨皮　立夏後生產山根處處有之卽枸杞根皮以冬月掘之入藥尤佳

地榆　產下濕處立夏後生本草綱目蘇頌曰三月生苗初生布地獨莖直上高三四尺分對出葉似榆葉狹長如鋸齒七月開花如桑椹而短赤紫色根似柳根外黑內紅俗呼紅籐羅

甜甘草　初春生立夏後挖丈餘深始淨其根銷南省及外洋煙草公司用最多

青羊血　產北大壩等處初鬬時青羊頗多獵者取其腔內心血裝於羊腸內售於藥肆內價值甚昂

牛黃　本草綱目李時珍曰口北牛黃出牛膽內極爲貴品此地產者多在膽中有言得寒月光中之精而生故其性極冷

杏仁　產出中卽杏仁也產量甚豐農戶收穫數十石者仲春開白花滿山如燦錦當含葩未放時色紅花落生葉葉稠者弗結實土人云葉稠者生雙仁有毒人食之必死故入藥必去皮尖雙仁者忌用此地有用以製油者有醃漬爲菜者

黃精　產深山中遂時挖取入藥名玉竹功同人蓡春生葉形參差錯雜似竹葉開黃花根粗寸餘味甘本草綱目

李時珍曰人食之能輕身且延年益壽一名黄芝又名仙人餘糧蘇頌曰肥地生者大如拳薄地生者猶如拇指博物志黄帝問天老曰天地所生有食之令人不死者乎天老曰太陽之草名黄精食之可長生人不信黄精之益壽不亦惑乎

蒼朮　爾雅朮山薊郭註今朮似薊而生山中本草綱目李時珍曰蒼山薊也處處有之高二三尺其葉抱莖而生根如老薑蒼黑色內白色有赤點其苗嫩時貧民嘗採食

䅗麥　一名石竹産山谷中高尺許葉尖小根紫黑色形如細曼菁花紅紫色春夏開花秋結實如麥粒故名

葈耳　卽蒼耳俗呼蒼子棵郭註廣雅云葈耳卽爾雅之菤耳也本草綱目李時珍曰詩人思夫賦卷耳之章又名常思菜又考詩註卷耳生路旁疑爲今之車前子非蒼耳子也葉圓形有齒類葡桃葉不見開花俗云蒼子開花不見面秋間結實長圓形多刺仁可搾油頗香入藥名蒼耳

兎絲子　爾雅唐蒙女蘿卽兎絲女蘿郭註别四名詩云爰采唐矣邢疏云詩經直言唐而傳云唐蒙下云蒙玉女郭云卽唐也又名玉女頍弁云蔦與女蘿毛傳云女蘿兎絲本草綱目李時珍曰毛詩女蘿卽兎絲吳普本草兎絲一名松蘿陸佃云在木生者爲女蘿扶草生者爲兎絲二物之殊同皆由爾雅釋詩誤爲一物之故也多生原古道間初生有根及長延草物其根自無有花無葉花白色微紅香襲人考寧獻王庚辛玉册云火焰草卽兎絲子盖屬

陽性之草也

紫花地丁　生原野間本草綱目李時珍曰處處有之葉似柳夏開紫花細角產平地者起莖產溝壑邊者生蔓

五味子　產山坡間有林木處亦有產田畔者本草綱目蘇頌曰春初生夏間引赤蔓長六七尺扶高木而生者蔓尤長葉尖圓似杏葉三四月開花黃白色狀類蓮七月結實叢生莖端如豌豆大生青熟赤紫色以遼東者爲佳因其子尠肉厚之故爾雅㖃荎藸郭註五味子也本境人多取以爲製肉蔬之料味頗佳不入藥

車前子　爾雅芣苢馬舃車前郭註今車前草也本草綱目蘇頌曰葉布地如匙累年者長尺餘中抽數莖作長穗如鼠尾形花甚細密青色微赤結子似葶赤黑色七八月採子入藥

藜蘆　一名山葱又名漏蘆本草綱目蘇頌曰三月生葉似初出椶心又似車前莖似葱白長五六寸花淡紅色根長四五寸黃白色二三月掘根陰乾入藥生高山者佳

蒺藜　爾雅茨蒺藜郭註布地蔓生葉細碎如織由蔓生子有三角刺有四角刺入人膚有毒詩小雅楚楚者茨卽此也本草綱目李時珍曰一種刺蒺藜狀如赤根菜及細菱角三角四角不等角端爲刺內有仁一種白蒺藜結莢長寸許內子大如脂麻狀如羊腎蔓子皆綠色

益母草　本境田畔場圃邊處處有梗四稜形節節圍生簇團狀如蜂房由房內生花落花後房內生子名茺蔚子

小與車前子等由簇團內生葉三叉形八月初一採全秧熬膏婦人生後服之最有益故名爾雅萑蓷郉疏萑一名蓷郭云今茺蔚也故子入藥名茺蔚子眼科用本草綱目李時珍曰茺蔚近水濕處最繁春初生苗如嫩蒿入夏長三四尺莖方如黃麻葉如艾一梗三葉開小花紅紫色亦有微白色者其草生時有臭氣夏至後卽枯根白色與此處生者異有云此處生者爲馬鞭草頗近理故併載之以俟考

茵陳蒿　初春生處處有之俗呼白蒿貧民多採食本草綱目陳藏器曰此蒿經冬不死更因舊苗而生故名李時珍曰茵陳昔人多蒔爲蔬故入藥用山茵陳所以別於家也

青蒿　本草綱目李時珍曰二月生莖粗如指而肥輭莖葉色幷深青葉微似茵陳而面背俱靑根白而硬開細花頗香結子如麻子

地膚子　產田畔園圃中處處有之土人呼爲掃帚菜有青紅兩種紅者入藥本草綱目李時珍曰嫩苗可作蔬茹一科數十枚攢簇團團直上性極柔弱故老時堪爲帚

蒲公英　本草綱目寇宗奭曰四時常有花花罷飛絮絮中有子落處卽生所以院庭中亦有之

荊芥　一名假蘇土人名蜈蚣草本草綱目李時珍曰荊芥原是野生今爲世用遂多栽蒔二月布子生苗炒食辛香方莖細葉似獨帚葉而狹小淡黃綠色八月開小花作穗長形如鼠尾明一統志曰遼東都司出別名靜風尾

麻黃　本境沙崗處多有之一名龍沙張輯廣雅云龍沙麻黃也本草綱目蘇頌曰春生苗至夏則高尺許稍上開黃花花落結紅豆纍纍大小不等味微甘辛土人呼爲麻黃果

馬勃　本草綱目陶宏景曰俗呼馬窠勃者是也紫色虛軟狀如狗肝彈之有粉出寇宗奭曰生濕地及腐木上夏秋採之有大如斗者小亦如杓本處呼爲馬糞包

肉蓯蓉　一名寸雲一名馬勃係馬精落濕草地而生此處產者爲眞以此處爲蒙古游牧之草地也產於叢草間形如肉紫黑色大者一塊重十餘觔炮製入藥大補原陽

鬼剪羽　產山澗中夏正六月屬伏生苗長極速前日生次日萎三日枯狀如蘑菇根頂間生葩多粒如嫩花蕊根入土寸餘卽細如縷線再尺餘生一疙疸長圓如鷄卵入藥名鬼剪羽本草綱目李時珍曰能辟鬼魅土人取之爲小兒補肚有奇效

細辛　產石壁中葉圓如銅圓上面純紫六月得雨生本草綱目言細辛爲遼地特產

本境所產之藥類尙多如威靈桔梗蓁艽皆立夏後取根扁蓄老鸛草公英靑蒿坤草夏至後取苗因此亢旱皆不能暢茂故得詳查亦難備載

林西縣全境農產收獲表　民國十九年度

種類	畝數	產量	價額	備考
穀子	三六〇〇〇畝	每畝五斗	每斗四角	
高糧	六五〇〇畝	每畝五斗	每斗五角	
小麥	五五〇〇〇畝	每畝八斗	每斗二元	
莜麥	七〇〇〇〇畝	每畝一石	每斗一元	
黑豆	一五〇〇〇畝	每畝五斗	每斗一元	
糜子	三〇〇〇〇畝	每畝七斗	每斗五角	
蔴子	二〇〇〇〇畝	每畝六斗	每斗四角	
蕎麥	二〇〇〇〇畝	每畝六斗	每斗八角	
綠豆	八〇〇〇〇畝	每畝五斗	每斗二元	

黍子	一五〇〇〇畝	每畝六斗	每斗四角
棒子	八〇〇〇畝	每畝三斗	每斗六角
豌豆	五〇〇〇畝	每畝五斗	每斗五角
黃豆	五〇〇〇畝	每畝四斗	每斗八角
大麥	八〇〇畝	每畝八斗	每斗二角
芸豆	一〇〇〇畝	每畝三斗	每斗一元五角
紅白小豆	一〇〇〇畝	每畝五斗	每斗一元
苦蕎	一〇〇〇畝	每畝五斗	每斗五角
豇豆	五〇〇畝	每畝三斗	每斗五角
蠶豆	二〇〇畝	每畝三斗	每斗二元
葫蔴	二〇〇畝	每畝五斗	每斗八角

芥花籽	五〇〇畝	每畝五斗	每斗八角
火煙	二〇〇〇畝	每畝二五〇斤	每斤二角
地菸	一〇〇畝	每畝三〇〇斤	每斤一角
線麻	一〇〇〇畝	每畝五〇〇斤	每斤二角
菁麻	五〇〇畝	每畝五〇〇斤	每斤一角
山芋	一〇〇〇畝	每畝一〇〇〇斤	每畝二分

林業

本境多童山阜陵向少樹木根株惟西區木石匣地方係黃崗梁山脈頗有毛柴根株近年駐林軍隊因冬季嚴寒按地畝撥派疙疸每地一頃應出疙疸三四方不等（每方需單套牛車三車左右重一千七八百斤）是以縣境附近之疙疸挖掘淨盡民戶俱向該處採買每疙疸一方需山工脚價國幣大洋六七元之譜合加以毛柴爲地畝擔負之最大宗也近年提倡林業封山之禁令屢頒農民亦不敢照令奉行每歲植樹節農商工等多有栽樹者因

天旱地焦鮮有森林之發現惟縣城內寥寥有之區鄉村則百不有一焉林西開闢二十餘年農產林業俱無足觀饑饉數年又加錢法毛荒商農工賈日見淪亡可令人浩嘆哉

肥料

本境爲沙漠地極其磽薄糞料之施實不容緩自民國十年以來往往一歲不落滴雨若施以肥料更乾燥加甚矣是農家之糞堆歷年不動說者謂森林足以致雨而林業旣無雨量更勿容言矣

牧畜

本境自明代廢爲甌脫遜清又爲蒙人封域是向爲游牧之地久矣自開闢時蒙古之牛羊駱駝盈野盈川漢戶慕而效之馬牛羊之屬日見增盛中戶以下之農多豢豚其滋息之繁不如牛羊且非喂養不可至民國八九年農民之畜產類亦漸見日增月盛矣因是日本人在本境設試辦牧場尙未見成效其中有外國羊若干頭極寶貴者惟羊毛長尺有咫且白而潤每觔價値國幣三元有奇若有死亡棄其肉而留其皮毛願與本地羊掄種以外國之牡羊配本地之牝羊其羊毛則分外佳潤現時本境民人漸有與之合羣者將來此地牧羊一事可有發達之基矣至

牛馬之屬有民國十年以後連歲酷旱上崗之地草根將絶農戶之牛馬餓瘦而斃者難以數計加以軍隊抓車只求速快不容喂息所以本境之牛馬兩畜將見淨絶農家之正業蕭條而副業又復如此關心世事者所以抱隱憂也此外之家畜獸類有貓犬禽類有鷄鴨貓犬有捕鼠守夜之益鷄鴨有司晨產卵之利近年亢旱此四畜之受疫而斃者十居八九此地農民之凋零難堪者實源於此

工 業

工爲四民之一地方不可缺之一行也工業之興衰視地方隆替本境之面積僅六千餘頃比他縣小三四倍之數又疊遭天災兵燹匪患農民之擔負重至極點工業之受影響不卜可知本境五區俱無工業惟治城內有寥寥十餘處又無出品祇供本境之需用僅按現時之狀況實在之情形略舉數事所望仁人君子有民社之責者維持而救護之庶此邊塞窮黎不至逃亡國家疆土不至廢棄焉則幸甚矣

燒酒　本境營燒酒業者七家城內四家南區一家北區兩家均係小燒每日燒糧兩石上下者用麯六七十塊得酒一百七八十觔燒糧用糜穀蕎麥等粟麯係自造麯糧用豌豆大麥糜子蕎麥等類其製麯法將糧磨爲屑範以木框與脫坯等砌於暖室中用適宜之溫度令其醞發晾乾即成麯矣製酒之法亦將糧磨成屑和以相當之水量

用飢烝透裝於地池中池以木板爲範容量有定數視捐稅之多寡爲標準糧屑裝池中令堅實封以泥不令定風七池爲一排七日醞釀始熟七日輪流一週若不敷賣時一日裝兩池謂之加班祇消本境不能運出境外邇來迭遭囚獄又加課稅繁重營業不旺因煙酒公賣局不容歇業故僅支持之耳

黃酒　本境以黃酒爲營業者四家皆在城內納捐稅與燒酒同消蹏簡單其製法用黃米煮粥施以麯末攪均藏甕中醞釀數日取出用布袋漉去渣滓渣滓可飼豚

粉　本境產綠豆無多營是業者只五家製粉之法以雜糧磨屑攙綠豆二成和爲稀汁粗布漉出渣滓注甕內澄澱晒乾再調以相當之水使稠粘傾於有孔瓠瓢中陋滚水內煮熟撈出納冷水內縷縷搭蓆片上晒乾乃成乾粉不甚適於食品惟農民買食故外來之綠豆粉充斥市面此本地工業所以不發達也

藍靛　本地營業者三家在本城內民國初年用本地所產之靛民戶極力講求種植法靛苗之名稱甚夥皆於葉中含藍色生時色碧多者漚於池少者醞於甕數日醞釀水色極翠和以石灰汁用笆楯之其色變藍澄於池取其沉澱每百觔值國幣拾餘圓近日染房盡用洋靛本地無種靛藍者也利益外溢爲我地方罅陋之一大宗也惜無人設挽救之術無形之中受此莫大之虧損豈不令人浩嘆哉

木炭　本境燒炭之業凡有疙疸之處乃有因無森林廢木故燒炭盡用疙疸其製法掘地爲窰大小不等留一門

頂上有煙囪實疙疸於內用火燒之至成熟火候然後用土封固約二三日取出謂爲黑炭若燒白炭則不封窰燒透卽出諸窰外用風吹滅火氣炭有白灰謂之白炭本境鐵匠爐用之黑炭供燃料富者燃於室內取其無煙而暖也近年疙疸掘燒殆盡以燒炭爲業者當在禁止之例望有維持地方之責者

白皮　本境以熟白皮爲業者各區村頗有之無定數因此地天氣酷寒人人需皮服皮故其製法將羊皮狐皮及一切所做衣服之皮浸於硝灰水中好泡好取出用刀剗淨裏層油肉再用黃米面糊之硝汁浸之使柔韌而毛不落色益光潤復用鑱逐處鑱數遍卽柔輭如棉矣本城內常年營是業者十一家不但熟帶毛之皮又熟牛馬騾驢等去毛之皮謂之白皮舖

黑皮　本縣營黑皮業者五家製法與白皮不同但做牛馬騾驢等皮有用硝與不用硝兩法先將生皮剗剝淨毛用硝者浸於硝汁中使之柔韌然後上油上色或施以繪畫不用硝者去毛後卽加於薰皮窰內薰黑或黃以備做靴鞋之材料近年是業頗有起色

毡毯類

羊毛毡　有兩種棉羊者白而堅固可舖氈羊者黑而麤用以舖車此地羊雖多而毛皆運出外境售於他處故此

地之毡產量甚稀

毯　亦名氈以毛爲之有牛毛者有羊毛者惟駱駝毛者佳牛毛者次之毯有二種一曰牛毛毯用牛毛捻線經緯織成幅長四五尺寬咫尺綘三四幅爲一毯無他用途惟農人披以禦雨舖以禦潮之用一毯栽絨毯栽毛毯栽西藏織造法今頗進化組織法精細毛色配合又極雅素需工久而售價昂是以官商用爲贈品每方之大者可舖半塌每端需洋二十餘圓現時地方人提倡擴充將來可爲此地工業特品之一

石灰　本境營業燒石灰者兩處南區之東邊豪部都一處北區之珠爾沁一處兩處可出石灰八九十萬觔南窰石灰除本境需用外可輸出於全寧縣及蒙古等處北區石灰惟供本境之修房築墻輸出於蒙古者無多其製法掘地爲窰取性質柔輭之青畫石架疊其中用枝柴燃猛烈之火燒三日許至純青火候取出晾凉藏室內或倉內亦有在窰內出售者以其性畏風雨見之卽粉化矣用時注水於地池或甕中投灰於水內水沸則灰成粉澱矣用木棍攪之使渣滓沉底取其稠黏之汁應用近年銷途漸少其業不甚發達

鹽　本境無產鹽之區需鹽皆來自蒙境鹽泡在縣治西北距離六百里本城設鹽務支局及收稅局五區皆設緝私鹽卡營是業者名鹽坊須向鹽務支局領牌照有甲乙丙之別食鹽須向鹽坊承買國幣壹圓買鹽十八觔若買蒙人之鹽壹圓可買五十餘觔惟被緝私拿獲有傾家之罰是以鹽勇緝私翻篋箱倒篋勢焰滔天民戶招待極爲

難堪稍有不周卽有翻篋栽贜索賄情事因鹽逼命之案層見疊出食鹽爲本境莫大禍患營鹽業者非聯絡鹽局不可此林西近年之實在情形也

磚　民國初年本境營是業者較多近年營造甚尠是業僅四五處且非近產柴之山則無燃料其製法築土爲窰高四尺餘範土爲坯錯置窰中燒五六日成熟取出每窰約燒萬餘磚

瓦　與磚之營業相等亦同一窰製法以泥作圓圈置輪上輪轉令堅劃分四瓣卽成瓦形置窰中行列有孔燃火燒之至四五日燒透俟凉出每窰可得三四萬不等祇供本境需用

首飾樓　民國以來營是業者較前淸爲尠本境惟城內有之只五處製造惟銀冶金者甚尠其製法先用爐火略具模型纔施雕鏤磨琢鑲嵌用燈火嘘之使柔軟其名稱有包金鍍金蘸黃燒藍等類

銅匠鋪　本境營業冶銅者七家居本城內不見發達其製法分生熟二種生銅鎔化傾母內成器後再加磨琢熟銅置砧上錘之成器後須加雕鏤磨刊無精細製法至電光蘸黃鐫字等事等地無是工藝也

錫匠鋪　近年以來本境用錫器者畧尠營是業者改爲洋鐵鋪矣製法較錫鉛易甚無鎔化壓片之勞但所製之器不能經久只應一時之需且不雅觀故富室多用銅器

皮硝　本境窪地多含硝質故近年貧民有營硝業之講求其製法有兩種一曰種硝掘地爲池深四尺寬長如之

每日掃拾地面白屑傾於池內灌水其中至數日白屑鎔化滿池氹錐謂之馬牙皮硝藥坊名謂芒硝一曰熬硝掃取窪地白屑和於水中攪鎔取粗布漉之取其汁用甑熬之視稠黏取出晾乾卽成片成塊因此地酷旱燃料爲艱營是業者亦寥寥無幾矣

鐵匠爐　本境營是業者數十家多忽作忽輟故難定其確數其製法甚陋劣惟供本境刀鐮鋤鎬及馬掌之屬間有修理車者亦祇能換釘結瓦故外來之鐵器什物十居其五焉

鏵子爐　本城營業鑄鏵者兩家其製法取生鐵擊碎置爐中鎔化將鐵汁傾於母內卽成亦有灌油錘者不及犁鏵銷路之廣然祇供本境需用不能輸於遠方

木匠舖　本城營是業者十數家鄉間各有木工皆因此地不產木材營業亦作輟無常近年講求造林植樹惜此地酷旱研究數年終未見森林發現可浩嘆也夫營木工業者僅仰外來木料以供本境之需要故不見暢達

蠟舖　本城有營蠟業者數家因此地多牛羊油之故其製法以葦管爲莖蘸牛羊油於外連蘸數層卽成復用刀修理施以色書以字以美觀瞻他處有攙蘇油者謂之對假本境蘇油較牛羊油價高故此地無假蠟歷年輸出境外者頗夥說者謂蠟燭爲本境土產之一宗云

炸炮舖　本境只一家製品不敷本境需用輸入之炸炮充斥市面此地沿用舊俗因有此罅陋其製法攤泥於中

紙曝日中乾剪成長條因所用大小以定寬窄復用鐵棍捲筒搓令堅固抽棍之後泥塞其下端實以藥屑再用繩紮其頸甚堅用鐵錐刺孔至藥際置藥撚於中復緊頸繩不令藥撚脫落製炮則揆短撚於中作炸則置長撚計數之多寡編綁爲炸本境銷路頗廣將來營是業者可增多數也

林西皮毛產額出口價值表

種類	產額	價值	總計	備查
狗皮	四千張	每張十元	四萬元	
狼皮	一百五十張	每張二十元	三仟元	
狐皮	二百張	每張十五元	三仟元	
棉羊皮	八千張	每張一元	八仟元	
山羊皮	一萬張	每張八角	八仟元	
羔子皮	四千張	每張一元	四仟元	

猾子皮	四千張	每張二角	八百元
羊毛	一萬五千觔	每百二十元	一仟元
羊羢	一萬觔	每百五十元	五仟元
駝毛	二千觔	每百三十元	六百元
牛皮	二千張	每張五元	一萬元
騾馬皮	七百張	每張二元	一仟四百元
獺子皮	一千張	每張五角	五百元
獾子皮	二百張	每張三元	六百元

林西縣藝文志

卷五

藝文志

本邑設治民國爲始戰禍頻加文化未能輸入藝文一門將付闕如矣孰意燕然隆碣傳於金戈鐵馬之中異文古制得於黃草白沙之際庚午歲秋經人調查遼代之頽陵獲石碣十數頁鐫契丹大字及漢體等文字備載遼時諸帝后之事蹟除契丹字不能繕錄外謹將其漢體文與近時之碑傳廟祠合爲一册藉備一方之掌故云

文武大孝宣皇帝哀册

推忠翊聖保義守節同德功臣樞密使開府儀同三司老丞相守太傅兼政事令監修國史上柱國魯國公食邑一萬戶爵封一仟戶臣張儉

維太平十二年歲次辛未六月丁丑朔三日已卯

睿文英武宗道至德崇仁廣孝功成治定啓天昭聖神贊天輔皇帝崩於太昭河之行宮以其月八日甲申發赴慶州八月丙子朔二十七日壬寅殯于攢塗殿之西堦有司定議上尊謚曰文武大孝宣皇帝廟號聖宗卽以冬十一

一

月甲戌朔二十一日遷座于
永慶陵能禮也古樹號風寒山帶雪會同軌於萬方啓攢塗於七月縞素扙排祖庭斯設凌晨將御於龍轜遠日欲
辭於鳳闕哀子嗣皇帝宗眞孺慕絕漿哀推泣血爰命召於輔臣俾祖述於鴻烈其辭曰肇分覆載建立聖王德維
善政邦乃其昌遠則有虞大舜近則唐室文皇旣比崇於功業故可得而揄揚
先皇帝位纘六龍君臨四紀乃聖乃神盡善盡美自推載以居尊每勵精而求理昔也
朝元聽政長樂承　顏行孝治於天下布惠化於人間舉直措枉求賢審官詔搜巖穴庭列鴛鸞視比民而如子敷
五教以在寬以欲從人盛暑不張於傘蓋去奢從儉臨朝不服於羅紈乙夜觀書披衣待旦博採摭於典謨恒憂勤
於聽斷實穀務農從繩納諫惠養鰥寡欽恤刑名稟道毓德惡殺好生洽前代無爲而治見時政不肅而成四民殷
阜三教博興開拓疆埸廓清寰瀛東振兵威辰卞以之納欵西被聲教瓜沙繇是貢珍下國之羌渾述職遐邇之烏
舍來賓惟彼中士曩歲渝盟自卞宋而親馳驅隊取幷汾而來犯京城絕信棄義黷武窮兵蓋
先朝之積忿須再駕以徂征七德制勝千里橫行戈戟霜攢而蔽野鼓鼙雷動於連營逢大陣而皆尅攻邊壘以旋
平凋瘵戶民盡離居而失業傷殘將卒竟閉壁以偷生遂仗黃鉞直抵洪河會若林之銳旅揮却日之戈瑚我欲濟
以焚舟彼方危於壘卵乃命使軺疊仲誠納款懇求繼好乞效刑牲貢奉金帛助贍甲兵尊

二

聖善而庶稱兒侄敦友愛而願作弟兄保始終之悠久著信誓於丹青因廻天睠俯順物情念玆儲服爰議凱旋行
興國之大義解諸夏之倒懸下詔而歡聲動地班師而和風盈川暫勞吊伐永息烽煙自兩朝修聘已三十餘年取
威定霸爗後光前室若天賜勇智贊助聖聰無幽不燭有感必通化育民俗比屋可封祝史正詞備禮而交禋天地
奉先思孝謁陵而追冊祖宗欲固丕基恭行莪典繼正統而立元良啓承華而開望苑慶帝祚之悠久延皇圖之宏
遠方期偃修御極垂拱臨軒保遐齡於萬壽應寶運於千年昭臨如日覆燾如天揚周王歸馬之風正安下土促軒
后乘龍之馭遽嘆上僊嗚呼哀哉九霄降禍四海纏哀積陰晦而告變經旬浹而不開厭留塵世却返瑤臺嗟貞魂
而何往隨逝水以無廻嗚呼哀哉虞殯將期宋朝感義命六使以臨喪備百物而來祭諸候畢至羣方咸暨奠旨酒
以如澠思
仁君而流涕嗚呼哀哉疊嶂千重高凌碧空虔承遺旨卜葬玄宮負龍岡之巨麗敞神闕以彌崇泊窀穸之協兆皆
匍匐而送終嗚呼哀哉殿幕開兮星已稀靈駕動兮天欲曙馬踏地以悲鳴人執紼而泣訴丹旐翻風金錢買路百
寮哭兮不開萬乘泣兮何怙嗚呼哀哉入松阡兮駐金輅藏玉匣兮掩泉門愁雲忽慘夕照俄昏泣如慕兮灑雙淚
返如疑兮傷百神功高今古道煥典墳俾形容於
聖德遂聊宣乎斯文嗚呼哀哉

道宗仁聖大孝文皇帝哀册

經邦守正翊賛功臣開府儀同三司行尚書令僕射兼門下侍郎同中書門令下平章事監修國史知樞密院
事上柱國趙國公食邑六仟伍百戶食實封陸仟伍百戶臣耶律儼撰

維壽昌七年歲次辛巳正月壬戌朔十三日甲戌
大行天佐皇帝崩於韶陽川行在所徒殯於僊遊殿之西階粤乾統元季六月庚寅朔二十三日壬子將遷
座于永福陵禮也穆駿不歸軒龍已陟萬國悲傷兮猶喪
考妣七月期近兮我營陵域彫輅轔轔襄儀翼翼三奠終撤百靈慘惻　孝孫嗣皇帝延禧仰成威明承繼社稷感
象物以號泣恨　僊遊之寞默追錄其功兮異世使望欲報之
恩兮昊天罔極爰　詔輔臣具陳聖德其辭曰猗歟
聖元天帝之孫蕩海夷岳旋乾轉坤經營草昧掃滌妖昏宏圖善繼盛德益尊已卜萬祀方傳
八葉宇宙惟清日月相接綱要修整聲文暐曄一統正朔六合臣妾清寧將未姦蘖潛生蜂蠆奮毒雷霆振驚睚騰
瑞氣幕見神兵醜類旣剿　皇階益亨禮祠先廟神靈來格孝養
長樂敬恭無斁朝陵幸邑建號加册天旋雲被風施雨澤高穹乃眷景命惟諶天日奇笙鏞　德音務農重穀抵壁

捐金洞判邪正詳觀古今輟寐夜分忘食日旰決柔象史發號占澳天人分際
帝王條貫觸類鑑照秉權電斷一十三次選士懸科官材棫樸育善菁莪五辰協運九序興歌函翔丹鳳迭變洪河
睿思敏麗　宸襟洞達沛筑高唱薰琴閒發刑憲三千惟務全活帥徒百萬不喜征伐敦睦親族駕馭英雄累開赦
宥數賑貧窮人心自樂地利常豐聲猷普曁教令遐通鯨海之東鯤溟之北若林西莞桂林南側遠近庶數邦強弱
諸國占風効款慕義述職頃以汴寇侵　予夏臺包藏貧噬勝敗往來垂二十載傷生蠹財　詔命一至煙塵兩開
蠢爾韃靼自取凶滅擾我邊陲萃其巢穴上將旣行奇兵用設卽戮渠魁群黨歸悅奠枕於京垂衣而治七曜齊正
百嘉蕃遂嶽貢川珍地符天瑞赫奕難名紛綸畢至時遊江渚或獵雲峰威稜震疊逸豫從容
大聖射法人皇書宗妙該玄理博達空宗
上性自然而不學而能瞻形繪像調律修樂君臣宴會內外恩渥禮文若右古制度復材紓邪屛逐朝列肅清宛憒
咸雪
昭懷正名臨朝四紀御世一平化流廣夏福庇群氓憂勤玆久勞倦興寢燕國英明央其傳付冀泰宇之不撓得遐
年而克固　元孫牢讓勉臨庶務難求堯聖之高蹈遽迫崦嵫之已暮俄撫凡以有命遂遺弓而忽去徒云呼歲之
祥慮紀夢齡之數嗚呼哀哉封人祝兮雲且至杞國憂兮　天乃崩欻風號而景洣紛雨哭而愁興彤庭寂寞兮閴

五

無象寶座深嚴兮空有憑鏘挽鐸以伸戀灼靈龜而告徵嗚呼哀哉先遠厲期同軌皆會隨蜃輅以殞涕仰龍輴而心碎凄肅肅之仙儀慘悠悠之神旆蒼山空兮晚籟吟白日澹而寒煙晦嗚呼哀哉駐春蒐兮倘邇變夏節以將闌行且暮兮慶陵下望如朝兮　聖廟間去華闕兮玆邈即泉宮兮不還紫笛收兮曲聲闋綠驥留兮輸迹閑霧幽凝兮漠漠溜哀瀉兮潺潺植重林兮露法敞層殿兮苔班觸物類兮黯天想威容兮悲　聖顏嗚呼哀哉維蒸民之所歸須

大人之有作乘時而出也天曆爰在極數而終也神器是託大葬之制舊章用度鄙珠玉之華侈尙甄閟之儉約閟清暉兮幽默置洪業兮盤礴別垂理世之謨訓昭示同

君之矩矱被雅頌兮洋洋煥簡編兮灼灼庶延亘於無窮自遐揚於景爍嗚呼哀哉

宣懿皇后哀册

樞密副使宗祿大夫行尙書戶部侍郎修國史上護軍清軍清河郡開國公食邑二千戶食實封二佰戶臣

張林撰

維大康元季歲次乙卯十一月己未朔三日辛酉

先懿德皇后崩於長慶川旋附殯于　祖陵卽以乾統元年歲次辛巳六月庚寅朔二十三日壬子將遷

座于永福陵禮也國路風況郊門雲起日厲建未時將在癸協龜墨告吉之兆應搟啓行之始　六衣卷兮收黼帳
三獻終兮撤祭奠望望而哀杖森欝搖搖而素旌披靡當時
儽馭去復去兮殊途今月　彤轜行復行兮同軌松楸泣露以何恨簫笳鳴空而不已孝孫嗣皇帝延禧哀哀思報
戀戀增傷仰順追懷之遺旨特從　合祔之彝章　玉論流輝于殯殿　珠襦掩藻於玄堂白日度兮時易改清釭
凝兮夜不陽　音容永訣年祀何長欽惟冠古之聖書豐可隨時而消亡爰承嚴詔俾讃餘芳況盛世難窮乎銘紀
故小善不足以揄揚其詞曰昔惟　聖人配玆　令德生在中壺來從外戚祥剖石字　位膺天極　玉璽疏寵象
服增飾賛助大化　啓迪內職　懽而不黷婉麗貞仁　性不華而況潛剛克早熟　令訓夙挺英資螽斯集慶樛
木均　慈處金屋之富而守以約素同　天王之尊而務在謙抵以　恩結民心民心皆樂乎子育以身教天下天
下咸遵乎　母儀貴不自驕　尊不自滿　陰教大布女圖茂纂　詠淑懿於河洲筆勳庸於彤管所　居者椒掖
所馭者丹駢所　戒者詖謁之志所　絕者私溺之權　含章于內香蘭芊芊　發秀於外飛霆闔闔照之臨之明
可助　日覆之載之　柔能配　乾周姒齊　仁般萃比　聖轡裙帷奔必從于制度管絃絲竹貴合於雅正　文
章非學至之然　佛法本生知之性　靜修蘋藻動節珩璜儀形　祖禰軌範嬪嬙可更延於　壽曆何遽返於儽
鄉悲纒　聖母愛慟　元良龍遺駒兮婉轉鳳翔雛兮翔痛何言兮翔神道嗟難堪兮昊蒼嗚呼哀哉坤紀斷維月

輪覆轍陵域瞑兮苦霧暗山楹寂兮流泉咽萬籟暗鳴百靈慘烈嗚呼哀哉銀海寒湛蛟兩影沈琨珮釘鐺兮無復聽雲車縹緲兮何處尋

聲雖不聞六宮側願聞之耳　形雖不見九族傾將見之心時不來兮杳隔雲壤事已往兮空成今古嗚呼哀哉樹蕭蕭兮秋欝草萋萋兮春渚皆從來巡幸之地盡伊昔宴遊之所

靈跡何在　慈顏如覩嗚呼哀哉載念寵渥失於姦臣青蠅之舊汚知妄向壁之清輝可珍如金石之音默而復振如鏡鑑之彩昏而復新茂集徽册緬播　芳塵庶乎千載之下望

神華之閟宮兮驗　聲實於哀文嗚呼哀哉

大行太皇太后哀册

維清寧三年歲次丁酉十二月癸卯二十七日巳巳　大行太皇太后崩於中會川行宮之太安殿旋殯於慶州北別殿之西階粵明年夏五月四日癸酉將遷祔祖于永慶陵禮也夕攢方開夜漏甫盡龜地吉時龍輴移輾縣山之縞素凝霜離殿之帷帟飛燼奠樽既撤哀杖徐進想舊事兮若新計遠日兮如近孝孫嗣皇帝臣弘基義感祖先情深胄胤憶戀風猶追思信命相輔以爲文期音徽之大振周室德業文母居先漢朝儀範馬后稱賢彼伊往矣其誰繼焉大行太皇太后博厚成儀中弘私毓德婉淑慈仁聰明正直嬪嬙卑下示之以謙抑子孫衆多最之以

溫克對褘之纖靡輒不更衣處宮室之深嚴嘗無踰閾若天之淸若地之貞若江海之量若日月之明於孝宣有婦
順之容所以承愛敬於　孝章有王業之訓所以享雅稱乃卽前宮之大號乃膺太上之徽名禮度在躬不取珩璜
之節純廉爲事不徒簪珥之榮行不旁履視不斜睨好尙古風勤求實際普全六行之餘洞達三乘之義動必協
於人心靜必從於佛意勃興皇運肆及孫謀邦國益蓋承於垂慶宗親皆荷於貽休有兄之女兮遠尊居於永樂有
女之子兮復貴處於長秋若昆若季乃王乃侯一門之盛千古無儔屬壽齡之向暮晒光景以難留方大恢於聖化
遽上促於僊游嗚呼哀哉水逝悲川花愁泣露顧繐幄以凝戀對綀衣而增慕去復去兮天上侶遠復遠兮人間路
追來命兮如在帳慈顏兮何處嗚呼哀哉長天慘兮蕭兮動悲風起笳林鑾閑當夏天之炎燠變秋日之凋殘將臨
乎僊闕將屆乎陰山望
員節有雄然金石惟淑譽兮藹若椒蘭雖女史兮有彤管紀淸芬員兮靡弗懽嗚呼哀哉

各哀册覆頁石刻篆文

民國十九年秋八月照錄

一〇

米將軍傳

米公諱振標字錦堂原籍陝西綏德州人清季官毅軍後路統領民國元年隨軍統姜上將軍桂題來熱防堵外蒙調爲駐林前敵司令熱河主客軍咸聽節制民國二年秋九月初旬蒙匪擕地普北面而來諸將士戰禦旬日蒙匪未得入境詎期西帥失策委棄軍械蒙匪得資佔據經棚聯絡克什克騰旗蒙匪內外響應林西孤懸三面受敵風聲鶴唳民商震驚奉政府電林西爲國北門全局攸關令公固守不得疏忽雖有姜上將之督師奉軍來援俱遠水不救近火而且子彈缺乏晝夜鏖戰公激勵將士親臨戰線前仆後繼出奇兵簡輕騎選出賊背殲滅多匪解林西圍林西之民得安耕鑿商賈之遂懋遷皆米公之賜也林西商民因其治軍有律視民如傷衆譽其爲國家福將此地之福星爲之立碑於南門外於民國九年去林至今林西民猶思慕不忘焉

常將軍傳

縣之北九十里英上有將軍名德盛字子新原籍遼寧屬之錦西縣人也世務農於前清光緒二十八年投效武衛左軍積功授營務處銜民國元年外蒙獨立政府命毅軍防堵駐紮林西二年秋蒙匪擾林幾入北門將軍由湯牌

近援使林西危而復安繼又剿珠爾沁廟之匪克復什八台五十家子等要塞民國三年招撫鮑四閣王民四擒斬希力僧周豁牙子金巴齊大巴拉等數匪首民五擊退蒙匪數年之間屢立戰功林西商民均受庇護全境秩序未亂米公主帥將軍戰功爲最著蒙政府賞賚頻頒晉給至二等文虎章佩五獅軍刀其功德之在林西懋矣且寬和愛民民亦愛將軍因修第於此家於此全境爲之立碑送匾誌其功德焉

常將軍碑文

積武功而晉爵將軍全盛德而退歸林下此人情之榮古今之仰望也厥維

常公子新者遼寧錦西人也於前清光緒二十八年投効武衛左軍剿擒熱屬花子溝之鄧來峯援擊黑龍江之套克套轉戰秦陝破滅白狼稽功荐升副將民元外蒙肇釁中央令毅軍防堵　公蒙軍統姜委充前敵總理營務處駐防林西稽功授陸軍少將迭克要塞復蒙委爲右翼馬隊統領克復經棚給予三等文虎章民二蒙匪擾林公由湯牌越山赴援林西危而復安商農職業未失公之力也是役晉給三等文虎剿珠爾沁什八台五十家子諸要塞授陸軍中將勳五位民三招撫鮑四閣王等晉給二等文虎章民四剿撫希力僧金巴等巨匪兩巴林阿魯科爾沁敉平奉令特賞五獅軍刀民五蒙匪攻林公抱奮勇追至壩外罕布廟因時令特寒而奉令撤回民六一月奉令給

予二等嘉禾章是年援開魯等處皆賴寧謐七年開赴河南滅豫東積年巨匪又蒙委爲行營翼長蒙督軍趙委爲河南游擊司令八年轉戰山東巡緝數縣斃慣匪時克文等數十名蒙大總統黎特賞六獅軍刀民九清查夏邑村庄擒斬李德功等十數巨匪蒙保奬二等大綬寶光嘉禾章又在碭山虞城剿擒王北斗張大辨子等巨匪數十名從匪數百名民十到魯蘇交界獲巨匪花明心斃三十餘名經河南安徽兩督軍呈報中央令爲豫皖剿匪總司令十一年蒙大總統黎任命爲歸德鎮守使繼編爲陸軍第一師師長肅清河南商民均感十二年直魯豫巡閲使吳電請曹大總統任命上將銜勳四位典威將軍遣使特賜七獅軍刀是年因援閩粵贛諸省有功復蒙任命爲援粵總司令擬請辭職以歇仔肩旋蒙

孫大元帥中山特命爲北伐五路總司令十三年夏自思同室操戈寔愴肺腑藉疾請假以遂謙懷始於林西父老優游歲月矣實惠及民報德無由因爲之詞曰干戈起兮遍地荒英雄出兮靖四方蒙匪亂兮林西危將軍奮兮匪遠颺林西安兮民安樂將軍去兮赴南方巨匪平兮功名立勳位晉兮佩寶章姬望隆兮如晝錦業勳成兮返故鄉兮耕田畝朝夕勤兮種樹桑鄰里見兮談禾黍勸鄰里兮睦黨鄉懦夫見兮思立志貪夫見兮廉隅方扶世道兮長民俗正名分兮振綱常願將軍兮壽百歲立豐碑兮萬古芳

米將軍碑文

蓋聞太上立德其次立功功德之感於人者深必勒碑刻銘以表揚之良蟠垂不朽也林西地居北塞草沬初闢滿
目萑苻時虞出沒民國二年邊匪渠魁蘇僞將軍奈登公等號召悍逆七八千餘嘯聚北邊侵佔我土地蹂躪我人
民遷移流亡不堪寓目長城北壁幾至崩頹維時我
米鎮軍總命令行軍督師進發是年六月出墻外開始戰鬥於烏波羅河擒渠掃穴先樹聲焉旋乘勝分路進兵將
他他廟喇嘛罕廟彌僧廟什巴爾台五十家子劉家營子湯上大營子陀螺廟大王廟各要塞先後攻克並克復經
棚縣解林西圍出入槍林身經百戰屏藩千里轉危爲安此功之昭著者也秩序既安而避難邊氓接踵歸來載歌
樂土既來之我
米鎮軍則移兵駐守以安之農則勸其稼穡商則經其貿易學校由此振熙來攘往羣遊光天化日他如請賑撫以
惠災黎設粥廠以憑凍餒培城垣以固根本聯軍民爲一體視漢蒙如同仁德之感於人者深而一般黃童老叟沐
恩澤而望英風者早相傳爲口碑矣惟該匪弗體米鎮軍勸撫兼施之苦衷四年冬蒙匪四五千人麕集外蒙意在
南犯多倫以圖大舉我　米鎮軍奉令出發一勝於罕伯廟再克於白音皋其豐功懋德所以銘鼎彝而被絃歌者
雖邦家之光實吾民之福也夫林西甫經開闢屢見兵戎而我　米鎮軍臨大敵平大難出奇制勝措邊藩於泰山
之安登斯民於衽席之上我　米鎮軍殄匪安民行之若素而商民等得以休養生息於其間者何莫非我　米鎮

軍邊匪之所賜歟人非木石敢忘安良除莠之恩德洽蒼蒼聿著樹碣銘勳之典恭頌

勳二位一等文虎章六獅軍刀熱河副都統
上將銜陸軍中將前敵總司令林西鎮守使　米振標公之德政

姚參謀長碑文

蓋聞古之所謂豪傑之士必有過人之才才也者足以匡濟時艱也民國二年有邊匪蘇偽將軍奈登公等率黨七八千餘內犯蒙疆北壁長城大有岌岌不可終日之勢維時

米鎮軍督師進剿電請以我熱河總理營務處　姚公留守林西適匪氛猖獗我米鎮軍擒渠掃穴聿建赫赫之功而我

姚公帷幄運籌卒決勝於千里之外嗣該逆分遣黨羽圍攻林西勢甚危急我　姚公預設卡壘籌備防剿並飛達各軍分路截擊乃該匪狡焉思逞勢成負嵎是我軍勇於戰鬥惟子彈告罄每有來請者我　姚公則不動聲色從容以應之曰子彈尚多其實不敢以實告耳我兵士知子彈不缺均各勇躍爭先期滅朝食當斯時也無日不戰無時不戰相持至十四日之久我　姚公蚤夜嚴戰備不稍解維持計畫然費苦心迨子彈運林卒解林西圍其化險爲夷使萬家之雞犬不驚千里之屏藩如故非我姚公匡濟之才曷克臻氏是年冬復分兵將陀羅廟大王廟攻克

並克復經棚縣至五十家子什巴爾台等處亦次第盪平掦盡塞上烽煙救民水火棠郊黍野咸慶謐安我
姚公慮及蒙邊之不易控制也復電請撥款建築城營其所保衛商民兼以繫其心者其關係豈鮮淺哉四年冬巴
酋復聚黨四五千人嘴集北邊以圖大舉我　米鎮軍奉令北發仍電請以我　姚公留守林西凡後方應行籌備
事宜竭盡圖維不遺餘力出師未及兩月洵至底定功成雖日邦家之光實吾民之福也夫林西草萊初闢滿目萑
苻而我　姚公襄贊戎機獨能掃盪邊氛登斯民於袵席他如銷患於無形保治於未然使吾民得以休養生息於
其間者在在不堪枚舉商民等受恩深重爰撮勒碑以誌感慕云爾　恭頌

三等文虎章中將銜陸軍上將前敵
總理營務處林西縣鎮守使署參謀長　姚敬之之德政

丙辰年桂月丙辰日　敬立

壇廟

孔廟　本境於遜清光緒三十三年設治各列祀典之廟均設有地址繼因地方不靖災患頻仍院宇堂廡皆無力
建築至民國十年縣立高等第一小學校及初等學兩處既立學校不能不祀孔雖於勸學所室內闢正中一間奉

至聖先師位於中縣大成殿匾額一方春秋祀典權就於此

武廟　民國三年政府頒定關岳合祀典禮稱號武廟彼時米公統領毅軍鎮守林西逢祀典之期權在鎮署設位致祭至四年秋在縣城南門外建設演武廳爾正室三楹奉關岳木主於內春秋祀典鎮守使率全軍將官及縣知事警察官吏等致祭如儀至十五年經劉鎮守使山勝駐防本境勒派區民出款二千餘元仍在舊址重修武廟嗣因款不敷用又於本城商戶募款千餘元始建築如式隨用駱姓軍人為道士為該廟住持道看守廣宇主持香火祭祀又將操場之週圍地作為香火地

查林西縣武廟雖已落成而文廟仍復因陋就簡迄未修築殊與提倡文化甚抱缺點爾時邑紳等有建議修築者皆因天災年歉民力未蘇未能舉辦然希聖希賢進文明之化未可謂此地無人也謹將文武廟祀列典之聖賢位次詳列於後以備異日之參考焉

文　廟　位　次

大成殿正位

至聖先師孔子　諱丘字仲尼魯人周敬王二十四年魯哀公誄曰尼父漢平帝元始元年追謚褒成宣尼公魏太和十六年改謚文聖尼父北周大象二年追封鄒國公隋文帝時贈先師尼父配享周公唐貞觀二年停祭周公

升孔子爲先聖十一年尊爲宣父永徽中改稱先師顯慶三年仍稱先聖乾封元年追贈太師周武氏天授元年追封隆道公開元二十七年追謚文宣王宋大中祥符元年追謚玄聖文宣王五年避國諱改謚至聖文宣王元武宗加號大成至聖文宣王明嘉靖九年去王號及大成文宣之稱定號至聖先師孔子

東　配　二　位

復聖顏子　諱回字淵魯人漢高帝十二年配享唐貞觀三年詔稱先師總章元年太子少師太極元年贈太子太保開元二十七年贈兗國公宋大中祥符元年封兗國公元至順元年加封兗國復聖公明嘉靖九年改稱復聖顏子

述聖子思子　諱伋字子思孔子孫宋崇寧元年封沂水侯大觀二年從祀端平二年升列於十哲咸淳三年配享封沂國公元至順元年加封沂國述聖公明嘉靖九年改稱聖子思子

西　配　二　位

宗聖曾子　諱參字子輿魯南武城人唐總章元年從祀贈太子少保太極元年贈太子太保開元二十七年贈郕伯宋大中祥符二年封瑕邱侯政和元年封武城侯咸淳三年配享封郕國公元順元年加封郕國宗聖公明嘉靖九年改稱宗聖曾子

亞聖孟子　諱軻字子輿一字子車鄒人宋元豐六年封亭國公立廟鄒縣七年配享元至順元年封鄒國亞聖公

明嘉靖年改稱亞聖孟子

東序六位

先賢閔子　諱損字子騫魯人唐開元八年從祀二十七年贈費侯宋大中祥符二年贈瑯琊公咸淳三年封費公

明嘉靖九年改稱先賢以下十二哲及東西兩廡均因明嘉靖九年改稱先賢先儒厥後升祀復祀增祀者並如嘉靖間改稱之例

先賢冉子　諱雍字仲弓魯人唐開元八年從祀二十七年贈薛侯宋大中祥符二年贈下邳公咸淳三年封薛侯

先賢端木子　諱賜字子貢衛人唐開元八年從祀二十七年贈黎侯宋大中祥符二年贈黎陽公咸淳三年封黎公

先賢仲子　諱由字子路一字季路魯卞人唐開元八年從祀二十七年贈衛侯宋大中祥符二年封河內公咸淳三年封衛公

先賢卜子　諱商字子夏衛人檀弓疏魏人鄭康成曰溫國卜商唐貞觀二十一年從祀二十七年贈魏侯咸淳臨安志作衛侯宋大中祥符二年封河東公咸淳三年封衛公

先賢有子　諱若字子若史記作子有魯人唐開元二十七年從祀贈卞伯宋大中祥符二年封平陰侯清乾隆三年升列十二哲

西　序　六　位

先賢冉子　諱耕字伯牛魯人唐開元八年從祀二十七年贈鄆侯宋大中祥符二年封東平公咸淳三年封鄆公

先賢宰子　諱予字子我魯人唐開元八年從祀二十七年贈齊侯宋大中祥符二年封臨淄侯咸淳三年封齊公

先賢冉子　諱求字子有魯人唐開元八年從祀二十七年贈徐侯宋大中祥符二年封彭城公咸淳三年封徐公

先賢言子　諱偃字子游吳人唐開元八年從祀二十七年贈吳侯宋大中祥符二年封丹陽公咸淳三年封吳公

先賢顓孫子　諱師字子張陳人唐開元二十七年從祀贈陳伯宋大中祥符二年封宛邱侯政和元年改封潁川侯咸淳三年封陳侯升列十哲

先賢朱子　諱熹字元晦一字仲晦宋徽宗婺源人謚曰文贈大中大夫寶謨閣直學士寶慶三年贈太師封信國公紹定三年改封徽國公淳佑元年從祀元至正二十二年改封齊國公明嘉靖九年改稱先儒崇禎十五年改稱先賢位漢唐諸儒上清康熙五十七年升列十二哲

東廡先賢四十位

先賢公孫僑　字子產鄭大夫唐開元二十七年從祀明嘉靖九年改祀於鄉清光緒三十四年復祀稱先賢

先賢林放　字子邱魯人孔門人唐開元二十七年從祀贈清河伯宋大中祥符二年封長山侯明嘉靖九年改祀於鄉雍正二年復祀稱先賢

先賢原憲　字子思宋人鄭康成作魯人唐開元二十七年從祀贈原伯宋大中祥符二年封任城侯

先賢南宮适　家語作縚史記作括字敬叔魯人唐開元二十七年從祀鄭伯宋大中祥符二年封襲邱侯政和元年改封汝陽侯

先賢商瞿　字木魯人唐開元二十七年從祀宋大中祥符二年封須昌侯

先賢漆雕開　字子若魯人一作蔡人唐開元二十七年從祀贈滕伯宋大中祥符二年封平輿侯

先賢司馬耕　字子牛宋人唐開元二十七年從祀贈向伯宋大中祥符二年封楚邱侯政和元年封睢陽侯

先賢梁鱣　或作鯉字叔魚齊人唐開元二十七年從祀贈梁伯宋大中祥符二年封平乘侯

先賢冉儒　字子魯魯人唐開元二十七年從祀贈郜伯宋大中祥符二年封臨沂侯

先賢伯虔　字子晳魯人唐開元二十七年從祀贈鄒伯宋大中祥符二年封沭陽侯

先賢冉季　字子產魯人唐開元二十七年從祀贈東平伯宋大中祥符二年封諸城侯

先賢漆雕徒父　字子有魯人唐開元二十七年從祀贈須句伯宋大中祥符二年封高宛侯

先賢漆雕哆　一作侈字子斂魯人唐開元二十七年從祀贈武城伯宋大中祥符二年封濮陽侯

先賢公赤　字子華魯人唐開元二十七年從祀贈邵伯宋大中祥符二年封鉅野侯

先賢任不齊　字子選楚人唐開元二十七年從祀贈任城伯宋大中祥符封當陽侯

先賢公良儒　字子正陳人唐開元二十七年從祀贈東牟伯宋大中祥符二年封牟平侯

先賢公肩定　字子仲魯人唐開元二十七年從祀贈新田伯宋大觀四年封梁父侯

先賢鄡單　或作鄔字子家魯人唐開元二十七年從祀贈銅鞮伯宋大觀四年封聊城侯

先賢罕父黑　字子黑魯人唐開元二十七年從祀贈乘邱伯宋大觀四年封祁鄉侯

先賢榮旂　家語作祈字子旗魯人唐開元二十七年從祀贈雩婁伯宋大中祥符二年封厭次侯

先賢左人郢　家語作左郢字子行魯人唐開元二十七年從祀贈臨淄伯宋大中祥符二年封南華侯

先賢鄭國　字子徒魯人唐開元二十七年從祀宋大中祥符二年封朐山侯

先賢原亢　字子籍魯人唐開元二十七年從祀贈萊蕪伯宋大觀四年封樂平侯

先賢廉潔　字子庸衛人唐開元二十七年從祀封莒父伯宋大中祥符二年封胙城侯

先賢叔仲會　字子期魯人唐開元二十七年從祀贈瑕邱伯宋大中祥符二年封博平侯

先賢公西輿如　字子上史記家語作公西輿魯人唐開元二十七年從祀贈重邱伯宋大中祥符二年封臨朐侯

先賢邽巽　字子斂魯人唐開元二十七年從祀贈平陸伯宋大中祥符二年封高堂侯

先賢陳亢　字子元一字子禽魯人唐開元二十七年從祀贈潁伯宋大中祥符二年封南頓侯

先賢琴張　字子開衛人唐開元二十七年從祀贈南陵伯宋大中祥符二年封頓邱伯政和元年改封平陽侯

先賢步叔乘　字子車齊人唐開元二十七年從祀贈淳于伯宋大中祥符二年封博昌侯

先賢秦非　字子之魯人唐開元二十七年從祀贈汧陽伯宋大中祥符二年封華亭侯

先賢顏噲　字子聲魯人唐開元二十七年從祀贈朱虛伯宋大中祥符二年封濟陰侯

先賢顏何　字冉魯人唐開元二十七年從祀贈開陽伯宋大中詳符二年封堂邑侯明宏治元年罷祀清雍正復祀

先賢縣亶　字子象魯人清雍正二年增祀

先賢牧皮　黃帝臣力牧之後清雍正二年增祀

先賢樂正克　字子敖魯人孟子弟子宋政和五年配享孟廟封利國侯清雍正二年從祀孔廣

先賢萬章　孟子弟子宋政和五年從祀孟廟封博興伯清雍正二年從祀孔廟

先賢周敦頤　字茂叔宋道州人歷官虞部郎中知南康軍世稱濂溪先生謚曰元淳祐元從祀封汝南伯元延祐三年封道國公嘉靖九年改稱先儒崇禎十五年稱先賢

先賢程顥　字伯淳宋河南洛陽人登進士第累官至太子中允監察御史謚曰純淳祐元年從祀封河南伯元至順元年封豫國公明嘉靖九年改稱先儒崇禎十五年稱先賢

先賢邵雍　字堯夫宋范陽人後徒河南自號安樂先生嘉祐熙寧間大臣累薦不起卒贈秘書省著作郎元祐元年謚康節咸淳三年從祀封新安伯明嘉靖九年改稱先儒崇禎十五年稱先賢

西廡先賢三十九位

先賢蘧瑗　字伯玉衞大夫唐開元二十七年從祀贈衞伯宋大中祥符二年封內黃侯明嘉靖九年改祀於鄉清雍正二年復祀稱先賢

先賢澹臺滅明　字子羽武城人唐開元二十七年從祀贈江伯宋大中祥符二年封金鄉伯

先賢宓不齊　字子賤魯人唐開元二十七年從祀贈單伯宋大中祥符二年封單父侯

先賢公冶長　魯人唐開元二十七年從祀贈莒伯宋大中祥符二年封高密侯

先賢公晳哀　字季沈魯人唐開元二十七年從祀贈郳伯宋大中祥符二年封北海侯

先賢高柴　字子羔衛人唐開元二十七年從祀贈共伯宋大中祥符二年封共城侯

先賢樊須　字子遲魯人唐開元二十七年從祀贈樊伯宋大中祥符二年封益都伯

先賢商澤　字子季魯人唐開元二十七年從祀贈樊陽伯宋大中祥符二年封鄒平侯

先賢巫馬施　字子期陳人唐開元二十七年從祀贈睢陽伯宋大中祥符二年封東阿侯

先賢顏辛　字子柳魯人唐開元二十七年從祀贈蕭伯宋大中祥符二年封陽穀侯

先賢曹卹　字子循蔡人唐開元二十七年從祀贈豐伯一作曹伯宋大中祥符二年封上蔡侯

先賢公孫龍　字子石衛人鄭康成作楚人唐開元二十七年從祀封黃伯宋大中祥符二年封枝江侯

先賢秦商　字丕茲魯人唐開元二十七年從祀贈上洛伯宋大中祥符二年封馮翊侯

先賢顏高　字子精魯人唐開元二十七年從祀贈瑯琊伯宋大中祥符二年封雷澤侯

先賢壤駟赤　字子徒秦人唐開元二十七年從祀贈北徵伯宋大中祥符二年封上邽侯

先賢石作蜀　家語作石之蜀字子明秦之成紀人唐開元二十七年從祀贈郈邑伯宋宋中祥符二年封成紀侯

先賢公夏首　學語作守字子乘魯人唐開元二十七年從祀贈元父伯宋大觀四年封鉅平侯

先賢后處　字子里齊人唐開二十七年從祀贈營邱伯宋大觀四年封膠東侯

先賢奚容蒧字子晳魯人唐開元二十七年從祀贈下邳伯宋大中祥符二年封濟陽侯

先賢顔祖　字子襄魯人唐開元二十七年從祀贈臨沂伯宋大觀四年封富陽侯

先賢句井疆　字子界衛人唐開元二十七年從祀贈淇陽伯宋大中祥符二年封淇溢陽侯

先賢秦祖　字子南秦人唐開元二十七年從祀贈少梁伯宋大中祥符二年封鄄城侯

先賢縣成　字子祺魯人唐開元二十七年從祀贈鉅野伯宋大中祥符二年封武城侯

先賢公祖句兹　字子之魯人唐開元二十七年從祀贈期思伯宋大中祥符二年封即墨侯

先賢燕伋　字子思秦人唐開元二十七年從祀贈漁陽伯宋大中祥符二年封沂源侯

先賢樂頽　字子聲魯人唐開元二十七年從祀贈昌平伯宋大觀四年封建城侯

先賢狄黑　字晳之衛人唐開元二十七年從祀贈臨濟伯宋大中祥符二年封林慮侯

先賢孔忠　字子蔑孔子兄孟皮之子唐開元二十七年從祀贈文陽伯宋大中祥符二年封鄆城侯

先賢公西蒧　子字止一作子尙魯人唐開元二十七年從祀贈祝阿伯宋大中祥符二年封徐城侯

先賢顏之僕　字子叔魯人唐開元二十七年從祀贈東武伯宋大中祥符二年封宛句侯

先賢施之常　字子恒魯人唐開元二十七年從祀贈乘氏伯宋大中祥符二年封臨濮侯

先賢申棖　字子周魯人開元二十七年從祀贈魯伯宋大中祥符二年封文登侯

先賢左丘明　中都人史記作左邱魯人楚左史倚相之後唐貞觀二十七年從祀宋大中祥符二年封瑕邱伯政和元年改封中都伯明嘉靖九年改稱光儒崇禎十五年稱先賢

先賢秦冉　字開魯人唐元二十七年從祀贈彭衙伯宋大中祥符二年封新息侯明嘉靖九年罷祀清雍正二年復祀

先賢公明儀　魯武城人曾子弟子清光緒三十四年增祀

先賢公都子　孟子弟子宋政和五年配享孟廟贈平陰伯清雍正二年從祀孔廟

先賢公孫丑　齊人孟子弟子宋政和五年配享孟廟贈壽光伯清雍正二年從祀孔廟

先賢張載　字子厚宋大梁人嘉定十三年謚曰明淳祐元年從祀封郿伯明嘉靖九年改稱先儒崇禎十五年稱先賢

先賢程頤　字正叔宋河南人舉進士擢崇政殿說書嘉定十三年謚曰正淳祐元年從祀封伊陽伯元至順元年

封洛國公明嘉靖九年改稱先儒崇禎十五年稱先賢

東廡先儒四十位

先儒公羊高　齊人唐貞觀二十一年從祀宋大中祥符二年封臨淄伯

先儒伏勝　字子賤漢濟南人善治書爲秦博士經秦火後口授尚書二十八篇唐貞觀二十一年從祀宋大中祥符二年封乘氏伯

先儒毛亨　漢魯國人鄭玄詩譜稱大毛公稱萇小毛公清光緒三十四年增祀

先儒孔安國　字子國孔子十一世孫唐貞觀二十一年從祀宋大中祥符二年封曲阜伯

先儒毛萇　字長公漢河間人唐貞觀二十一年從祀宋大中祥符二年封樂壽伯

先儒杜子春　緱氏人王莽時隱居不仕卒唐貞觀二十一年從祀宋大中祥符二年封緱氏伯

先儒鄭玄　字康成漢北海高密人官大司農唐貞觀二十一年從祀宋大中祥符二年封高密伯明嘉靖九年改祀於鄉清雍正二年復祀

先儒諸葛亮　字孔明瑯琊陽都人相昭烈帝後主封武鄉侯謚忠武清雍正二年從祀

先儒王通　字仲淹隋河東龍門人謚文中子明嘉靖九年從祀

先儒韓愈　字退之唐鄧州南陽人舉進士第累遷吏部侍郎卒贈禮部尙書謚曰文宋元豐七年從祀封昌黎伯

先儒胡瑗　字翼之宋泰州海陵人累遷太子中允天章閣侍講謚安定後謚文昭明嘉靖九年從祀

先儒韓琦　字稚圭宋相州人舉進士第累管陝西經略安撫招討使後入相封魏國公卒謚忠獻清光緒三十四年增祀

先儒楊時　字中立宋南劍將樂人唐進士第歷官工部侍郎龍圖閣直學士號龜山先生謚文靖明宏治九年從祀贈將樂伯

先儒謝良佐　字顯道宋進士與游呂楊諸儒學程門號曰四先清道光二十九年從祀

先儒尹焞　彥明一字德充宋洛陽人累官權禮部侍郎兼侍講清雍正二年從祀

先儒胡安國　字康侯宋崇安人登進士第累官寶文閣直學士謚文定明正統元年從祀成化三年封建寧伯

先儒李侗　字愿中宋南劍劍浦人世稱延平先生明萬曆四十七從祀

先儒呂祖謙　字伯恭宋婺州人舉進士累官著作郎國史院編修嘉泰八年賜謚成喜熙二年改謚忠亮景定二年從祀封開封侯

先儒袁燮　字和叔宋鄞縣人官禮部侍郎學者潔齋先生卒謚正獻清光緒三十四年增祀

先儒黃榦　字子卿宋福建閩縣人歷和橫陽軍安慶府世稱勉齋先生卒謚文肅清雍正二年從祀

先儒輔廣　字廣漢宋崇德人清光緒三十四年增祀

先儒何基　字子恭宋婺州金華人屢被薦授職均不就卒謚文恭清雍正二年從祀

先儒文天祥　字宋瑞又字履善宋吉水人年二十舉進士歷官至右丞相清道光二十三年從祀

先儒王柏　字會之宋浙江金華人謚文憲清雍正二年從祀

先儒劉因　字夢吉元保定容城人官至集賢學士學者稱靜修先生清光緒三十四年從祀

先儒陳澔　字可大宋都昌人宋亡隱居以終學者稱雲莊先生清雍正二年從祀

先儒方孝孺　字希直一字希古明寧海人建文時官侍講學士清光緒三十四年從祀

先儒薛瑄　字德溫明河津人登進士第累官禮部侍郎兼翰林院學士卒贈禮部尚書謚文清宏治九年祀於鄉

隆慶五年從祀

先儒胡居仁　字叔心明江西餘干人絕意仕進築室梅溪山著居業錄萬曆十一年從祀追謚文敬

先儒羅欽順　字允升號整菴明泰和人登進士第累遷南京太常少卿卒贈太子太保謚文莊清雍正二年從祀

先儒呂柟　字仲木明高陵人正德進士官至南京禮部右侍郎清光緒三十四年增祀

先儒劉宗周　字起東明浙江山陰人登進士累官右都御史世稱念臺先生又稱蕺山先生清乾隆四十一年追謚忠介道光二年從祀

先儒孫奇逢　字啓泰號鐘元容城人舉萬曆鄉試屢徵不起清以國子祭酒徵不就世稱夏峰先生道光八年從祀

先儒黄宗羲　字太中明浙江餘姚人號黎洲清時隱居教授數徵不至卒後門人私謚曰文孝民國三年從祀

先儒張履祥　字孝光明末人居桐鄉楊園村學者稱楊園先生民國三年從祀

先儒陸隴其　字稼書清浙江平湖人登進士歷官四川道監察御史清雍正二年從祀乾隆元年贈內閣學士謚清獻

先儒張伯行　字孝先清儀封人康熙進士累官禮部尚書民國三年從祀

先儒湯斌　字孔伯清河南睢州人登進士累官工部尚書乾隆元年賜謚文正道光五年從祀

先儒李塨　字剛主清蠡縣人舉於鄉爲通州學正民國三年從祀

先儒顔元　字習齋明博野人入清不仕民國三年從祀

西廡先儒三十七位

先儒穀梁赤　字元始漢曾人唐貞觀二十一年從祀宋大中祥符二年封龔邱伯政和元年改封睢陽伯咸淳三年封侯陽祥

先儒高堂生　魯人唐貞觀二十一年從祀宋大中祥符二年封萊蕪伯

先儒董仲舒　漢廣川人少治春秋孝景時爲博士武帝時歷江都膠西相終於家元至順元年從祀明洪武二十年封江都伯成化二年改封廣川伯

先儒劉德　漢河間獻王景帝第三子清光緒三十四年增祀

先儒后蒼　字近君漢東海郯人校書曲臺號所著禮記曰后氏曲臺記後大戴小戴之學皆原於蒼宣帝時爲博士官至少府明嘉靖九年從祀

先儒許愼　字叔仲漢汝南人官至太尉南閣祭酒清光緒三十四年增祀

先儒趙岐　字邠卿漢長陵人官至議郎清光緒三十四年增祀

先儒范甯　字武子晋陽人官豫章太守唐貞觀二十一年從祀宋大中祥符二年封新野伯明嘉靖九年改祀於鄉清雍正二年復祀

先儒陸贄　字敬輿唐吳郡嘉興人登進士第累官中書侍郎同平章事卒贈兵部尙書謚曰宣清道光六年從祀

先儒范仲淹　字希文宋蘇州吳縣人登進士第累遷龍圖閣學士參知政事謚文正封楚國公康熙五十四年從祀

先儒歐陽修　字永叔宋廬陵人試南宮第一擢甲科累官太子少師卒贈太子太師謚文忠明嘉靖九年從祀

先儒司馬光　字君實宋陝州夏縣人中進士甲科累遷尚書左僕射兼門下侍郎卒贈太師溫國公謚文政咸淳三年從祀

先儒游酢　字定夫宋建陽人官太常博士清光緒三十四年從祀

先儒呂大臨　字與叔宋京兆藍田人師事程頤與謝良佐游酢楊時時號四先生緒三十四年從祀

先儒羅從彥　字仲素宋南劍沙縣人晚就特科授博羅主簿稱豫章先生淳祐間賜謚文質明萬曆四十五年從祀

先儒李綱　字祐紀宋邵武人歷官兵部侍郎後爲相卒贈太師謚忠定清光緒三十四年從祀

先儒張栻　字敬夫宋劍南綿竹人累遷右文殿修撰提舉武夷山沖佑觀學者稱南軒先生嘉泰八年賜謚宣景二年祀追封華陽伯

先儒陸九淵　字子靜宋金谿人登進士第累官知荆州軍謚文安明嘉靖九年從祀

先儒陳淳　字安卿宋卿州龍溪人授泉州安溪主簿門人稱爲北溪先生清雍正二年從祀

先儒眞德秀　字景元後改景希宋建寧成人登進士第累遷資政殿學士提舉萬壽觀卒贈銀青光祿大夫謚文忠世稱西山先生明正統元年從祀成化三年封浦城伯

先儒蔡沈　字仲默宋建陽人隱居不仕世稱九峰先生明正統元年從祀謚文正成化三年封崇安伯

先儒魏了翁　字華父宋邛州人登進士第累遷福建安撫使卒贈太師謚文靖清雍正二年從祀

先儒趙復　字仁甫宋德安人隱居不仕世稱江漢先生清雍正二年從祀

先儒金履祥　字吉父宋婺州蘭谿人德祐初授廸功郎史館編校辭不就世稱仁山先生元至正中賜謚文安清雍正二年從祀

先儒陸秀夫　字君實宋末鹽城人舉進士累官吏部侍郎衛王立爲左　丞相清光緒三十四年增祀

先儒許衡　字仲平元河內人累官集賢大學士兼國子祭酒學者稱魯齋先生大德二年贈司徒謚文

先儒吳澄　字幼清元撫州崇仁人登進士第累翰林直學士卒贈江西行省左丞臨川郡公謚文正世稱草廬先生明正統八年從祀嘉靖九年罷祀清乾隆二年復祀

先儒許謙　字益之元浙江金華人世稱白雲先生賜賜文懿清賜二年從祀

先儒曹端　字正夫明澠池人永樂間舉人學者稱月川先生卒後私諡靜修清光緒三十四年增祀

先儒陳獻章　字公甫明廣東新會人領鄉薦不第後被詔翰林院檢討世稱白沙先生萬曆初追諡文恭十二年從祀

先儒蔡清　字介夫明福建晉江人成進士累遷江西提學副使萬曆中贈禮部侍郎追諡文莊清雍正二年從祀

先儒王守仁　字伯安明浙江餘姚人登進士第歷官兩廣總督學者稱陽明先生隆慶初贈新建伯諡文成萬曆十二年從祀

先儒呂坤　字叔簡明河南寧陵人登進士第累遷刑部侍郎世稱新吾先生清道光六年從祀

先儒黃道周　字幼平明福建漳浦人成進士歷官禮部尚書後見唐王拜武英殿大學士世稱石齋先生乾隆四十一年追諡志瑞道光五年從祀

先儒王夫之　字而農號薑齋明崇禎末舉鄉試入清不仕後歸橫陽石船山學者稱船山先生民國三年從祀

先儒陸世儀　號桴亭清初太倉人與陸隴其並稱二陸民國二年從祀

先儒顧炎武　字寧人號亭林明末崑山人入清不仕世稱亭林先生民國三年從祀

肇聖王木金父公中
裕聖王祈父公左
詒聖王防叔公右
昌聖王伯夏公次左
啓聖王叔梁公次右

東配三位

先賢孔氏　字孟皮孔子之兄
先賢曾氏　諱點字晳曾孟之父
先賢孟孫氏　諱激孟子之父

西配二位

先賢顔氏　諱無繇字路顔子之父
先賢孔氏　諱鯉字伯魚孔子之子子思子父

東序三位

先儒周氏　諱輔成周敦頤之父
先儒程氏　諱珦程顥程頤之父
先儒蔡氏　諱元定蔡沈之父

西序二位

先儒張氏　諱廸張載之父
先儒朱氏　諱松朱熹之父

武廟位次

正位

關壯穆侯　居左諱羽字雲長三國河東解人仕蜀漢都督荊州事卒謚壯穆宋崇寧中封崇惠公旋加封武安王明萬曆中封協天護國忠義大帝清乾隆中詔改本傳壯穆爲忠義民國三年與岳武王合祠於武廟

岳忠武王　居右諱飛字鵬舉宋相州湯陰人累官至太尉加少保孝宗時追封鄂王謚武穆後改謚忠武民國三年與關壯穆侯合祀於武廟

東配忠武將士十二位

張　飛　字翼德三國涿郡人仕蜀漢官至車騎將軍謚桓侯民國三年從祀

王　濬　晉宏農人拜益州刺史以平吳功官至撫軍大將軍民國三年從祀

韓擒虎　字子通隋東垣人拜盧州總管以平陳功進位上柱國民國三年從祀

李　靖　字藥師唐三原人封魏國公謚景武民國三年從祀

蘇定方　名烈以字行唐武邑人拜左驍衛大將軍封邢國公民國三年從

郭子儀　唐華州人玄宗時爲朔方節度使累官至太尉中書令封汾陽王民國三年從祀

曹　彬　宏靈壽人開國功臣第一封魯國公卒後追封濟陽郡王謚武惠民國三年從祀

韓世忠　字良臣延安人從高宗南渡累官京東淮東宣撫處置使孝宗時追封蘄王謚忠武民國三年從祀

旭烈兀　蒙古人元太祖幼子拖雷六子憲宗進征西域諸部建伊兒汗國民國三年從祀

徐　達　字天德明濠州人累官中書右丞相封魏國公卒後追封中山王謚武寧民國三年從祀

馮　勝　明定遠人官至征虜大將軍封宋國公加太子太保民國三年從祀

戚繼光　字元敬明定遠人累官至總兵大子少保卒謚武莊民國三年從祀

西配忠武將十二位

林西縣忠烈祠傳

趙　雲　字子龍三國眞定人仕蜀漢官至翊軍將軍民國三年從祀

謝　玄　字幼度東晉陽夏人官至前將軍封京東縣公民國三年從祀

賀若弼　字輔伯隋雒陽人拜吳州總管以平陳功加上柱國進爵宋公民國三年從祀

尉遲敬德　名恭以字行唐朔州人佐太有功累封鄂國公卒謚忠武民國三年從祀

李光弼　唐柳城人拜節度使封臨淮郡王民國三年從祀

王彥章　五代時惲州壽昌人仕梁官至招討使民國三年從祀

狄　青　字漢臣宋汾州人官拜樞密副使民國三年從祀

劉　錡　字信叔宋德順軍人高宗時官至太尉民國三年從祀

郭　侃　字仲和元華州鄭縣人從旭烈兀征西域後知海州民國三年從祀

常遇春　字伯仁明懷遠人累官左副將軍封鄂國公卒贈中書右丞相謚忠武民國三年從祀

藍　王　明定遠人官至副將軍封涼國公民國三年從祀

周遇吉　明錦州衛人累官至山西總兵殉國後贈太保謚忠武民國三年從祀

中華民國元年時維九月外蒙獨立擾亂邊疆首先有事於林西蓋以此地爲熱省極北邊邑故也適毅軍後路統領米君振標率諸烈士來守玆土僅數千耳蒙匪捲西北東三面包圍而至勢甚猖獗焚燒則煙燄障天淫掠則哭聲震地林西此際有壘卵之危惟恃我諸將烈士頭顱輕擲血戰數月竟忘鎗林彈雨挺身而鬥不計晝夜眼餐匪乃膽喪向北逃竄諸烈士追踪漠北肅清妖氛奠安國土陣亡將士數百名烈魄忠魂應享春秋祀典俎豆馨香允宜永遠昭陳爰於民國三年擇縣城之東隅建忠烈祠三楹東西配廡各三楹大門一座額曰忠烈祠正殿廊下有木鐫碑其文係林西鎮守使米振標公撰

廊左壁有木鐫碑文係綏靖北邊記略文係熱河前敵營務處陸軍少將姚致遠公撰俱錄其文

林西縣忠烈祠

蓋聞桓康晝像悍夫見而動心忠武立祠壯士聞而興感況馳驅沙漠氣已慴胡叱咤風雲腦猶塗岦者乎垂玆榮譽精誠實貫乎日月不有表彰雄志將腐同草木爰效史魚直筆記作傳書媿無司馬宏文丕揚光烈敬修短引聊寄長情維

中華民國新紀元年歲次壬子外蒙肇釁內寇邊隅警告朝傳戒嚴夕布振標奉命董率毅巡陸游諸將會師林西

馳剿漠北軍威所至匪勢披靡衛戎謹嚴足固吾圉矣何期多防失策驟撤西藩天假强胡乘虛搗瑕當是也一旅孤懸羣酋叢集以數千之衆禦五路之衝强弱顯分危機胸息然而我枕戈義士愛國男兒志矢敵前氣呑胡遠以死勤事拒戰兼旬卒能力解重圍追奔逐北不一月而沿邊要隘一律完全收復腥膻滌盡骨暴堪憐雖報國捐軀曾邀特典贍家郵後足綏英靈第念績旣樹於遐荒名宜稱於沒世古人有建樓勒碑以紀功者敬昉此意共醵金貲就邑之中段開拓數楹顏曰忠烈祠設壇坫而祀焉豈特慰先烈之心蓋以作軍人之氣也嗚呼秋霜春露亦罔問於幽冥尚武敎忠禮原資夫觀感並書顛末昭示來茲

靖綏北邊記畧

熱河前敵營務處陸軍少將姚致遠撰

民國紀元之冬庫兵內犯邊鄙戒嚴陝右米公振標承命統率毅軍出關防剿維時外蒙旣叛內蒙蠢動熱區之北幾無完土米公乃先綏靖腹地羣醜次年夏又進師林西受任爲前敵總司令熱防主客各軍咸聽指揮用兵霸外壘出奇謀攻下烏泊羅河等處賊巢轉戰無前敵人膽寒詎期西師失策遺棄軍實以資敵人羣酋乘虛佔領經棚處而克什克騰旗內外響應協力謀覆我軍所至遐邇震驚政府以林西動關全局電令固守不准南退一步特命姜上將軍臨邊督師並調奉軍來援無如遠隔關山急難獲濟爰勵將士誓守斯土相拒兼旬大小數十戰前者仆而後者繼雖膏血塗野亦莫之卹十月初旬子彈垂罄援至無期乃合力突攻西路奪城壘於湯上管帶劉殿起王

懷有死之潛簡輕騎命由間道繞赴賊後約期夾攻一舉殲滅林圍既解乘勝規復邊隘軍聲大振匪勢挫衰迨奉軍至即會同進取察哈爾屬所失之經棚大王廟駝螺廟等處剋期收復庫佛經此巨創始就協約而聽命焉共和之局以成經國務會議特畫經棚以界熱河用埀紀念並簡任米公鎮守此邦致遠厠軍行間始終乃事今以漢蒙敵睦悉泯猜嫌公議建祠爲死事者諸君子明禋之禋將落成功特叙其槪略並爲之銘曰世風遞嬗氏政擘基佛夷梗化首啓戎師孰爲戡定鐵血男子猗歟懿矣五色國旗

寺廟

林西設治之初假本城東門外八里之色布敦廟舍居住彼時該廟有喇嘛三百餘名今則廟宇折毀喇嘛亦徒於巴林矣

崗崗廟　前清時修時修建在東區距縣治六十里民國元年蒙匪入境該廟被焚有喇嘛百餘名亦他徒矣

朱爾沁廟　距縣治百里今尙存有喇嘛百餘人

龍隍廟　在縣治東門外距二里民國十九年建尙未竣工

城隍廟　在城內東北民隅民國六年建築

觀音廟　在城內西南隅民國十七八年建築係在理人募款老君祠

王文墀 總纂

臨河縣志

三卷

民國鉛印本

臨河縣志

涿鹿呂咸 著

序

中國之富源在西北西北之富源在河套河套之上游在臨河其勢山河礪帶其地渠道縱橫其田土沃泉甘宜墾宜牧宜農林孕於山金可冶鈞於水鮮可茹北通庫蒙西控甘新商路交匯梯航雲集誠實業之奧區兵防之要塞亦即政治家所謂肇造新邑式廓爾宇者矣所患者漢唐變遷遼夏沈陷滄桑迭經華夷遞嬗甚至終明一代地不內屬委官書於駝棘夷私史於蟲沙值此遺文落落墜緒茫茫欲舉二千年來文物典章抱殘守闕補苴掇拾已非易易矣況乎地限蒙荒碑碣莫考俗染僿野采訪無人且茲事體大借非有宏識通才熟於當地情狀者恐率爾操觚非等於鈔胥即類於簿記又何以言之親切有味以述往古而示來茲此縣志之修誠不可一日緩已　沛生先生東魯經生西川循吏芳漱百籍體擅三長生平足跡半國中閱人最夥歷事最多析理最精晚年治套日久其於河套之實業兵防政治過去之成迹將來之大計罔不洞若觀火持之有故言之成理又值解組借廬翛然物表名山著書適當其時邑人士羣以總編纂一席屈　先生　先生鑪錘在手矩矱從心凡

無關體要者可略則略之凡有關體要者可詳則詳之　先生之心可謂精矣時而探險縋幽掃苔剔蘚時而兀坐仰思提要鉤元　先生之力可謂勞矣前不及見古人後可以待來者以一心運之以一手成之青林黑塞鼓吹文化誠不愧朝陽鳴鳳矣是編歷十有四月而告竣其中幾經挫折幾經盤錯幸賢明紳耆排衆議破羣疑始終堅持而不懈黃前局長所謂天下無一蹴而就之事誠有味乎言之也保莊庚午四月來臨適值是編編纂功甫及半凡可以輔助進行者不惜出全力以維持之今幸告厥成功吾知發展西北之碩畫當以是編爲張本也是爲序

中華民國二十年二月上浣　臨河縣縣長靈邱白保莊叙

序

民國初元咸於北平外部得讀潘總裁河套水利計畫書簡端盛述五原王知事沛生政績
特詳咸日嚮往之未嘗一日忘之也十六年春咸在綏適拜
總辦綏西水利之命於歸化旅邸得交沛生先生快慰饑渴就詢河套水利實業及地方利
弊罔不口道指數洞中竅要蓋先生治套最久其富有經驗者然也六月咸復奉
兼攝臨河設治局局長之命咸初學製錦佐級需才强起沛生先生爲指南助聯翩蒞臨先
生擅長文學老於吏事出其緒餘遂令因地制宜百廢具舉古訓所謂爲政在人者歟冬十
月奉
廳令催修縣志咸維臨河南襟秦晉北控蒙疆東翼包綏西通甘涼大河茲貫陰山弧張泉
甘土沃隱曜含光誠西北之奧秘亦幷冀之金湯所患者漢唐郡縣省併無方遼金州邑廢
置失常終明一代淪陷退方尋勝址於駝棘驚世變於滄桑徵獻則故老零落考文則碑碣
銷亡采風者臨流卻退問俗者中道徬徨將欲考古耶二千年華夷代嬗棼如莫紀將欲證

今耶數十載風雲澒洞語焉不詳況開局修志茲事體大地方民窮財盡經費不充一難民
陋俗僿采訪無人二難檔案刼灰參考失據三難當是時即有文效龍雕才稱獺祭強起操
觚而能述而不能作亦鈔胥而已能作而不能擇亦簿記而已是非心通百籍體備三長惟
規時而審始勢綱舉而目張總編纂一席非沛生先生其誰與歸在全體事經公推在先生
理無反顧案定上聞邑人士延頸企頸以爲不朽盛業指日可成矣何期咸適以病去官繼
任者爲　沛生先生先生宵旰勤政日不暇給修志事遂至中止咸於十七八年服務北平
以郵筒屢促臨紳嗣以地方多故稽延不報皖鳳黃局長碩甫晉北彭縣長進吾先後來攝
邑篆迭奉
催修縣志之令爰乃根據前案召集邑紳議定於十八年十二月十日開局修纂先生走函
索請咸任內收回黃土拉亥河教堂地原檔按是案成於有清末葉爲我北方外交最痛心
之事咸於十六年兼攝水利地方兩篆迭次上請收回幸
綏政府始終堅持俾咸得以貫徹宗旨迄告成功是役也渠長百餘里地逾千餘頃完全收

歸國有光我故物張我主權上托

政府之威靈下恃固結之民氣周旋壇坫幸無隕越亦何功之有筆諸志乘聊以誌雪泥之印則可若鋪烈揚休則非咸所望於先生者也天下事莫大於創始莫難於窮荒 先生處窮漠絕塞八文零落之區既無左圖右史供其蒐釆又無鴻儒耆宿相與參稽三更螢案半楊蠹編孜孜惟日矻矻窮年先生可謂獨任其重者矣是編大旨略於述古詳於證今疎於考據翔於事實紀現在之狀況策將來之進行作鄉土志觀可也即作河渠貨殖農林諸傳記讀亦無不可也嗟乎士君子得志則展其所學不得志則筆之於書青林黑塞惠我好音黃沙白茅遙託逸響後有作者引而長之恢而張之亦先河後海之例也是爲序

民國二十年四月上浣

臨河設治局局長涿鹿呂咸序

序

地方志書何爲而作也古之人察天地窮古今進退廟堂遨遊里巷眺覽山水考摹金石境之所觸寄之於情情之所托宣之於言故於物有志於人有志於事有志凡以志其不忘而已彼夫博引繁稱一鈔胥足以充之鏤金刻名一博士足以爲之藻績山川吟嘯風月一華士足以任之簡端縱有千言胸中實無一得以此言志可以陶情而不足以經世可以行近而不足以致遠歷觀古天文志五行志食貨志職方志豈第以空文自見哉此中有史法焉凡以有本有文之體隱寓可法可我之意而已其在省曰通志在郡曰郡志在縣曰縣志大而疆域之險易田野之經界河山之阨塞城邑之建置河渠水利之沿革原隰土會之肥磽戶口比較之登耗敎育之興廢財賦之盈虛以至墾政鑛政牧政農政林業商業工業下而社會之習尙鄉里之風敎舉莫不有志志也者原始以要終察來以彰往凡有關係於地方治要者筆則筆之凡無關係於經國之大體治世之遠謨者削則削之夫然後始可與言修志彥邦十八年蒞臨之時正

政府催修縣志之日考西漢臨河縣隸朔方郡郡領十縣至光武時已省併臨河諸縣爲西河郡臨河之名在東漢初已省併不復見且其地歷六朝隋唐以迄於金元忽夷忽夏旋廢旋興甚至終明一代地不內屬勢成中斷臨河舊址徧考典籍莫能確定此地理上無可徵信者一也伊古經邊大政莫詳於漢而漢書所載惟徙民十萬戶以實之一語其他設防固圉經田養民立教化俗諸大計均闕而不詳此政治上無可徵信者二也不第此也地染蒙俗文教未敷書沿亥豕之訛文襲魯魚之謬采訪乏人三難浩刼迭經民窮財竭膏薪莫繼四難然此猶未極其難也非熟習當地之經過歷史不能始終條貫非洞燭當地之目前情狀不能本末兼賅此編纂人選上難而又難者也用特召集全體紳董往復討論公推前五原縣知事臨河設治局長王沛生先生充任總編纂先生以魯西名宿爲塞北循吏博學通識物望攸歸兼以治套日久全局情形瞭如指掌紳董全體修贄請教先生遜謝不遑覺然弗敢任是時紳董等前席請曰地則棘荊初闢時則典册中湮古無可考莫如述今往不可彰莫如察來可詳者詳之可略者略之可删者删之可增者增之只求有開之必先何慮無

徵之不信不先不後先生會逢其適惟願出其緒餘成此盛業有光下邑多矣先生鑒於羣情之迫切勉從其請嗣彥邦於十九年秋解組去官繼任者爲彭君進吾亦勤政愛民關心文化之良吏也彥邦去之日諄諄敦請俾引其巳啟之緒卒成此不朽之業未幾果於是年十二月開局編纂郵書見告彥邦欣欣色喜深幸後來者居上相與有成也夫天下事一蹴而就者百不獲一尋常建一策謀一事其中不知經若何波折歷幾許盤錯而後成輕且易者尚如此而況振文化於荒徼尋墜緒於刼灰爲舉世所不經見之事重且難者又如彼乎然而沛生先生且不畏其難也且力任其重也官與紳又始終貫澈通力合作而有志竟成也於以見天下事無不可爲西北文化將於是書爲權輿矣是爲序

中華民國二十年三月上浣　臨河設治局局長鳳陽黃彥邦撰

序

客有問於余曰臨河有可志乎曰古無可志今有可志也古何以無可志曰文不足徵獻不足徵此其無可志也今何以有可志曰宏規日肇庶政日新此其有可志也閒嘗登高遠望見夫陰山弧張大河茲貫渠道縱橫濠塹天限即軍事家之所謂要塞也又見夫嶽峙淵渟包孕富有泉甘土肥百彙胎胚此政治家之所謂奧區也又見夫涼夏新蒙經緯商路千流沾溉綺交脈注大利所在農林墾牧此實業家之所謂天府也噫嘻中國之大勢在西北中外人士遊歷調查企圖開闢而發展之者其在斯乎其在斯乎然而其地經漢唐建置當年締造經營燦然大備何意今古代謝華夷遞嬗簡斷篇殘風微人往古人之所謂樹榆爲塞立障限夷設堠置屯之遺與夫立郡置邑敷政立教之要或搶攘於烽煙或銷沈於草萊即有學優括地才裕晝山之輩亦無由叩寂騁虛鑿空逞臆也雖然往者不可追來者猶可紀周原猶是禹甸依然撫此山川阨塞之形勝疆里分合之經界河流墾植之成迹其中之流者峙者經者晝者登耗者損益者即此數十年來之事實已足資後來者千百年之借鏡倘

漫不注意略無紀載恐過此以往天道日遷人事日變并此已成之局又隨風雲星霜以俱往後世之軍事家政治家實業家更欲徵信而無由西北益無開展之望此其關係非淺鮮也同仁等有見於此又奉

政府催修縣志之令幸值我　沛生先生駐旆是邦歷有年所　先生三長備體百籍漱華早歲入貢木天壯年贊襄秘席治耆最久對於當地之利病得失風土習尚以至地方將來之因革大計罔不灼然於心了然於口當是時也誠可謂難得之機會不再之遭逢矣同仁等再三敦促羣以總編纂一席屈先生　先生辭不獲巳於十八年十二月十日呈准立案開局編修亦知滮滮之水不足潤龍文棗栗之儀不足噦鳳羽第以我　先生此邦與穀不忍重違羣望不得不慨任其難力任其重如此用是周諮屑焦旁搜腕脫登狼山而左右顧月落受降之城引大河以南北流雲迷高闕之塞風霜雁磧燈火螢窗墨枯雪甌毫禿霜頴計時歷三十六旬始斐然成編煌煌鉅製炳炳鴻篇先生以一心撰之以一手成之志益苦力益劬矣甘棠樹畔重結文字之緣大榆塞邊再印雪泥之迹後有作者弗可諼矣謹序

中華民國二十年四月穀旦

臨河一二區區長李增榮 陳占財 三四區區長傅正業 楊春林 仝撰

序

作志難作志於窮荒絕塞人文寥落民智否僿之區則尤難作志於風微人往時易勢殊華夷代嬗典物銷沈之目則難而又難雖然天下事惟其萬難措手其相需也愈見其迫不能待急不容緩此其中有三要焉閒嘗度陰磧踰狼山登高望遠訪榆塞於窮崖蒼烟浩莽尋長城之片石眾靄飄零求古人之何以設堠立燧置屯分戍者渺焉不可復覩至後世所謂渠道縱橫可以限戎馬山口糾紛可以用閒伏而旣無精密之測勘按圖可索又無明詳之紀載一覽而知據天然之形勝莫知適從此兵學家所以頽然氣沮原望示我以要塞者也此志書之關係於兵學者一按漢書朔方郡治縣十臨河隸之至東漢光武初季已併臨河五縣改隸西河郡在西漢之初其經田立學通商惠工締造經營安邊殖民之大略必至詳且備惜書缺有閒後世無傳近代別開生面所謂墾植水利教育農林諸大政次第舉行或略有端緒或已兆萌芽究竟其損益因革之故得失向背之機第據官府成案其缺者儼同殘篇其完者直如簿記惜無通達治體者爲之彙其全而挈其要此政治家所以嗒然神喪

亟望示我以方鍼者也此志書之關係於政治者二按漢置朔方郡當時移民實邊必爲之飭材訓農經商勸工擘畫實業所以裕民生而阜民用者無所不至西漢去古未遠當能任以九職各執其事各精其業其奬勵實業者亦必秩然有序燦然大備惜時勢變遷經二千年代興代替地方日淪於腥氈民生日委於草萊近年墾務肇興河套重闢千里平原萬頃沃壤全國人士挾重貲踰險阻間關奔走相顧而言曰西北實業奧區其在斯乎究竟目前經畫之成績將來預定之成算其愚者習焉不察行之不著其智者知之而不能言言之而不能盡此實業家自崖而返半途而廢亟望導我以正軌者也此志書關係於實業者三具此三要地方之亟需志書也既如此而雁磧草黃文人返駕龍沙林黑學士廻車修志之人選相需殷而相遇疎也又如彼此所以屢奉令催修志官紳日夜籌謀詢謀僉同總編纂一席群口交推我　沛生先生决非異人任也　先生東魯名宿入貢優選廷試高等銓次蓉垣歷官川魯冀燕朔方歷職幣制鹽莢運輸身親民社廻翔樞垣於萬幾百政舉得其治要又歷覽名山大川東涉泰嶽西登華峯憑陵虎牢肴函鳳嶺褒斜劍閣之奇游攬三峽荆門

金焦及東溟諸島之秀於水則踰大河渡長江游渤海歷地則得見三都兩京城關闕隘之雄壯市廛商場之富麗於人則日與名公鉅卿文士大夫遊聆其言論風采因已極天下之大觀平生之壯遊已況乎生平治套最久其據孤城以抗强虜出談笑而應臯帥日在驚風駭浪之中不摧保境安民之志其對於當地墾政農政林政及水利牧畜礦產教育與夫保衞兵防戶口物產諸大計罔不挈其綱領通其要竅又況博通百籍才擅三長本其素所蓄積筆之於書著之於篇其必有有條共貫斐然可觀者斷斷然矣至於地當邊遠既無通儒碩彥供其采訪又無五典三墳相與參稽更無斷碣殘碑華表壼簡備其探索而考證此眞所謂含尺素而旁皇操寸觚而却退者矣先生獨慨然力任其難非第爲副衆望應羣請正有見於西北開闢正在此時若任其漫散無紀恐過此以往將此時已成之局及將來改進之計畫後有作者雖欲徵信而無由也是編先生以一心撰之以一手成之三更燈火五夜星霜手披腕脫口吟舌茶神敝氣索不敢告勞其大旨略於論古詳於述今刪其冗繁翔於事實傳云履而後知其難又曰知之匪艱行之維艱而先生且不畏其難也且力任其難也

上足補書官所未及下足啟文化於來茲豈曰小補之哉是爲之序

中華民國二十年三月下浣　前臨河設治局局長晉代王績世拜撰

序

問嘗走通都過大邑攬其田疇經界而其地方之廢治可知也察其戶口多寡而其民生之登耗可知也遊其鄉校而知其學風之秀野焉入其市廛而知其市政之良窳焉觀其山川阨塞而其兵防之得失可知也探其河渠經畫而其水利之廣狹可知也然不有以紀之誰從而稽之不有以徵之誰從而信之況當地處遐荒人文墜廢倘登紀未有成書雖有目極八荒神遊六合上下千百年之心究無以觀其異而辨其同此地方志乘之纂修誠不可一日緩矣士君子操觚登壇幸而遇繁盛都會亦或居水陸通衢左圖右史忞我參考鴻彥魁儒供我諮詢華表豐碑任我摩挲紫崖丹穴備我縋索如八珍羅筵如萬寶列市但使抽妍而騁秘卽可扼要而提元是亦作者之幸會文人之極遭矣若乃地限絕塞境囿遠荒訪古城於遼夏尋遺址於漢唐穴城社於狐兎踐碑碣於牛羊狼山冷月龍蹟斜湯灰沈鐘簴翠埋欃槍任華夷之代謝失中外之大防徵文則簡篇零佚考獻則故老銷亡悲遺文之落落悵墜緒之茫茫於是時也課虛則寂鑿空則荒臨鉛丹而趦趄裁尺素而旁皇此志書總編

纂一席文墀所遜謝不遑者也於時官紳前席請曰處聲教闃寂之地值人文墮落之時搜金石於劫灰燕然之銘功何處夷金湯於荊棘受降之城址何存事經久而失傳言無徵而不信臨河修志誠有倍難於他邑者雖然事莫難於創始功莫大於開荒我臨河爲西北奥區包綏屏障天然形勝於政治上軍事上實業上久爲中外人士所注目況當興復伊始建設方張幸大難之初平維百度之更新又值我先生久治茲土漫天欃陰匝地棠甘其戀戀於此邦而不忍去也巳十六年於茲矣上而興廢沿革之歷史下而風土人情之狀況莫不目覩能紀耳熟能詳況值借廛以息影正可閉戶以著書時不可失機不再來先生即不爲一身榮名計獨不爲地方文化計乎至於古無可稽莫如述今往無可鑒莫如彰來先生心通百籍體擅三長高下從心鑪錘在手但令有當於體要何必拘守夫町畦先生其勿固辭以重違羣望也文墀辭不獲巳於十八年十二月十日開始編纂文墀三邊下吏一介書癡學殖就荒立言有愧況值此交通梗塞則質辯何從圖册凋殘則蒐討不備釁序草創則采訪無人備膺夫特別之困難不得不爲特別之取裁於是苦志覃精澄思渺慮略於考據詳

於事實刪其枝葉存其根要規時事以立言絕非臆造去繁條以扶幹不尙鑿空其大旨以
略述過去陳迹詳紀現在狀況預策將來進行上以副國家發展西北之遠略下爲都人士
建設振興之張本治絲先引其端治水先濬其源是編特濬源引端之意也後有作者引而
愈長濬而愈宏可也是爲序

中華民國廿年四月吉日前署理五原縣知事臨河設治局局長東魯古任王文墀撰幷敘

序

庚午冬月臨河縣志編纂告竣　沛生先生囑序於信並囑爲之校訂而釐序之信才識淺陋學殖就荒近年謀食四方硯田日蕪於茲又十年矣丙寅歲負耒來套從事農業時則有冀豫齊魯諸同志如田君鞠人皮君鶴年楊君禮軒張君海瀾房君魯泉許君俊英接踵雲集企圖實業農隙促膝斗室相與上下其議論僉謂臨河踞西北上游不惟爲實業奧區即政治家軍事家周歷山川縱覽原隰莫不以爲設防立屯興養立教之根據所患漫散無紀無鴻篇鉅制備載過去之事實現在之狀況及將來進行之規畫既無以辨其異同即無以得其體要嘗以是說貢諸　沛生先生亦頗韙其議惟慮茲體事大非私家所能擔負也先生爲東魯名宿經濟文章焜耀鄉邦生平足跡幾徧海內其閱人之多歷世之久於人情世變如燭照計數治套最久歷變亦最深在驚濤駭浪之中不改保土安民之素於後套歷代軍事政治實業利病得失因革損益罔不成竹在胸鉤元提要持之有故言之成理惜時與願違不得竟其所施戊辰秋臨篆解組清風兩袖明月一盧課子閉門絕口不復譚時事同

仁等追隨先生咸以先生爲指南導蓋其誘掖後進熱誠相感者深也己巳春縣府迭奉纂修縣志之命官紳合詞推重　先生先生辭至再謂臨河爲西漢朔方舊治至東漢已省併無存一切掌故均已散佚事則無典籍可攷物則無碑碣可据人則無鴻儒耆宿可供諮訪如斷港絕潢無從引濬如枯木萎苗無可生發徵實則虛鑿空則荒余所以遜謝不遑者以此之故信與同仁等前席請曰道在因時文以隸事可略則略可詳則詳可筆則筆可削則削古無可考證以今可已往無可彰鑒諸來可已嗣又重以官若紳之環請　先生始勉任總編纂一席案上定日開辦孜孜終日矻矻窮年半榻蠹編三更螢火既澄思而渺慮復聘秘而抽妍以一心運之以一手成之先生力任其重而不辭其重也先生備歷其難而不畏其難也是亦先生對於地方文化與發達地方之大計以全力貫注之苦心也士君子有經世之志有經世之具而不遇其時機不得已發爲文章傳諸當世質諸後來此則關心西北大局者所延頸企踵爭先快覩者也謹序

中華民國二十年三月上浣　東魯桓臺耿秉信叙

臨河縣志凡例

（一）西漢臨河舊治經數千年來淪陷變遷文物典章掃地無餘是編畧於往代之考據詳於近代之事實亦據事實錄之意補闕搜殘以俟來哲

（一）是編參合史例及各縣志例首圖表次紀略事略終以雜記殿末撮要删繁分類編次

（一）本縣文化萌芽教育未普黨務尚無正式登記亦無正式黨部黨務一門暫時從略以待補登

（一）臨河古治自東漢已省併西河其舊治疆域湮沒無徵編中地輿城邑兩門僅就一統志古朔方郡歷代沿革叙列以存大綱至古臨河舊址容俟博古君子詳考補列

（一）本境水利爲河套民生唯一根本即爲凡百庶政興廢進退之樞紐是編於本境各大渠詳確勘測精密圖繪並附具說明以爲將來改進方鍼

（一）本境墾植農業林業均爲民生之命脈是編不憚旁諮博采擇要詳載用備將來發展改良之張本

（一）地方大計不外軍事政治實業有清以前文獻無徵是編於近二十年來過去事跡及現在狀況有見必錄有聞必紀以資注意西北者之考鏡

（一）列國采風正變同列凡以寓褒貶示法戒也本境漢蒙雜處禮教風俗雜駁不純是編據事直書罔知忌諱當俾當事者訓型有據勸懲有方焉

（一）本境疆域重闢兵燹迭經典籍飄殘官書中散私史無傳凡關於金石藝文古物名蹟及忠義孝友節烈鄉賢名宦文苑獨行各類蒐采百方迄無一得惟付諸闕文以待博雅

（一）方今五族共和蒙旂屏藩北部儼然一家欲企同風先在同文是編本張氏綏乘同文表照錄登列從此聲息相通隔閡永化興養敷教是爲階引

（一）時人筆記論說詩歌凡有關於地方治要者概入雜記以備考鑑

（一）志書原本史例凡詞涉浮濫荒誕不經之說概與删除

（一）本境地圖蒙荒典册無存采訪寡助補苴掇拾疏漏叢多所望海內鴻博糾正彌補匡

其不逮

臨河縣志目錄

卷上

序文
凡例
目錄
題名
圖　全縣地輿　城關　永濟剛濟渠合圖　蘭鎖三大股渠合圖　黃土拉玹河渠圖　楊家河子渠圖
表　戶口　物產　同文
紀略　地輿沿革　城邑建置沿革　山川要隘

卷中

紀略　墾務沿革　地方保衛　賦稅　渠道水利　教育　商業　交通　兵防
風土習俗　荒政　農業林業　全境蒙旂界址戶口生計保衛禮俗召廟
事略　官吏　紳耆

卷下

雜記 渠道 移墾 社會 建築 風俗 礦產 古蹟
慈善 贈別 紀異 附記

纂修臨河縣志題名

監修

呂　咸　河北涿鹿

黃彥邦　安徽鳳陽

彭繼先　山西大同

白保莊　山西靈邱

總編纂

王文墀　山東濟寧

協修

王績世　山西代縣

校訂

高建章　綏遠薩拉齊

耿秉信 山東桓臺

郭晟源 山東濟寧

測繪

張念慈 河北宛平

參考

魏三槐 陝西府谷

李守身 山西靈邱

朱鴻勳 山東濟寧

皮萬齡 河北鹽城

協理

李增榮 河北棗强

楊春林 山西河曲

李元楨 河北棗强
劉忠貞 山西保德
汪治泉 綏遠臨河
陳占財 綏遠臨河
賈　毅 綏遠武川
傅正業 綏遠薩拉齊
崔增權 綏遠托克托
楊鶴林 山西河曲
賈占權 綏遠武川
劉長義 綏遠薩拉齊
劉　昣 山西代縣
于相龍 河北寧津

楊鐸林 山西河曲
田全貴 吉林昌圖
王 侶 山西代縣
采訪
胡希明 山西靈邱
班子義 綏遠臨河
楊 忠 山西河曲
張國翰 綏遠固陽
張毅辰 綏遠臨河
楊葆和 山東廣饒
毛維周 山東即墨
房魯泉 山東安邱

許大可 山東德縣

王作忠 山東濟寧

律聯璽 山東濟寧

王作謀 山東濟寧

圖表序

周制司會掌國之官府郊野縣都之百物財用凡在書契版圖者之貳以逆羣吏之治司書掌邦中之版土地之圖以周知入出百物大司徒掌邦之土地之圖與其人民之數以佐王國安擾邦國自古圖表之學列有專門後世廢而不講政治家軍事家遂眯目山川無以制勝幃幄勞心簿籍莫克對照鈎稽近來科學日新無事不列圖表鉤玄提要朗若列眉瞭如指掌是亦省文省事之權輿也爰分圖表於左

河防通議　卷一　圖法

十

綏遠省臨河縣全境地圖

說明

按臨河界址東至豐濟渠西至阿拉善王旗地東界南北界歷來測勘家均限於南河北山者何也一則由於河南山北現仍未墾闢一片沙磧并無漢民住居有治地無治民此不得不從略者一也一則由於蒙人堅守閉關主義深閉固拒不欲外人闌入其境從事采訪人多則芻秣莫繼人少則艱險難犯此不得不從略者二也有此二因故仍沿用舊圖而其內容詳益加詳密益加密惟於劃界之原案有亟待表而出之者查清光緒二十九年劃薩縣西境設立五原廳廳北界包烏拉三公旗全部跨陰山至瀚海為止南界包達拉杭錦兩旗南踰大河而治之當日由薩分五以旗界為縣今日由五分臨亦以旗界為縣界是臨河北界跨陰山至瀚海而止臨河南界踰大河至杭錦旗南界而止畇畇禹甸膴膴周原後日發展實業建設兵防按圖可索固綽有餘地也檔案具在用特表而出之

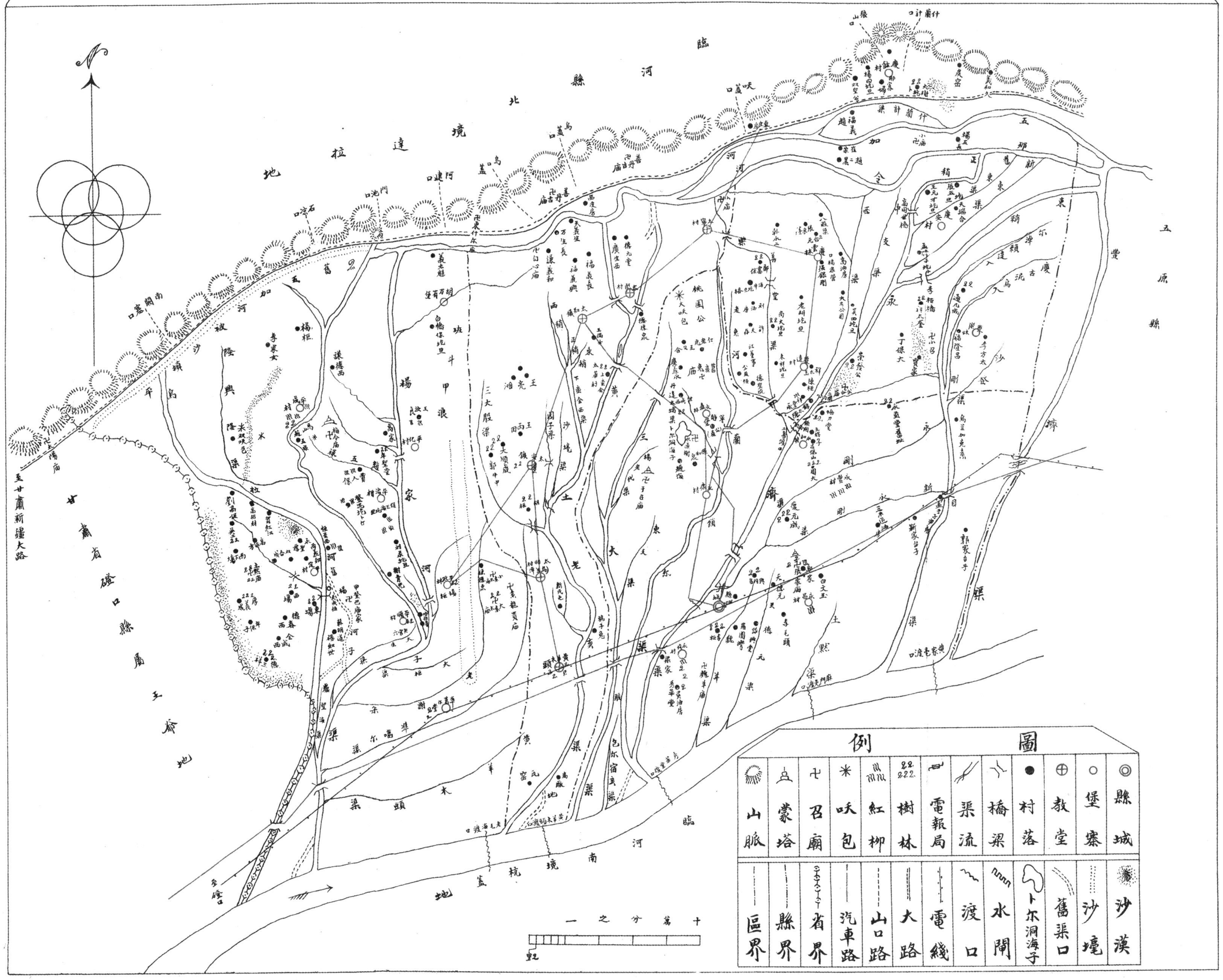

第四區楊家河烏拉河圖

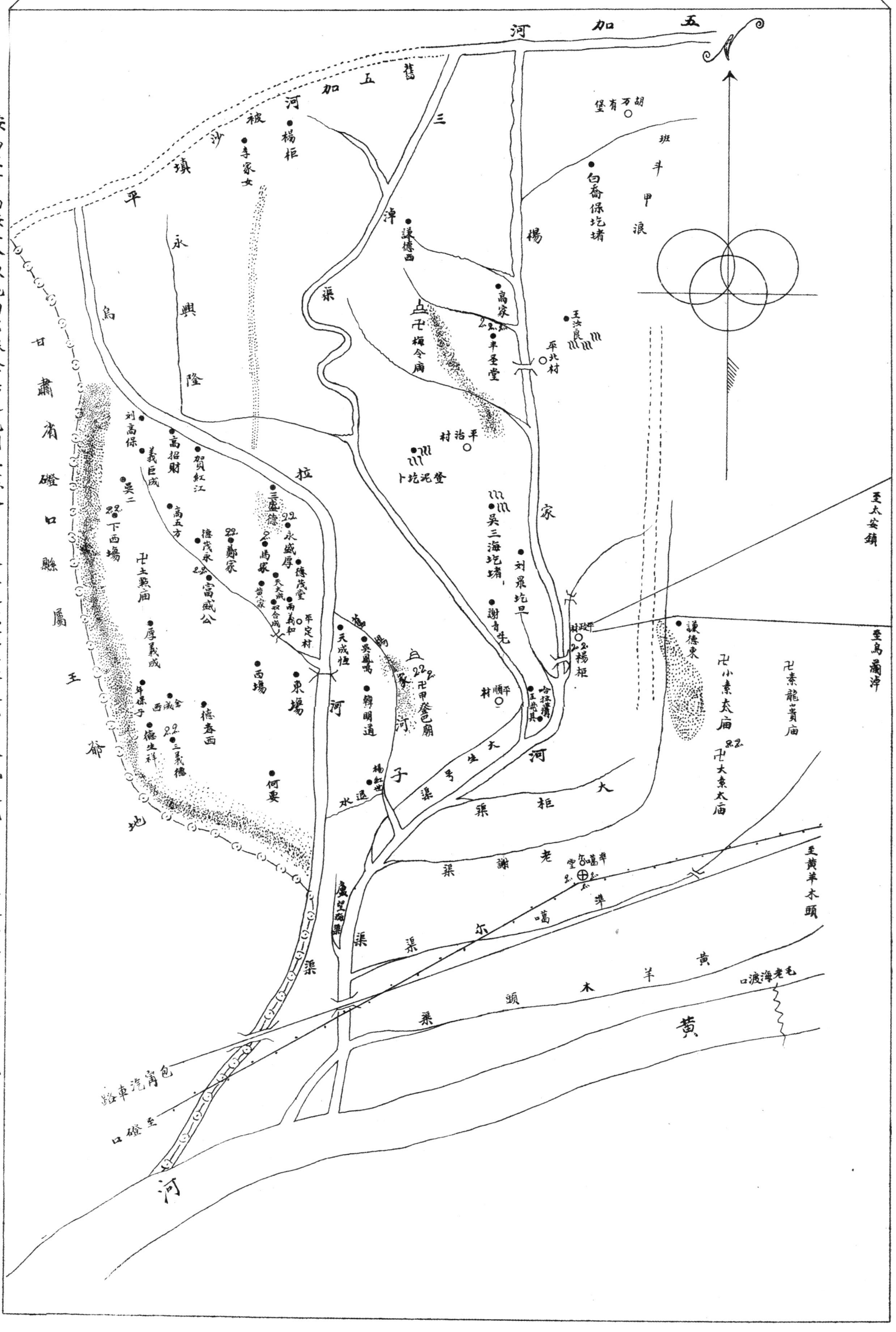

說明

按烏拉河為綏甘分界地向不隸於渠道範圍天然水利自來取之不盡上游水歸王爺地農民引用下游水歸臨河平定村農民引用惟每年上水無多往往上游千畝沾溉下游涓滴莫分應照水利章程公組水利社以專其責而均其利又楊家河子渠有清道光末年創於東場楊氏厥後湮蕪民國六年楊董事茂林崛起創修仍其舊名並未襲其舊址歷時七年之久糜款四十萬之多渠長一百四十餘里寬八九丈深一丈支渠四曰黃楊木堉曰烏蘭淖渠曰老仙渠曰三淖渠均長七八十里每年澆地兩千頃他渠有時爭議本渠農民始終無違言良以由一家創修由一家經理其責專其權一具利故平均而普徧也設使合股公辦已不知生幾許波折又使收歸官有更不知生幾許紛更所謂團體無實業箇人有實業其信然歟

蘭鎮爾渠三大股合渠圖

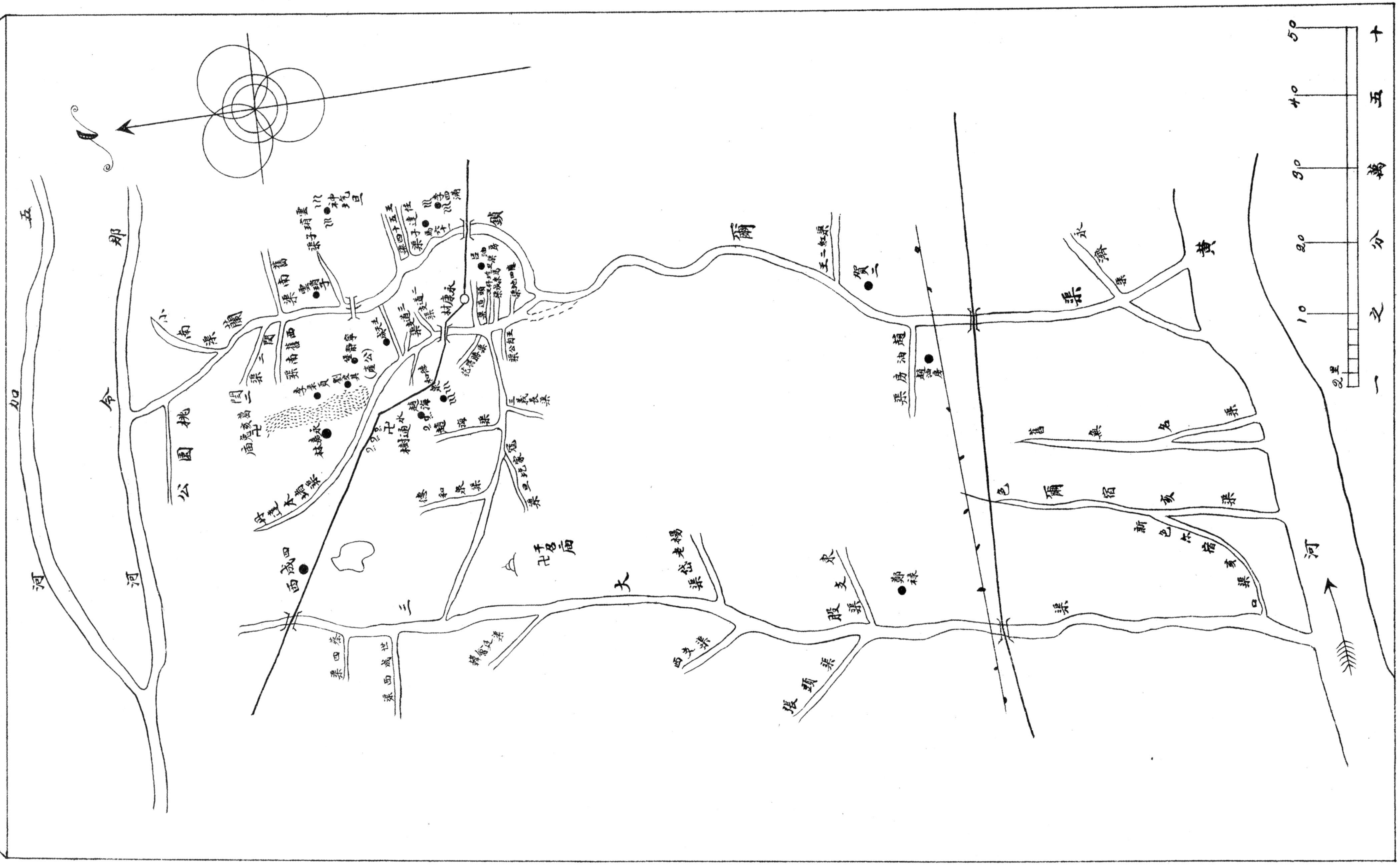

說明

查蘭鎮渠創於何人何年均不可考清光緒末季重修於邑紳李振海先生計渠口寬八丈餘自口至放稍處長三十餘里自烏蘭腦包分開兩稍一通蘭鎮大柜寬三十尺深六尺長四十餘里一通井打木渠寬深與蘭鎮柜之稍同每年能澆地六七百頃三大股渠開創於民國六年由紳金貴李紳振海趙紳海三家合辦故名三大股該渠初創不能上水嗣經合力猛進乃底於成寬長與蘭鎮渠等每年澆地二三百頃

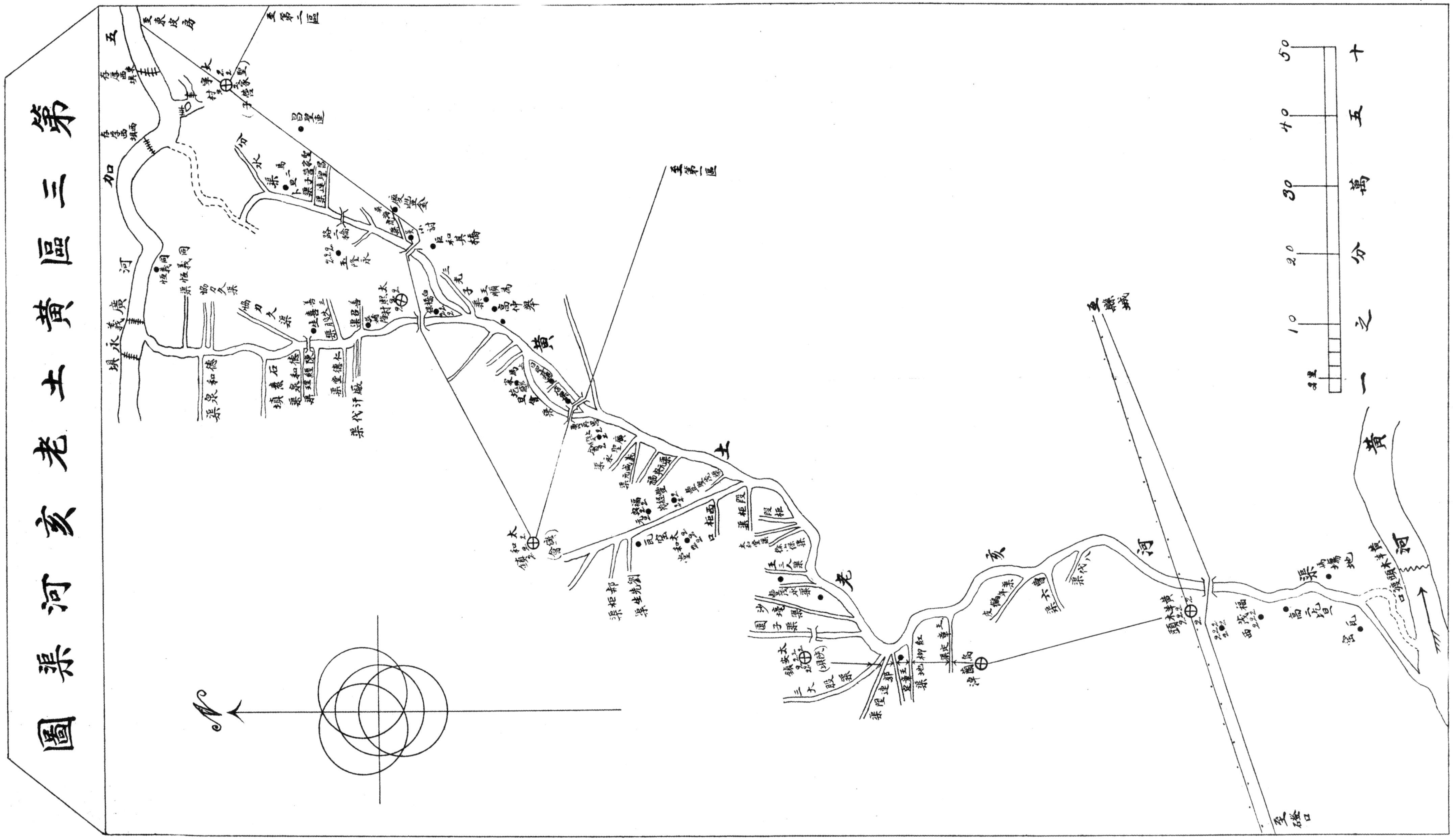

說明

按是渠創於河曲楊氏後楊氏中落渠堙不治光緒末年教案發生以本渠全部渠地賠教抵銀十四萬兩渠地全權盡操諸外人之手民國六年以無條件收回該渠及地照章組立水利社渠屬地一千零八十頃渠身長一百三十里寬七八丈不等有支渠三曰豐會曰大發公曰善召渠每年所淤地一千五百頃惜上游第知劈寬下游不知開濬尾閭壅滯時患沖決淹沒民田水利復為水害當事者胡不通盤籌計一彌其缺漏也

臨河縣城關全圖

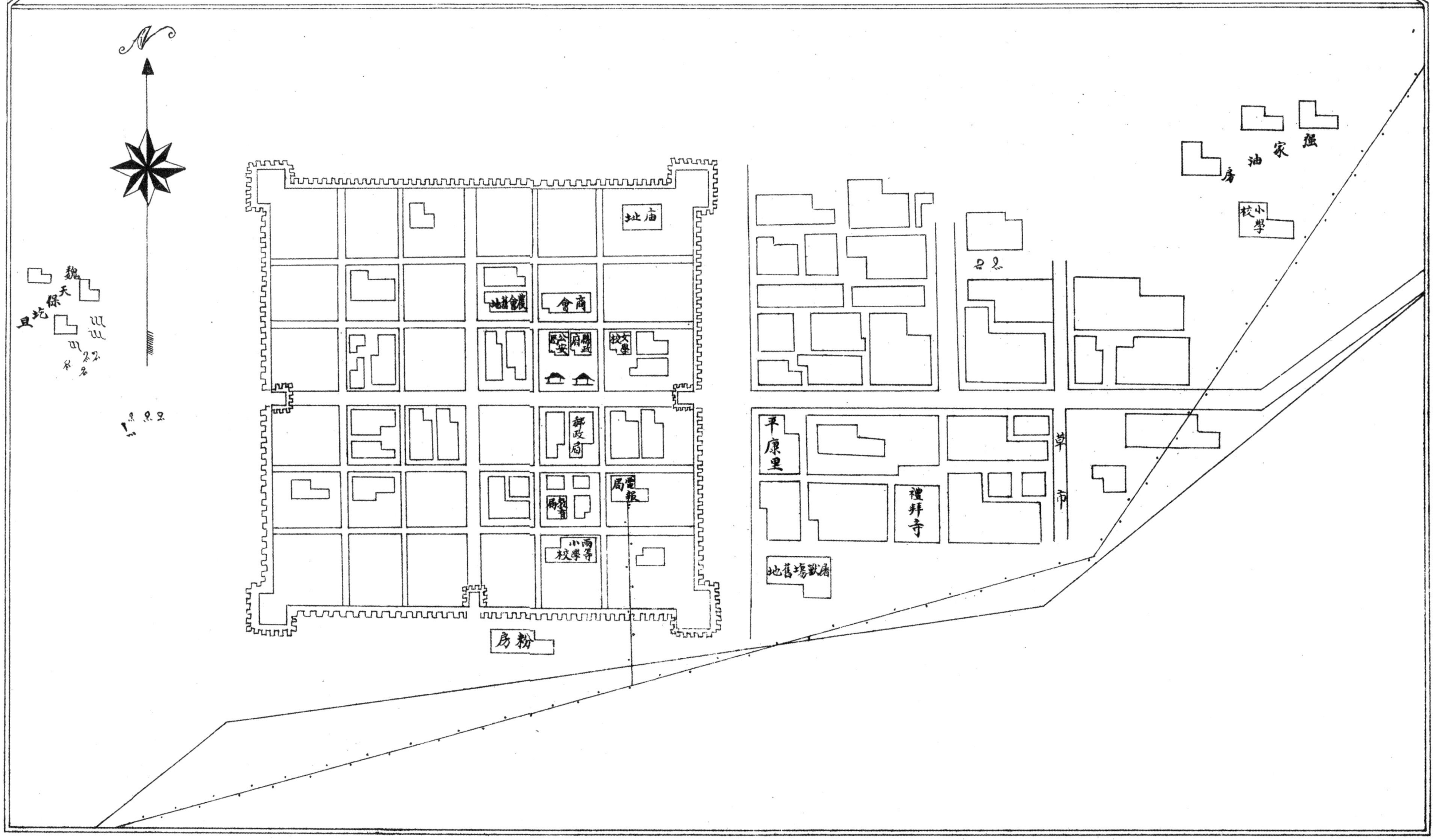

說明

按臨河自民國十四年七月設立設治局城址照原案設立强油坊之議劃定界址城垣週圍一千零八十丈城西距永濟渠三里許地形東半高西低若覆盂當地耆老勸城址移東半里免水患不報是年九月縣署警察所落成十月築城垣工未及半以冰沍而止十六年呂局長創議修城崇墉屹立三月工竣十月兩等學校女子小學校建築報竣城東門曰翼綏南曰瀾安西曰通寧北曰敷化陰陽家言築北門不利至今猶闕之惟西城自十六年春永濟渠冰汎迭告水患根本解決勢必另擇高原遷徙城社惟費鉅事煩不易猝辦只有加修城西護城垻為揚湯止沸之計庶幾可資捍禦矣城關街基地以寬長十丈為一方道路經緯分明當日劃留祠壇廟校倉社及其他公共場所餘地甚多惜自十八年後當事者漫不經意或意圖收益任民間領買恐日後地方發展於城關建立大規模公益之廠所勢必無地可容矣

綏遠省臨河縣全境地圖

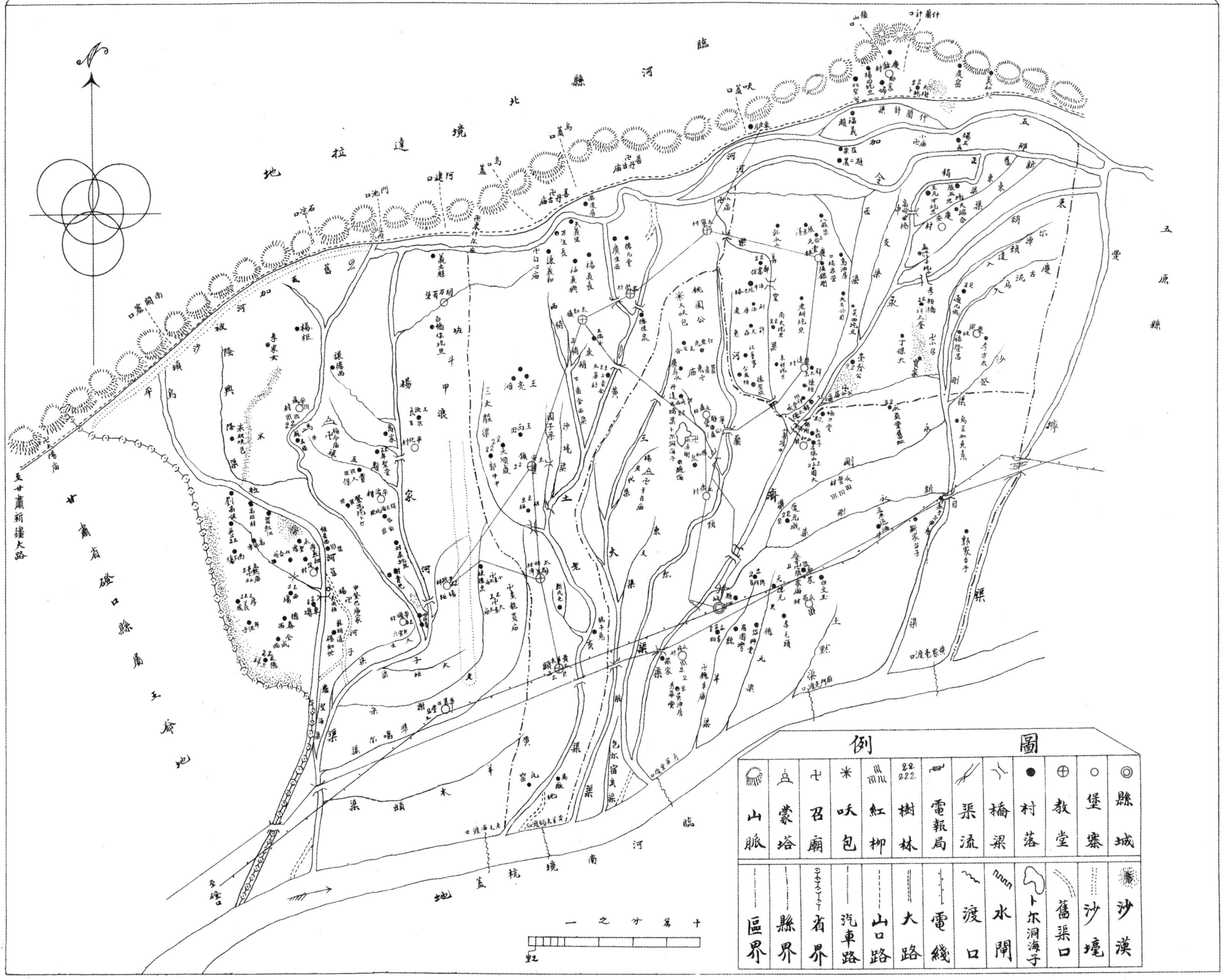

說明

按臨河界址東至豐濟渠西至阿拉善王旂地東界南北界歷來測勘家均限於南河北山者何也一則由於河南山北現仍未墾闢一片沙磧并無漢民住居有治地無治民此不得不從略者一也一則由於蒙人堅守閉關主義深閉固拒不欲外人闌入其境從事采訪人多則芻秣莫繼人少則艱險難犯此不得不從略者二也有此二因故仍沿用舊圖而其內容詳益加詳密益加密惟於劃界之原案有亟待表而出之者查清光緒二十九年劃薩縣西境設立五原廳廳北界包烏拉三公旂全部跨陰山至瀚海為止南界包達拉杭錦兩旂南踰大河而治之當日由薩分五以旂界為縣今日由五分臨亦以旂界為縣界是臨河北界跨陰山至瀚海而止臨河南界踰大河至杭錦旂南界而止畇畇禹甸膴膴周原後日發展實業建設兵防按圖可索固綽有餘地也檔案具在用特表而出之

永濟渠剛目渠合圖

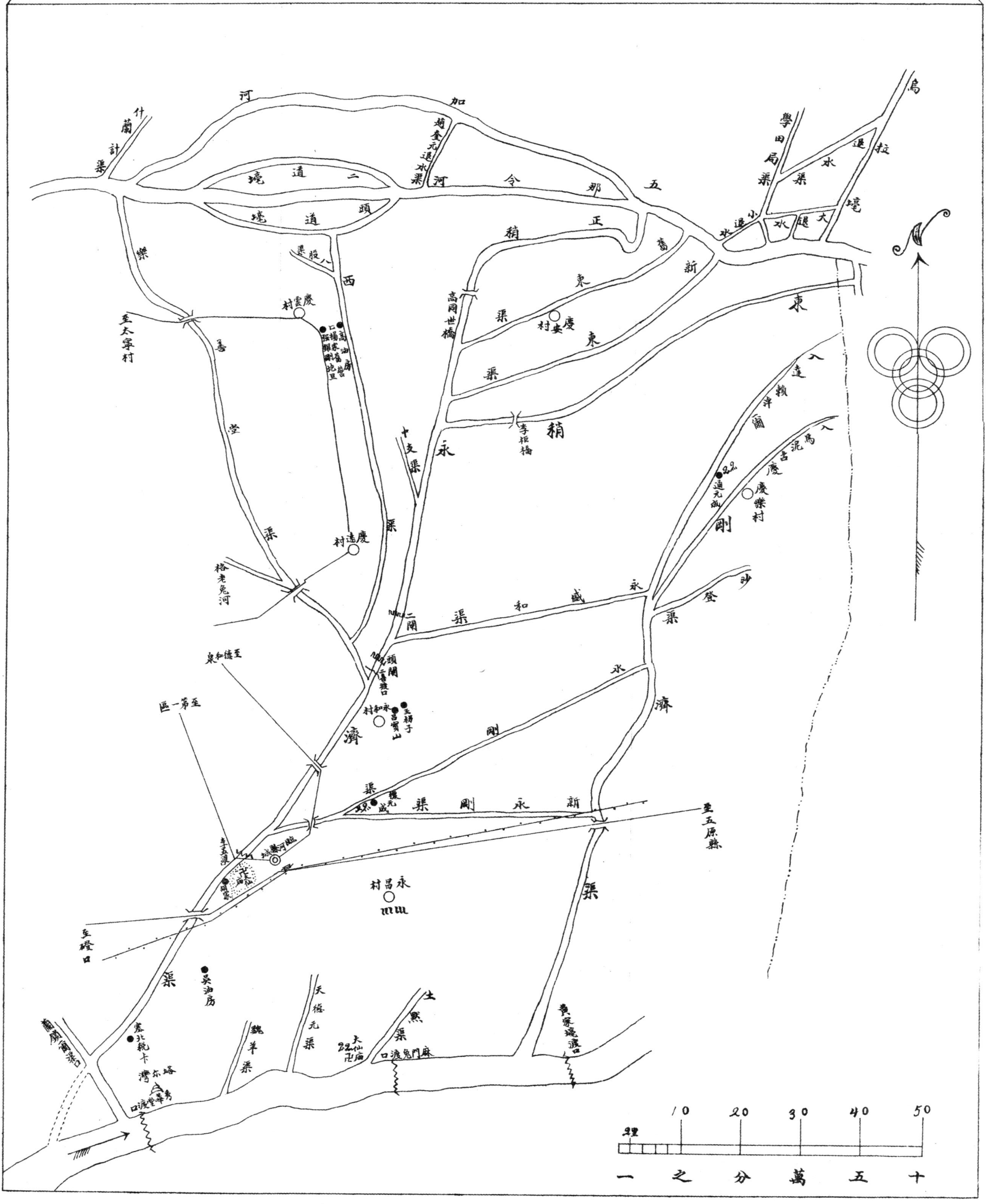

說明

查永濟渠身長一百四十里口寬二十六七丈中游寬九丈有餘下游渠稍僅寬四丈餘高於渠口十六丈有奇尾閭宣洩不利每遇水漲動輒橫決此受病一大原因現在每年僅澆種地三千頃倘闢寬渠稍上下游高下相準五年後能有澆灌萬頃之希望正渠外各支渠密如蛛網計有二百道之多碍難詳列又剛濟渠渠口久湮近年并未上水中游只有永剛渠新永剛渠永盛和渠尚可進水惟澆地無多該渠無獨立之必要故統併入永濟水利社兼管以省款費而一事權

第四區楊家河烏拉河圖

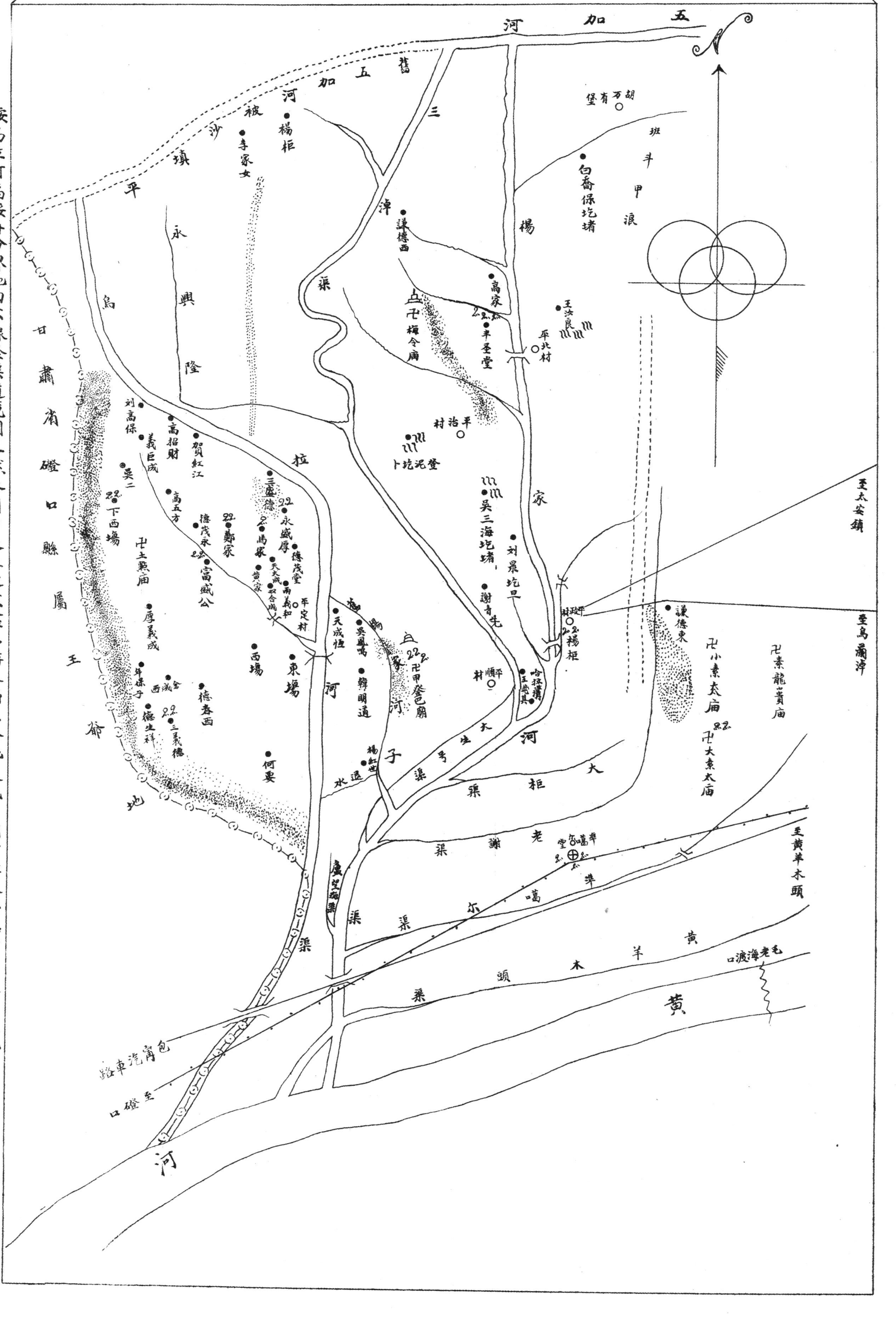

說明

按烏拉河為綏甘分界地向不隸於渠道範圍天然水利自來取之不盡上游水歸王爺地農民引用下游水歸臨河平定村農民引用惟每年上水無多往往上游千畝沾溉下游涓滴莫分應照水利章程公組水利社以專其責而均其利又楊家河子渠有清道光末年創於東場楊氏厥後湮燕民國六年楊董事茂林崛起創修仍其舊名並未襲其舊址歷時七年之久糜款四十萬之多渠長一百四十餘里寬八九丈深一丈支渠四曰黃楊木堵曰烏蘭淖渠曰老仙渠曰三淖渠均長七八十里每年澆地兩千頃他渠有時爭議本渠農民始終無違言良以由一家創修由一家經理其責專其權一其利故平均而普徧也設使合股公辦已不知生幾許波折又使收歸官有更不知生幾許紛更所謂團體無實業箇人有實業其信然歟

蘭鎮爾渠三大股渠合圖

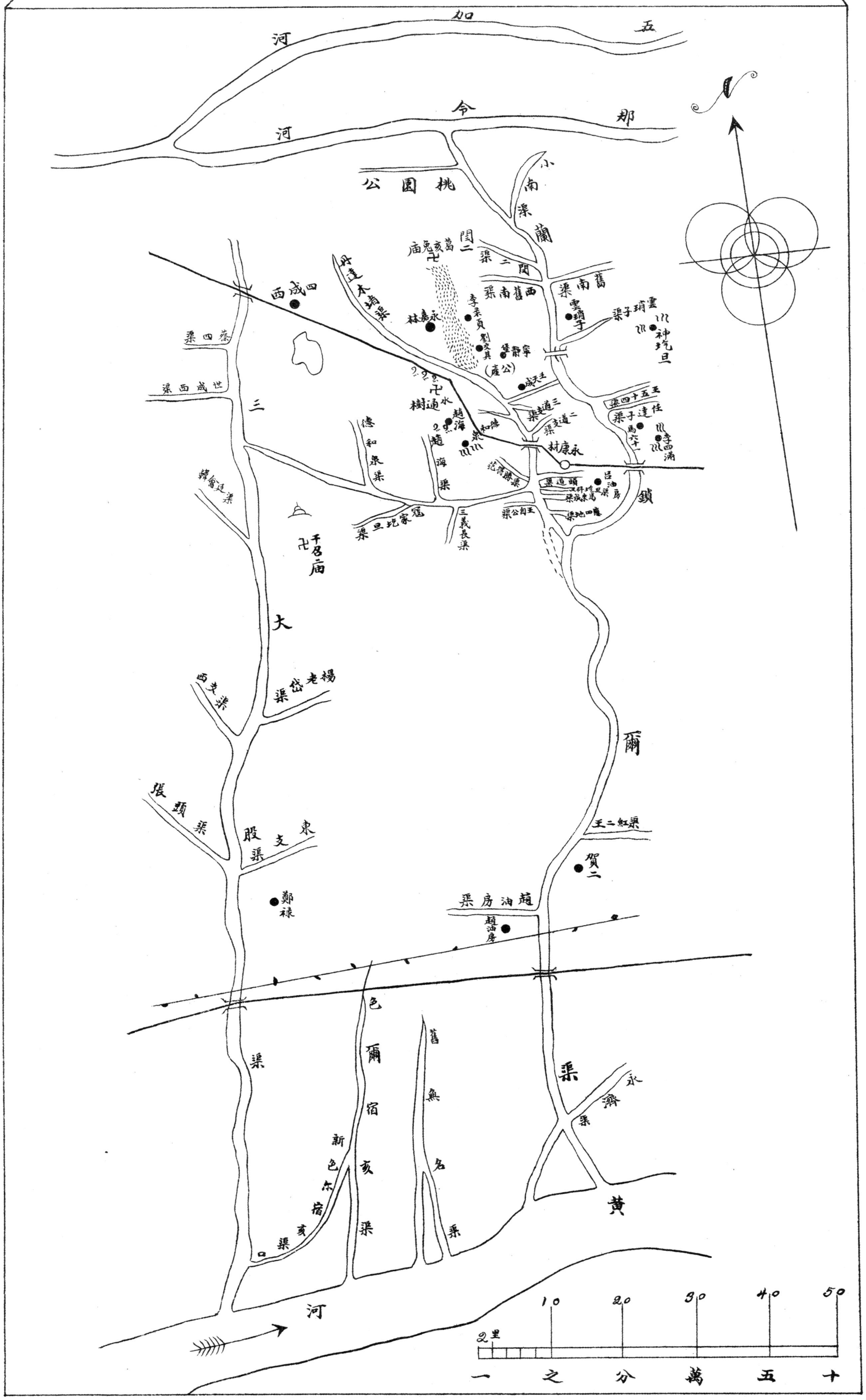

說明

查蘭鎮渠創於何人何年均不可考清光緒末季重修於邑紳李振海先生計渠口寬八丈餘自口至放稍處長三十餘里自烏蘭腦包分閘兩稍一通蘭鎮大柜寬三十尺深六尺長四十餘里一通丹打木堵寬深與蘭鎮柜之稍同每年能澆地六七百頃三大股渠開創於民國六年田紳全貴李紳振海趙紳海三家合辦故名三大股該渠初創不能上水嗣經合力猛進乃底於成寬長與蘭鎮渠等每年澆地二三百頃

戶口表序

古者立國必有版籍以稽戶口土地之數故周別立司民爲掌民版之專官小司徒總其校比之法而鄉遂之吏與閭師縣師分掌稽考而登之孟冬司寇獻其書王拜而受之典至隆重良以戶口之豐耗與政治之進退相消息而與役定賦諸大端咸寄於其中臨河新造縣治戶口之消長進退在在與地方有切近之關係不可不鉤稽比校以爲考鏡也爰列戶口表於左

臨河全縣戶口表

年度	地址	戶額	丁口	學童	壯丁	國民黨員	回教丁口	耶穌教丁口	天主教丁口
十六年	城關	三七二	男一四三二 女六五二	男三〇 女一六	七五二	男六	男一四 女四	男五 女六	男三 女四
	一區	二九三五	男八五四二 女四八二三	男九五二 女四九五	二九五〇	無	男二 女二	無	無
	二區	一四四三	男三八五三 女二四五六	男七八五 女四七五	二一四四	無	無	男一八 女一	無

戶	三區	三九三六	男 九一四五	女 四九八一	男 一三四〇	女 八一六	三四一六	無	男 六	女 無	男 一	女 一	男 五一五五	女 二九八一
口	四區	三六四四	男 九〇三一	女 六八二三	男 一三四五	女 七九三	二一五一	無	無		無		男 四八一	女 二二四
表	總計	一三三〇	男 三二〇一二	女 一九七三四	男 四四五二	女 二五九五	一〇七一三	六	男 二三	女 八	男 二四	女 八	男 五六三九	女 三二〇五
十	城關	三九九	男 一四九三	女 六七九	男 三一	女 一七	八一〇	六	男 一五	女 六	男 五	女 七	男 五	女 三
七	一區	三〇九〇	男 八九一三	女 五四二一	男 九九九	女 三二七	三四六一	無	男 二	女 三	無		無	
年	二區	一六五四	男 四〇四三	女 二六五四	男 七九六	女 五二七	二二五九	無	無		男 二〇	女 一一	無	
戶	三區	三一二八	男 九一八二	女 五六三八	男 一四二一	女 一〇九八	三六五四	無	無		男 二	女 一	男 五二四七	女 二九九七
口	四區	三八九一	男 九〇〇七	女 六七五一	男 一五三八	女 八二五	二四九七	無	無		無		男 四九七	女 二五四
表	總計	一二一六二	男 三二六三八	女 二一一四三	男 四七八五	女 二七九四	一二六八七	六	男 一七	女 九	男 七二	女 一九	男 五七四七	女 三二五六
十	城關	四二七	男 一五四三	女 七〇六	男 三二	女 二〇	八六一	六	男 一九	女 六	男 七	女 九	男 四	女 六

八年戶口表

一區	三三一四	男 九三六三 女 五九六二	男 一〇八四 女 七七八	三七〇〇	無	男 三 女 四	無	無
二區	一六六七	男 四二三四 女 二九一四	男 八九三 女 五七六	二四八三	無	無	男 二一 女 一三	無
三區	三三一八	男 九七九〇 女 五七五二	男 一五八〇 女 一一〇六	三八三五	無	無	男 四 女 一	男 五六六四 女 三〇五四
四區	三九五四	男 九三二三 女 七〇〇六	男 一七一三 女 八四九	二六四七	無	無	無	男 五二八 女 二八三
總計	一二五八〇	男 三四二五三 女 二二三四〇	男 五三〇二 女 三二一九	一三五二六	無	男 二三 女 一〇	男 三二 女 二三	男 六一九六 女 三三四三

物產表序

周官物五土之宜以植羣彙禹貢分九州之壤以育百材自古天不愛道地不愛寶有心人入其邦郊遊歷市町觀物產之豐耗可以覘政治之良窳此其中關於天時者半關於人事者半蓋長養之功功在造物利導之權權在政府也臨河嶽峙淵渟孕育宏富其已發其藏者穀米之利牧畜之利礦冶之利羽毛齒革之利若因而導之推而廣之月異日新吾知其方興未艾也爰列物產表於左

臨河全縣物產表

類別	名稱	歲產數	本地時價	運銷用途	備考
五穀	甲　小麥	二萬石	每石價洋十五元	運包頭銷十之五蒙古運銷十之二本地銷十之三	
	乙　莞豆	一萬石	每石價洋十元	同上	
	丙　糜穀	五萬石	每石價洋八元	運包十之三蒙古銷十之三本地銷十之四	
	丁　穀子	三千石	每石價洋七元	本地銷	

五穀	戊	葫蔴	五千石	每石價洋十三元	運寧夏十之五本地銷十之五
	巳	扁豆	五千石	每石價洋十元	本地銷
	庚	蕎麥	一百石	每石價洋八元	同上
	辛	玉蜀	一百石	每石價洋八元	同上
	壬	莜麥	三百石	每石價洋十二元	同上
	癸	大麥	五百石	每石價洋十二元	同上
皮毛	甲	牛皮	二千張	每張價洋五元	均運銷包頭
	乙	羊皮	三萬張	每張價洋二元五毛	
	丙	羊羔皮	三萬張	每張價洋三元五毛	
	丁	騾馬皮	三百張	每張價洋三元五毛	
	戊	狐皮	七百張	每張價洋十二元	
	巳	狼皮	一百張	每張價洋二十元	
	庚	羊毛	三十萬斤	每斤價洋三毛	
	辛	駝毛	五萬斤	每斤價洋六毛	
	壬	羊腸	一萬條	每條價洋四毛	

牲畜	甲	牛	二千頭	每頭價洋三十元	均本地銷售
	乙	羊	一萬頭	每頭價洋六元	
	丙	馬	一千匹	每匹價洋三十元	
	丁	騾	三百匹	每匹價洋五十元	
	戊	駝	三百隻	每隻價洋三十元	
	己	猪	三千個	每箇價洋十元	
蔬菜	甲	白菜	二十萬斤	每百斤價洋三元	本地銷售
	乙	蘿蔔	五十萬斤	每百斤價洋一元	
	丙	山藥	六十萬斤	每百斤價洋一元	
	丁	韮菜	二十萬斤	每百斤價洋十元	
	戊	芹菜	一萬斤	每百斤價洋十元	
	己	秦艽	一萬斤	每百價洋十元	
	庚	西瓜	五萬個	每百個價洋十元	
	辛	瓜子	五百石	每石價洋十五元	運包十之三運寗十之三本地十之四

藥材	甲 甘草	五萬斤	每斤價洋五分	均運銷包頭
	乙 肉蓯蓉	二十萬斤	每斤價洋三分	
水產	甲 魚	五萬斤	每斤價洋三角	本地銷售
	乙 蒲	二萬斤		
	丙 葦	一萬斤	每百斤價洋五角	

漢蒙同文表序

居今日而欲開闢西北劃一政教必自調和漢蒙始將欲調和漢蒙必自溝通文字語言始不通蒙文聲教不能周暨不通蒙語意見不能融和近代獻縣張氏編定綏乘一書本綏遠旂志方言精校詳參另立同文表是眞重譯之宏編亦同風之先路也爰列其同文表如左

類別＼音別	漢	蒙	漢	蒙
天文	天	騰格哩	上天	得該都騰格哩
	清天	格根騰格哩	蒼天	庫克騰格哩
	天亮了	格哥巴爾	晚了	烏的希保力巴
	日	納楞	光	格呼勒
	影晷	巴嚕克搜的勒	日食	納楞克爾時巴
	月	薩楞	明月	格根薩楞

月暗	薩楞補嚕凱依
下弦	倒勒都哈噶斯
月食	薩楞克爾持巴
北辰天德	阿勒坦噶達素
七星	倒倫鄂都
畢星	安吉順胡希古
霞	圖納勒巴
浮雲	諾古庫烏立
雷	阿雲格
電	察克勒幹
下雨	包朗樸拉巴
雹	們都爾
霜	克嚕古

上弦	得該都哈噶斯
月圓	薩楞都古令
星	鄂都
明星	巧勒孟
昂星	瑪奇特
雲	烏立
陰	補爾庫巴
霧	補登
響雷	阿雲格都格爾巴
雨	包朗
虹	索倫噶
露	希古的爾
雪	格素

氣	阿烏爾
和風	迺力圖薩力肯
陽	阿爾噶
天時	
十天干	阿爾板額希
乙	庫克圪沁
丁	烏格格沁
己	什拉克沁
辛	察汗圪沁
癸	哈拉克沁
子	胡拉納格
寅	巴拉斯
辰	祿
午	茂哩
風	薩力肯
温風	哈隆薩力肯
陰	畢里格
甲	庫克
丙	烏藍
戊	什拉
庚	察汗
壬	哈拉
十二地支	阿爾板和彥爾額哩奇騰
丑	烏庫爾
卯	挑賴
巳	茂蓋
未	和尼

申	密奇
戌	諾亥
時	恰克
春	哈布爾
秋	納穆爾
古	額爾騰
年	吉勒
去年	恩格爾生吉勒
明年	亥圖吉勒
本年	孟吉
豐年	額力伯吉勒
旱	剛
月大	薩楞依克
酉	特克雅
亥	噶亥
季	烏拉哩拉
夏	郡
冬	額佈勒
今	鄂多
每年	吉勒補哩
前年	烏爾濟能吉勒
來年	依哩庫吉勒
富歲	巴彥吉勒
澇	烏彥爾
閏月	依柳色楞
月小	薩楞巴格

單月	額羅遜薩拉	雙月	特古斯薩拉
日子	額都爾	吉日	賽音額都爾
凶日	茂古額都爾	除夕	胡沁烏的
節日	額勒吉圖額都爾	昔日	烏爾都額都爾
昨日	額楚克額都爾	今日	額諾哥額都爾
明日	瑪爾嘎額都爾	每日	額都爾補哩
初一日朔	希能尼更	十五日望	阿爾板塔佈
三十日晦	畢圖公	早	額柯爾
午	烏得	晚	烏得希
刻	本奇	熱	哈隆
冷	奎騰	凍了	庫拉得巴

數目

一	尼格	二	和彥爾
三	古爾板	四	都爾板

五	塔布	輿地	
七	多羅	地	噶咱爾
九	伊蘇	潮	奇各大
二十	和林	鹽地	達木素太噶咱爾
四十	都沁	本地	鄂勒噶咱爾
六十	古楞		
八十	納彥		
百	昭		
萬	圖孟		

六	珠爾噶	濕	迺騰
八	迺木	乾	胡賴
十	阿爾板	堿地	胡吉爾圖噶咱爾
三十	古沁	所管地	哈拉雅圖噶咱爾
五十	塔畢		
七十	達楞		
九十	伊林		
千	胡格		
億	補木		

沙漠	果畢
塵土	討告素
野灘	塔拉
邱	托布齊克
下濕	和托果爾
山	阿烏拉
陵	托博
山嶺	達巴
山鼻	哈木爾
山陽	哈波爾
石峯	哈達
石	齊魯
洞	阿貴
沙	額哩素
泥	沙補爾
澤	庫得額
阜	古獨古爾
曠野	凱哩
岡	習勒
沙岡	茫哈
山肋	哈畢爾
山嘴	哈少
山陰	阿魯
荒山	和布海
盤石	烏庫爾齊魯
河灣	額爾更

海	達賴		江	穆楞
湖	潭各勒		河	果勒
池	淖爾		大海灣	多海
泉	佈拉克		井	胡都克
水	烏素		山水	烏彥爾
冰	穆素		紅土坎	烏藍以力更
山根	和爾買		溝渠	蘇巴克
磨石	畢柳		火石	巧凱古爾
灘	昆兌		水泛溢	必拉哈巴
水乾了	希爾圪巴			

五行

五行	塔本瑪哈漠特		金	阿力塔
銀	們格		銅	古哩
紅銅	吉斯		鉛錫	挑拉格

鐵	特穆爾
木	印獨
火	噶勒
生鐵	希哩密
水	烏素
土	習羅

方向

東	郡特
南	額木納
東南	郡額木納
西北	巴隆惠納
往上	得該希
往前	烏魯克希
向左	郡希
在上	德魯勒
中	東木達
六合	珠爾汗阿吉勒吉爾
西	巴隆特
北	惠納
西南	巴隆額木納
東北	郡惠納
往下	倒部希
往北	惠希
向右	巴隆希
在下	倒部勒
四方	都爾板足克
上	德該都

下	倒力都
拐角	珠布克斯
側傍	哈珠
中間	和隆特
方	額特該德
項上	鄂賴
根前	德力格特
邊上	嘉哈
物形	
大	伊克
長	烏爾圖
正	奇克
斜	吉嚕
縱	和力圖
濁	補林爾
淺	歸肯
近	哀爾
薄	寧根
小	巴哈
短	阿胡爾
歪	哈吉該
橫	昆都倫
清	通格拉克
深	恭
遠	和洛
厚	珠講
廣	阿古吉木

狹	哈布楚勒
低	保部尼
入	鄂羅
窄	爲騰
圓	波林凱依
難	波爾凱依
軟	蔣楞
整	畢圖
虛	胡達拉
不好	莫烏
高	恩都爾
出	噶爾
寬	額爾根
方	都爾波力津
易	奇力波爾
硬	哈挑
破	哈格爾亥
實	烏
狠好	賽狠

城池

城	和屯
京都	尼斯拉力和屯
歸化城	庫克和屯
土郭	巴力噶素
國	烏魯斯
城樓	阿色爾

類	漢文	譯音	漢文	譯音
	路	甲木	關	拿庫該蘇
	邊關	察汗克力密		
宮室	宮	鄂爾登	殿	哈爾希
	九重	伊順達不胡哩	寶座	色古哩
	廟	蘇密	大寺	召
	家	格爾	房	板申
	柵子	哈沙	藩籬	什不個
	塔	蘇布爾噶	門	烏達
	關	哈拉克	窗	強吉
人倫	君	汗	王	額正
	大臣	賽特	官	諾彥
	高祖	胡隆齊	曾祖	額隆齊
	祖父	額補克作齊克	祖母	額密更額琦

父	額齊克
伯	依克阿巴格
兄	阿哈
子	扣
阿哥	阿巴該
弟婦	斗波勒
友	哈尼
丈夫	諾庫爾
妻	額密
曾孫	吉齊
嗣	烏爾
姓	鄂保克
親近	哀爾

母	額珂
叔	巴格阿巴格
嫂	波哩更
媳	波勒
弟	斗
朋	諾庫爾
夫人	哈同
夫	額爾
孫	阿奇
玄孫	古奇
族	圖嚕勒
世	烏彥
疑遠	阿克拉各

類	漢語	譯語		漢語	譯語
	人	昆		師	巴克什
	門人	設畢		女	扣肯
	婿	庫哩更		孩子們	扣克特
	名	尼哩		養子	忒吉該僧扣
	妾	巴汗額密			
職官	臣	賽特		官	圖布穆勒
	功臣	噶畢牙圖賽特		原品致仕大臣	塔爾哈噶拉克僧賽特
	六部	珠爾幹稚不達拉衙門		尚書	額勒肯賽特
	侍郎	托特噶都賽特		總督	占補特甲凱嚕克僧賽特
	巡撫	察克登交卡克齊賽特		將軍	將軍
	都統	胡希古諾賽特		副都統	姜楞尼章京
禮制	禮	邀斯拉力		儀仗	吉各斯各力
	贊禮	邀斯倒得		前進	達不習

跪	索古得
起	包斯
讓	洒力塔力畢
謝恩	珂希克都牡爾古
年班	吉隆吉習雅
散了	塔拉買
叩頭	牡爾古
揖	牡歸斯凱
退	額該
進貢	阿力巴板哩
會盟	楚拉幹

音

五音	塔本阿雅拉克
鐘	中肯
鐃鈸	強
牛腿號	烏庫爾波連
琴	圖利雅土克
箏	雅吐克
竹馬	茂屯茂哩
鼓	肯格爾各
鑼	哈楞各
雲板	托卡強
木鐸	鄂齊拉經乎
簫	畢習古爾
胡笳	茂屯楚古爾

政事	政事	札薩克		教	蘇爾噶古哩
	感化	可斯該		威	和隆
	權	額爾可		賞	賞
	罰	巴		律例	和里
	法	察噶吉		巡狩	察噶特買
	查	拜奇		辦	希特該
	搜	寧吉		公務	阿力板可哩克
	常事	可本可哩克		功	噶必牙
	例	和例			
德性	道	邀素		仁	額嚕希彥勒
	義	珠嚕密		禮	(見前)
	智	密爾更		信	巴圖
	威嚴	素嚕		孝	額力波爾力

弟	斗伍齊
使令	甲勒
事	爲拉特買
謹敬	珂奇彥歸
無忝	固圖噶乎烏貴
不匱	茂好希烏貴
正	齊克
不諱	達嚕胡烏貴
不護短	額磨力胡烏貴
廉	齊波勒
體面	尼古爾太
聰慧人	特古力得爾
通慧者	密得齊
事奉	阿斯爾
順	額依波哩
色難	察賴克楚
無違	勒齊庫烏貴
極孝	珂齊拉勒
忠	希達爾古
不徇情	尼古爾齊拉胡烏貴
不瞞	達力特力胡烏貴
不偏	克力波哩胡烏貴
無瑕	奇哩烏貴
聰明	齊沁
明白	哥更
心靈	索諾不色爾

從善	阿布木該
敏悟	烏化太
聰敏	烏化補爾
知識	密達

人事

福	補音
全福人	伊囉勒圖
有壽	額勒濟太
有造化	克什格太
喜	巴彥爾
安康	阿穆古楞
祥瑞	邀羅
保佑	伊布格巴
事	克哩格
公務	阿力巴
訟	加哩亥
有福分	補音太
壽	額勒齊
造化	克什格
富	巴彥
太平	恩克
平	圖布陞
先兆	巴力克
神妙 奇瑞	該哈本希克
情	烏奇勒
呈詞	加嚕克
煩	圖布克太

爭	奇嚕勒
宴席	胡哩木
緣故	烏楚爾
惡	牧
動	庫德勒
沒有	烏貴
不妨	該貴
來	伊勒
回	哈哩
進	鄂勒
坐	掃
陞	德布希
說	克勒

鬬	楚幹
邀請	泰音
好	巴圖魯勇賽音
言	烏噶
有	拜那
有碍	惱奇太
走	牙布
去	鄂齊
出	噶拉
臥	可布特
起	包斯
站	交克掃
何	阿掃

聽	梭納斯
給與	額克
哭	危拉
呼	倒達
拏來	阿巴依勒
不要	阿不胡貴
你的	齊尼
我的	密你
他們的	特登洒凱
誰	懇
公中的	阿力巴洒凱
非	布魯
做甚麼	佑凱那

看	烏吉
笑	伊念
要	那特
拏去	阿巴奇
要	阿布那
你	齊
我	畢
他	特勒
咱們的	瑪洒
誰的	克你凱
是	孟
可以	包勒那
那邊	察噶那

這邊	那噶那	不勝	特斯克力烏貴
無蹤跡	巴拉蘇魯克烏貴	有甚麼	由貝
何所 何以	牙公都爾	奈何	牙奇拜蘇保力胡
豈是	由奈	何處	哈密噶
從何處	哈那斯	幾乎	何賴
這們那 們支梧	額那肯特爾肯	不可	保力胡烏貴
並全然	鄂克圖	常是	依魯
徒然	和果色噶爾	休要	畢替
如此	依木	平白的	得迷力
無用	可哩克烏貴	現成	畢林
不知	密特庫烏貴	無干涉	哈密噶烏貴
有干涉	哈噶爾太	問他	特公都爾
極至	推拉	那樣	梯木

類	漢文	讀音
	次	烏達
	抬轎	額勒古
	拉物	齊魯
文學	文學人	額爾德穆騰
	五經	塔本諾木
	中庸	奇布東達都
	孟子	孟子
	書經	札薩克圖諾木
	禮記	遨素拉力圖諾木
	有學問	額爾德木圖
	章	烏銀格
	蒙古書	蒙吉力畢奇
	册檔	丹巴

漢文	讀音
又	八斯
套車	庫哩
巧	烏林
四書	都爾板畢齊克
大學	依克蘇爾塔力
論語	希古穆吉力奇拉力
詩經	習力克拉力圖諾穆
易經	珠爾亥圖諾木
春秋	沙律圖諾木
文	烏特哈
滿洲書	滿吉畢奇克
策簡	特木的茂都
題目	色都布

繙譯	烏爾齊古勒
學	蘇嚕買
背	齊該吉力
發憤	習木達買
通了	尼布達爾吉
書	畢奇克
紙	察阿素
墨	波珂
蘸筆	依的古力
習	蘇嚕力噶
讀	文習買
勤學	克奇彥
效法	達古哩雅
講	泰力補哩力
信函	甲奇的力
筆	比依哩
硯	交羅力

武備

兵	奇力克
步兵	雅步幹奇力克
精兵	習力達克
海螺	補哩彥
馬兵	印哩圖奇哩克
防兵	薩克圖奇爾克
戍師旅	丹音
纛	脫克

旗	凱依哩	籐牌	哈拉哈力
弓	訥木	箭	素木
包頭箭	果都哩	盔緊	強格拉
部伍	安該	盔	倒古拉克
甲	胡彥克	矛	吉達
順刀	色勒木	腰刀	伊勒都
鋼叉	色哩彥	鳥鎗	佈
大炮	烏庫爾佈	火藥	丹哩
鉛丸	束木	預備	畢力特該

身體

頭	討力蓋	髮	額斯
眼	尼都	耳	奇克
鼻	哈麻兒	口	阿穆
眉	庫木色克	睫毛	索爾茂斯

辮子	哥吉各
涕	尼素
血	齊素
額顱	莽迺
臉	尼古爾
山根	杭箱爾
牙關	貝勒
腮	甲究爾
咽喉	和賴
脖項	庫珠
肘	托亥
掌	阿拉各
指甲	胡木斯
淚	尼力補斯
津涎	習力素
面	切賴
鬢	切穆爾亥
瞳人	噶力齊齊凱
牙	習都
舌	克勒
唇	烏嚕力
胡鬚	包胡勒
眉甲	牡隆
手	噶爾
指	胡魯
胸膛	謙吉

	乳頭	庫可
	臍	奎斯
	臂	補各斯
	脚面	額力迷
	脚心	烏力
	肋骨	哈畢斯
	心	珠爾克
	脾	德里古
	腎	波勒
	筋	習爾布素
	胆	東力蘇
	腸	哥的素
	命	阿密

	心窩	阿遨力亥
	胯	叟吉
	大腿	古彥
	脚跟	保爾畢
	骨	牙斯
	脊骨	賽爾
	肝	額力各
	肺	烏什凱
	油	額可
	脊髓	訥古素
	胃	和倒的
	尿泡	遠不色克
	元氣	烏各烏力

氣	阿密斯胡力
魄	素克
足心汗	習布力
瞎	梭和爾
拐子	倒哈楞
啞	克哩該依
豁牙	額木特可爾
蹩足	戴不噶爾
病	額布沁

流品

漢人	可塔特昆
蒙古人	蒙古力昆
農人	塔拉迺昆
買賣人	胡都力特汗諾昆

魂	束尼索
汗	庫条斯
禿	和吉格爾
麻子	潮哈爾
聾	都哩
缺唇	色特爾凱
歪脖	格力吉格爾
羅圈腿	凍尼公
殘廢人	圖土吉不特克
滿洲人	滿吉昆
讀書人	畢齊克昆
工人	遠爾汗昆
黃衣僧	喇嘛

青衣僧	和尙
活佛	哥更
知前世仙人	呼弼力汗
放馬人	阿倒齊
俗人	哈拉昆
寡婦	波力伯松
媒	文奇
乞丐	歸林齊
傳事人	密特格
獵人	古祿格齊昆
醫生	額密齊
跟馬人	庫圖齊
婢	音吉

道士	本布
修行人	迪彥齊
活佛封號	呼圖克圖
閑散人	蘇拉
鰥	果尼
獨	噶克齊
化緣人	巴達爾沁
聽差人	甲拉齊
雇傭人	庫奇諾昆
尼姑	察八幹齊
唱曲人	倒齊
奴才	包拉
匠人	達爾亨

相面人	察頼新吉各奇	
說書人	烏里各爾齊	
祈福人	補哥齊	
器用		
桌子	習連	
鎖	鄂尼蘇	
壺	德波爾	
罈	隆乎	
箸	薩不哈	
犂	安吉蘇	
犁鏡	托里	
把子	麻拉塔古爾	
磨	盈	
箕	得布爾	

推算人	烏古拉各齊	
報捷人	色特古力	
椅子	散達哩	
鑰	圖勒庫爾	
尊	洪達汗	
碗	阿彥各	
盤	丕勒	
耙	湯那古爾	
鋤	阿爾齊古爾	
碾	田呼木	
木石杵	壓楚爾	
節	額力格克	

碌碡	補拉
帽	瑪拉蓋
衣	胡不七蘇
朝衣	圖哩衣和不七蘇
褂	庫魯木
蟒袍	蟒納克德波勒
靴	瑪海
褲	額木特
扣鈕	挑不齊
皮襖	珠不察
襯衣	察木七
簑衣	拏木爾該
車	特爾格

鐮刀	哈達古爾
有頂戴	津斯圖
服	胡諾爾
袍子	德波勒
枕	德哩
補褂	蒲斯圖庫魯木
皮靴	古特力
襪	吱木素
腰帶	布蘇
背心	齊該吉木七
毡雨衣	喀波能
鞋	沙亥
韂	阿拉勒

	轅端横木	保拉噶	羊角樁	楚哈達素
	車箱	哈希拉克	車軸	騰可里克
	車轎	庫勒特	車轄	和勒果布齊
	輻條	格該素	車輞	穆克爾
	轎	叟克	轎車	叟肯特爾格
	巴山兜	登訥古爾		
飲食	米飯	布達	麪	古哩爾
	肉	瑪哈	肥	塔爾紅
	瘦	圖弄害	湯	胥勒
	酒	阿爾凱依	黃酒	達哩素
	餑餑	包爾素克	吃	伊第
	飲	烏	嚼	甲吉拉
	醉	掃克托	嘗	阿木塔力

飽了	察達吉
飢	額力波爾吉
熱了	包魯吉
燒酒糟	巴齊麻格
黃酒糟	沙嚕格
清茶	通格勒才
奶茶	蘇太才
麪茶	吉哩爾太才
酸奶子	哀哩克
醋	伊斯古楞
稀	星更
有味	烏尼爾騰
脆	叩哩克
餓了	額魯斯吉
生的	圖凱
温	波聯
奶子酒	阿爾
茶	才
熬茶	哈拉才
芝蔴茶	蔴林古牙
奶子	蘇
奶皮	額嚕木
略生些	圖凱肯
稠	額特更
臭	和凱
餚饌	遨希

門類	漢文	譯音		漢文	譯音
	藍	庫克		黃	什拉
	紅	烏藍		白	察汗
	黑	哈拉		紫	保羅
	綠	諾綳		顏色	恩哥
	秋香色	諾綳不塔爾什拉		紅青	庫克不塔爾什拉
	淡黑	哈拉不塔爾			
珍寶	寶貝	額爾德尼		珍珠	青補特
	珊瑚	胥勒		瑪瑙	瑪嫩
	車渠	洞		琥珀	胡布
	青金	瑙明		綠鉛	烏由
	銀	們各		錢	交索
	玉石	哈斯齊老			
植物	穀	和諾克		糧	塔哩牙

芝蔴	阿拉各那
麥	佈代
米	阿木
草麥	阿爾拜
莜麥	習希
高粱	烏庫爾習希
茄	車斯
茶菜	該木惱部
韭菜	鄀部特
芹菜	巧鄀爾
竹笋	和蘆迗索邀
木耳	塔力圖
海帶	達賴惱部

糜子	蒙部力阿木
豆	補哩七各
稻	圖土爾各
莜麥	薩各達
黍	旭拉凱
菜	惱部
白菜	察汗惱部
葱	桑該惱克
蒜	色哩木斯格
薑	哈隆額佈
蘑菇	穆古
金針	什拉齊七克
萵苣	希魯凱依

果子	吉密斯
蘋菓	阿力本拉特
柿	毛東諾沙不塔哈
杏	歸拉素
葡萄	烏珠木
松子	蘇水爾
杜棣	哈得
小瓜	克力古瓜
蓮花	哩彥化奇七克
紅花	古力古木奇七克
芍藥	察那七奇克
薔薇花	甲特爾奇七克
蓼	烏順希木力達克

桃	桃羅
梨	阿果本
李子	里斯
棗	察不噶
栗	圖賴波勒
榛子	希得
西瓜	塔爾不斯
核桃	胡希格
牡丹花	瑪達爾巴奇七克
鷄冠花	烏拉補爾阿爾貴
桔梗花	胡爾登察汗
金錢花	交素奇七克
梅	烏達補力奇七克

花架		奇胡魯爾
松		納拉素
榆		巴爾格素
欒		額密
竹葦		胡勒蘇（蘆葦同）
馬蓮		甲凱力達克
蓬蒿		哈木胡力
人參		昆額密
參蘆		甲拉噶素
靛花		補達那
兎絲草		什拉烏哩彥古
動物		
禽		吉古爾騰
鶴		禿古嚕

柳		亥拉素
柏		阿爾奇
楊		烏梁素
草		額佈素
菖蒲		吉個蘇
棘草		哈拉蓋
芸香		蘇魯
參鬚		沙哈力
茛芨		得力蘇
益母草		都爾波力津額布蘇
淡竹葉		吉哩力克補爾奇克
鳳凰		噶嚕第
孔雀		脫古斯

鵪鶉	補特納
鴨	奴古斯
雀	什包
小雀	必力鳩亥
鵰	補爾古特
鸚鵡	討德
戴勝	波不格力津
獸	郭羅
鹿	包克
靑羊	科巴爾伊瑪
狐	烏尼克
貛	圖魯吉
馬	茂哩爾
鷄	特卡
鵝	噶嚕
烏鴉	可聯
鷺鷥	特該力
芝麻鵰	甲噶哩
鵓鴿	塔克塔
黃鸝	阿力坦和哩古力代
象	嘉
四不相	哈達罕
狠	巧鬧
野貓	麻哩爾
獺	塔爾巴
駱駝	鐵勉

牲口	莫勒
乳牛	烏念
馬駒	達噶
騾	老斯
貓	密貴
灰鼠	可哩木
舍利孫	希柳蘇
龍	彔
蛇	茂蓋
鱉	拉各密那凱
蟹	迺木力吉
蝦	殺木和爾亥
蟻	希哩古力濟

驢	額力吉克
牛犢	圖古力
羊羔	胡嚕克
騸馬	阿克塔
天馬	青達噶
豹	伊爾不色
貂	補拉克
蟒	阿佈魯茂蓋
魚	吉噶素
蝦蟆	密力凱
鼉	元拉各密那凱
蠅	伊拉又什牡力
蟲	和爾亥

蠶	固哩和爾亥
蝎蚱	察爾奇該
蜂	巴力圖珠貴
螢	噶力圖和爾亥
班蝨	江察和爾亥
蟬	吉爾可力
蝶	額爾拜凱

表五

本區山水名稱同文表

山水名稱之紛歧莫綏遠若考地理者圖與圖異書與書又異本一也而二之本二也而一之開卷紛然茫無涯涘則以文之不同故也不同而欲强同之譬諸削趾適履鶴脛續鳧固不易爲力音一而字萬烏得徧載之哉茲僅就一統志蒙古游牧記諸書所已言者著之於篇亦舉一反三之意云爾

漢	蒙
陰山	色爾貝噶札爾
白雲山	插漢和碩
新婦山	白爾白狠
西神山	巴林翁公
剷嶺	毛德爾
黑山四子旗	喀喇和碩

羖羊山 四子旗
陽山
富峪
黑山 茂明安旗
方山
狠山
老虎山
雪山
麥𥻆山
大青山
狇山
馬神山
拂雲堆

阿爾哈林圖
杜蘭
巴顏鄂坡
喀喇托羅海
賀爾賀
綽農陀羅海
巴爾圖
察蘇台
額貴恩都爾
漠喀喇
鹿勒
翁公
烏珠爾察漢

獨牛山
鵲山
密柳坡
羖羊山 茂明安旗
居延山
牛頭朝那山
宿嵬山
帷山
白石山
赤城山
連山
陽山
夾山

烏克爾圖祿
沙齊哈爾
博多克布爾哈蘇
哈喇特克
崑都倫
吉蘭陀羅海
扎拉
額古德
插汗七老圖
烏藍拜星
洪戈爾
和岳爾喀喇鄂博
和岳爾喀喇托羅海

總材山	磨多圖	錦屏山	岩靈
回回墓	賀佟圖	黃草山	庫勒爾齊
省嵬山	阿羅布斯	馬陰山	阿克塔和碩
黃水河	西喇木倫	鹽泊（喀爾喀旗）	達卜孫
密柳坡	多克布爾哈蘇	柳河	布爾哈圖
黑河	喀喇木倫	帷山河（烏喇特旗）	額古德
鐵柱泉	哈達馬爾	冷泉	魁屯（即奎騰）
甜水井	賽音	深井	敖泉
魚海	札哈蘇台	赤沙泉	烏藍
黑河（伊盟左翼後旗）	伊克土爾根	兎毛河	陶賴昆兌
柳河（伊盟左翼後旗）	布爾哈蘇台	魚河	折葛蘇台
蒲河	呼魯蘇台	大小昆兌河	伊克昆兌 巴哈昆兌
芹河	伊克西喇爾吉台	小芹河	巴哈西喇爾吉台

獐河	西爾哈
金河	西拉烏素
石窯川河	額圖渾
銀盤水	西黑爾
捕魚池	折葛蘇台
苦水池	插汗札達海
長鹽池	達布蘇圖
大鹽池	特默圖察汗
太子灘	巴哈昆兌
馬鞍山	席拉得伯僧
蟠羊山	衣馬圖
陶山	喀喇特木爾
豐州灘	伊克蘇爾哲

紫河	烏藍木倫
細河	納林
清水河	佟哈拉克
清湖	佟哈拉克淖爾
蒲池	虎蘇台
黑水池	喀喇烏素
鍋底池	喀喇莽柰打木素
越沒濼	鄂爾吉虎
娘娘灘	伊克昆兌
牛心山	巴顏朱爾克
太白	插汗
紅螺谷	五藍察布

地輿沿革紀略

漢臨河縣隷朔方郡地居河套西偏在古五原部西南與漢臨戎縣近在南河以北北河以南北河實古黃河故道即今之五加河又名五角渠是也自漢後郡縣變更時遷勢易臨河故城遺址載籍無傳臨河之疆域遂湮沒難考洎清末葉河套地均隷五原縣轄境民國十四年綏遠當道因五原轄境袤長控制不便特劃五原西鄙地百餘里另立設治局復漢舊名曰臨河非第循舊名將欲復漢治也作地輿沿革紀略

漢元朔二年置朔方郡臨河縣隷之

按漢書朔方郡縣十三封朔方修都臨河呼遒窳渾渠搜沃埜廣牧臨戎徐繼畬兩漢沿邊十郡考略河套本新秦中地漢初入匈奴武帝元朔二年收其地置朔方郡徙民十萬以實之領縣十故城在河套者七在套西者三前漢郡治三封在套西後漢治臨戎在套內修都呼遒亦在套內又漢書衛青傳元朔元年青爲車騎將軍明年出雲中以西至高闕走白羊樓煩王遂以河南地爲朔方郡使寶建築朔方城後漢書永和五

年徙朔方居五原是後漢已移置郡地水經注河水東北逕三封縣故城又北逕臨戎縣故城西又北有枝渠東出謂之銅口東逕沃埜故城南元狩三年又北過而爲南河出焉是大河分流爲南北河自漢代已然或稱河自元魏分者誤也又北迤西溢於窳渾縣故城東元朔二年開朔方郡治有西部都尉治有道自縣西北出鷄鹿塞其水積而爲屠申澤河水又屈而東仍爲北河東逕高塞南又東逕臨河縣故城北又南合南河是漢朔方郡在北河以南五原郡西南臨河縣又在南河以北朔方郡西南也明矣

漢光武中興始置幷州以領之省臨河五縣併入西河郡

按西漢盧芳之亂竊據邊郡光武中興始置幷州以領之而郡縣省併大半省朔方郡之臨河修都呼遒窳渾渠搜五縣而以西河郡之大城縣隸朔方漢末荒廢建安中置

新興郡爲治太原界晉仍之

晉永嘉後爲前後趙前後秦地義熙中夏赫連勃勃據之

按大清一統志鄂爾多斯表永嘉後爲前後趙前後秦地讀史方輿紀要晉亂石勒併

朔方兼置朔州義熙九年赫連勃勃於朔方水北黑水之南築城曰統萬北魏初都盛樂後沒於秦道武興而恢復舊域以陘北爲畿內地太武帝始光中置懷朔武川撫冥柔玄四鎮於雲州北境立朔州以統之後改懷朔於朔州而於舊朔州置雲州仍治盛樂魏書太和元年置東夏州領郡四朔方郡居其一領縣三臨河不與焉

隋大業改夏州爲朔方郡

唐因夏州亦曰朔方郡

按唐書關內道夏州朔方郡中都督府縣三曰朔方曰德靜曰寧朔讀史方輿紀要安北都護府屬關內道永徽初薛延陀既滅鐵勒諸部回紇等復討禽突厥遺種車鼻可漢於金山因置燕然都護府領狼山羈縻府州二十有七龍朔二年徙燕然都護府於回紇總章三年又改爲安北都護府開元二年徙治中受降城單于都護府屬關內道天寶初安北單于都護盡屬朔方郡大歷八年徙治振武軍唐末拓跋思恭破黃巢有功賜國姓李有銀夏綏宥靜五州之地

宋太宗太平興國中河套地復爲王土後陷於趙德明仁宗景祐爲夏所併

遼金 按夏始祖拓跋思恭據有西部之夏州地及元昊立盡取河西地慶歷初復陷豐州北控大漢置軍河北以備遼

遼 爲李夏所有地

金 爲李夏所有地

元滅夏立西夏中興等路

按元太祖仲弟哈薩爾之後太祖之後分據青山以北是爲後之烏蘭察布六旂爲漢五原郡地太祖十五世孫達延漢之後盡據黃河以南是爲後之伊克昭七旂爲漢朔方郡伊克昭盟郎鄂爾多斯地後廢爲東勝雲內二州及延安寧夏等路

明初爲東勝等州城並立屯戍天順間爲蒙古所據

按明天順間蒙古酋長阿勒綽爾與瑪古里海始入河套嘉勒斯賚復糾合們都爾倚爲巢穴宏治間和實復入其中又延綏志明初王保保據河套洪武中追逐之築東勝等城幷立屯戍總制楊一淸上言河套當復未果行其後隨屢入寇嘉靖中無歲不擾

總督曾銑請復河套嚴嵩譖殺銑自是無敢言者此以終明之世該地不内屬之證也

清天聰八年征服其地編烏伊兩盟統之乾隆六年以河套地隸薩拉齊廳治之光緒二十九年析薩拉齊地西路隸五原廳治之

按清天聰八年太宗征察哈爾土默特部衆悉降後編爲二旗領以左右翼都統及四副都統及後青山北之喀爾喀右翼四子部落茂明安烏拉特六旗相繼來庭併設札薩克錫號曰烏蘭察布盟南河以南之鄂爾多斯左右翼前中後各三旗亦設札薩克後復增設前末旗共七旗錫號曰伊克昭盟是爲西二盟設盟長副以領之雍正元年設歸化城理事同知乾隆元年建綏遠城設綏遠將軍轄土默特及西二盟又設綏遠城理事同知六年設綏遠道分設歸化和林格爾托克托薩拉齊清水河善岱昆都崙七協理通判二十五年裁善岱昆都崙二協改其他五協理爲理事通判廳同治四年改薩拉齊通判爲同知光緒二十九年析薩拉齊廳之大佘太附益以達拉特杭錦烏拉特三旗爲五原廳

民國元年改五原廳爲縣治八年析縣東界所屬之烏拉特中旂地及武川西界茂明安旂地隸固陽設治局十年析縣東南界所屬之達拉旂及烏拉特前旂地隸包頭設治局十四年析縣東界烏拉旂地隸大佘太設治局析縣屬西界杭錦達拉烏拉等旂地隸

臨河設治局

按漢代臨河縣原隸朔方郡在北河以南居鄂爾多斯旂地地跡河套全部漢五原郡在北河以北爲烏拉特旂地跨陰山前後而治之是在漢代朔五兩郡界限分明厥後併置改易名移勢異自五代以後朔方五原之地迭遭淪陷舊治湮沒迨清季由薩拉齊析分五原治境包鄂爾多斯北部及烏拉特全旂而有之是清五原縣幾全佔漢朔方五原兩郡之地計東界至茂明安西界西界至阿善旂東界綿延千里南至杭錦達拉旂北部北至陰山北瀚海南北界五六百里不等其幅員廓廣占綏區面積三分之一民國二年曾以五原控制不便有設縣佐於大佘太及纏金地之議三年王紳同春糾集地方募欵築縣城於隆興長北五里之白圪梁四年五原縣

王知事文墀由包頭移治後套新縣城披荊斬棘百廢俱興惟轄境東西千里鞭長莫及擬請分地以治迄未果行九年固陽設治以五原東境地㕘之十四年包頭設治以五原東南界地㕘之十四年大佘太設治劃五原烏蘭腦包以東地㕘之臨河設治劃豐濟渠以西地㕘之分治原案臨河東至豐濟渠綏當道派蕭振瀛爲臨河設治局長來套劃界五原紳董張厚田崔國仁劉士傑唐兆銘堅詞爭界謂五原毋縣原案治境不及百里不得謂平呈三上當道又派劃界馮委員邀同臨河紳董李增榮楊春林陳占財傅正業公同會議議決臨河東界以剛濟渠爲限北至義和久活水泉南至渠口大河蕭局長振瀛會同地方紳董規劃全境疆里南至黃河北至大青山即陰山西至烏拉河迤西阿拉善旗東界東至剛濟渠規模大定焉惟查綏區當日劃分各廳地界均以旗界爲經今臨河疆域純由五原西界劃分按光緒二十九年劃分五原奏案所有杭錦達拉烏拉旗地向歸薩拉齊廳管轄者盡歸五原管轄今由五劃臨所有剛濟渠迤西之抗達烏三旗地向歸五原管轄者今統歸臨

河管轄前例具在旂界所至卽縣界所至烏拉特旂地界北跨陰山至瀚海爲限是臨河北界隸境當不限於陰山而止杭錦旂地南踰南河是臨河南界轄境當不限於南河而止奏案具在可考而知語云尺地寸土不可予人設令從此地方發展市廛駢列村里輻輳地狹民衆人滿爲患則踰河而南循嶺而北取我原有之地不難按圖而索從容布置因利乘便可坐而定因特表而出之以爲後日之考訂疆域者有所借鏡焉

城邑建置沿革紀略

臨河在西漢隸朔方郡城在河套西偏自漢後朔方郡或廢或復或省或併時易勢殊書闕有間郡城既迭經變遷縣城亦莫定方位迨至民國十四年劃五原西部創設臨河設治局擇地於强油房建築縣城名雖仍舊城則肇新規時立制古今異宜特作城邑建置沿革紀略

漢初置朔方郡徙民十萬以實之郡領縣十臨河隸之

按朔方郡治縣東爲渠搜西爲廣牧西北爲臨河漢代臨河凡兩見實則一城厥後無傳

漢光武省朔方郡之修都臨河呼遒窳渾等五縣而以西河郡之大城隸朔方郡

按臨河縣在東漢巳省廢無復舊治其故城遺址湮沒當已久矣

晉末石勒併朔方郡兼置朔州

魏置懷朔等四鎮

按懷朔應在烏拉旂北在今五原臨河北境非古朔方地

隋大業初改夏州爲朔方郡隷縣三

按隋改夏州爲朔方郡郡治三縣均非舊治縣名古臨河縣名久已省廢其故城益不可考矣

唐朔方總管張仁愿築三受降城

按讀史方輿紀要西受降城在廢豐州北八十里志又云本漢朔方郡臨河舊理所云又按漢代郡縣地理五原郡在北河以北朔方郡據有全套是朔方五原界當以北河爲限唐西受降城當在五原郡西界今又云本漢朔方臨河舊理所在古人畫界犬牙相錯臨河治城在北河南其轄境或在北河以北亦事之所恒有也

宋仁宗景祐爲夏所併

按唐末造拓跋思恭以滅黄巢功賜國姓曰李有銀夏豐宥靜五州地

遼 地爲李夏所有

金 地爲李夏所有

元滅夏立西夏中興等路

按元太祖仲弟哈薩爾之後據青山以北地是爲今之烏蘭察布盟卽古五原郡地太祖十五世孫達延漢之後據黃河以南地是爲今之伊克昭盟卽古朔方郡地朔方郡卽鄂爾多斯旂地

明初爲東勝等州城立屯戍嗣爲蒙古所據

按明代河套地一陷於蒙古酋長阿爾勒綽爾再陷於和實再陷於王保保洪武中逐之立東勝等城駸駸乎有城邑焉旋又陷於蒙古楊一淸曾銑屢請規復河套不報終明之世河套不內屬惜哉

淸天聰八年征服其地編烏伊兩盟以統之乾隆六年析其地隷薩拉齊廳光緒二十九年析薩拉齊西部地隷五原廳

按淸初青山北喀爾喀右翼四子茂明安烏拉特各部來庭編爲烏蘭察布盟南河以

南鄂爾多斯左右翼前中後各三旗後復增設前末旗共七旗編爲伊克昭盟雍正初設歸化城理事同知乾隆初築綏遠城設將軍理事同知六年設綏遠道分歸和托薩清善岱崑都崙七協理通判二十五年裁善昆二協理光緒二十九年析薩拉齊所轄達拉杭錦北部烏拉特三旗全部隸五原廳是時鄂爾多斯烏拉特旗地合治於五原古朔方郡地半隸於今之五原治矣

民國元年改五原廳爲縣治三年築五原城十四年七月析五原西界地隸臨河設治局九月築臨河縣城

按民國初元改廳爲縣三年議在五原東路大佘太西路纏金地設縣佐以助理之十三年綏遠實業廳長段永新呈請劃五原西區地分設臨河縣十四年綏遠當道任蕭振瀛爲臨河設治局長蕭局長抱進取之壯懷負建設之全責凡百措置均能不憚勞不畏難貞以毅力貫以全神不苟一時之安用策百年之計其規畫城垣也援設治强油房之原案測景定向辨方立位確定城基地址時有熟於地形家耆老主張應將城

址移東半里免受永濟渠水患卒弗納初不料縣城西面屢被水患也城垣週圍計一千八十丈城四門東曰翼綏南曰瀾安西曰通寧北曰敷化城基地計二十頃有奇悉民間地產出厚價收買民爭獻納無敢匿官爲之編號畫方每寬長十丈爲一方地分三則平價招領劃市廛定民舍限期建築逾限者收其地不稍寬假又爲之分經路四緯路二十有四壇廟基址若干區學校基址若干區其規畫井井也如此其建築官舍也堂勿取高室勿取廣榱櫟勿尚雕鏤屏壁勿尚丹漆爰進工師董乃事分乃職大者總其成小者執其藝披星而作戴月而息計月課績計日課工肉於俎酒於盎錢於櫝勤者賞惰者罰人人樂於從事而事易集當時董其役者則有李區董增榮陳區董占財傳區董正業楊區董春林于會長相龍田會長全貴王董事績世智者用智巧者用巧材者用材謀者用謀計時三閱月築室百餘楹落成之日邑之人咸奔走觀成焉洵可謂善於用衆者矣惜乎時值冬令范土氷冱城工粟未及半遂至中輟洎自十六年夏呂局長咸來攝局務鑒夫危垣三尺不足以固防而禦侮也特開地方行政會議首

以城工爲先務特設城工建築處以李紳增榮總其事以王董事侶副之分股辦事以各區董事分任之呂局長早作夜巡督促不遑在事各紳董羣力幷進羣策交贊均能各慎乃事各勤乃職是以始終工無曠料無減費無糜閱二月而大工告成是役也計支欵一萬八千元由地方攤捐內撙節挪補前功克竟而民間擔負幷未加重傳曰凡事豫則立此道得也十七年秋黃局長彥邦宰是邑因縣西城迭遭水患創議加修護城壩兼築補城垣墻議甫就緒旋去官繼其任者爲彭縣長繼先力持原議任汪區長治泉爲城壩工程經理以王董事侶副之城工則彌其缺補其殘壩工則卑培高薄增厚有彭縣長握要提綱以擘畫於上有各紳董併力同心以贊助於下工成之日邑之人咸舉首額慶曰從此金湯鞏固庶免哭鶴之驚隄防永安差免其魚之患邑有神君其造福何有既極也方今地方無事及是時修明庶政百度更新通商惠工興商訓農行見梯航輻輳水陸交衡列市雲連百廛霧聚蕞爾邊邑安知不成一繁盛大都會是在官紳合作亟起而進行之也

山川要隘紀略

秦據陽山而匈奴遁漢取河南而單于降失險者亡得險者昌臨河黃河弦貫陰山弧張南襟秦晉北控蒙疆東障包綏西通甘涼據而守之固西北之鎖鑰恢而張之亦萬世之金湯特作山川要隘紀略

按今臨河地舊隸漢朔方郡郡地在鄂爾多斯旂旂界所至即郡界所至南至楡林邊墻北至北河東至土默旂西界西至阿拉善旂東界統稱河套非限於南河北北河南也按大淸一統志山則有夾山（在左翼前旂東南八十五里）黑山（在右翼前旂東南六十里）退諸克拖羅海山（在左翼後旂東南一百四十里）恩多爾拜山（在右翼前旂南二百二十里）黃草山（在右翼中旂西北八十里）哈伯義齊山（在右翼中旂西北一百二十里）其他如邵龍山省蒐山馬陰山巴從得右峯敖西喜峰伊克翁公崗插漢拖羅海岡可退坡諸山川流則有庫葛爾黑河巴漢托蘇圖河赤沙河車根木倫河烏爾巴齊河黑河諸川在漢均隸朔方郡地惟朔方郡套內七縣自漢光武時已省併廢置均失其舊究不知何山隸屬何縣是漢臨河縣名在東漢初已廢併無存其地址方位久已莫考縣

界既不能詳其治境內之山川形勢更無從臆斷此窮搜圖籍古臨河之方位與其治境之山川要塞久已湮沒而莫可確定也明矣然而鑒往尤貴知來考古不如證今援删書之例爲考文之資請斷自近年臨河設治始

山險要塞考

按古朔方郡在鄂爾多斯旂地即今之伊克昭盟古五原郡在烏拉特旂地即今之烏蘭察布盟清光緒二十九光析伊盟達拉杭錦旂北部烏盟烏拉全旂地爲五原縣轄境是古五原在北河北新五原在河南兼鄂爾多斯烏拉旂而治之今臨河由五原西界劃分是統烏伊兩盟之西部而治之矣查今臨河境以陰山爲幹脈由賀蘭山蜿蜒而東當縣城正北百里有狼山又名狼居胥山狼山西二百里有古高闕迤東有雞鹿塞後漢永元初竇憲出鷄鹿塞是也狼山北有榆溪塞秦郤匈奴於河套樹榆爲塞以限北夷是也計縣境陰山隘口迤西爲高闕塞在狼山口西蒙古游牧記即所謂綽農陀羅海其口正當黃河北流折東處兩山對峙若門戶中有道通

新疆路較他路近二千里又東什淙口在纏金渠之西北可抵哈珀察齊泉又東門池口對黃羊木頭正北直達塔齊勒克圖鄂博之要隘又東烏蓋柏爾口在狼山口西北通木納山亦達格拉山之要隘又東烏蓋口在纏金五加河正北通木納山之要隘又東東襖蓋口在狼山口西又東狼山口在狼山正北山勢險峻爲用兵要地又東石蘭計口在狼山口東亦要隘又東葫蘆斯兎口在狼山北形勢險要又東馬池口在狼山北通察漢泊又東慶打口通中公旂要口又東馬蓋息便口北越東公旂界達察漢泊迤北通察漢鄂博此臨河北境之諸要隘也

川流要隘攷

按今臨境河流以黃河爲經以各渠爲緯水經注河自高闕南又東逕臨戎縣故城北又南河東逕臨戌縣故城北又東逕臨河縣南按黃河自寧夏界北流出邊經鄂爾多斯西行五百里一枝分爲二歧其東注地有析枝城水經所謂南河也其北河流至阿爾布坦山南迤西溢爲大澤土人名騰葛里腦兒卽古屠申澤自此屈而東

流過右高闕南行二百里許稍東南流又折西南與南河合乃直向東行經烏拉特南至大素根河入河此屆朔方郡所隸各河流也查近日臨河轄境以南北河爲經以各渠道爲緯他條水均無關險要南河橫亘全治中心各河口均關重要入縣境東南爲傌們圖口又西爲秀華堂口又西爲黃羊木頭口又西爲可克木口又西爲有毛腦海口此臨河南河沿岸之形勝也至於東路有洋行渠長二十里寬一丈五尺此爲第一道要隘里西有剛濟渠長百里寬四五丈不等此爲第二道要隘又西有土默渠長二十里寬二三丈不等此爲第三道要隘又西有戶口渠長二十里寬二三丈不等此爲第四道要隘又西德成渠長四十里寬三四丈不等此爲第五道要里又西有天德源渠長四十里寬二三丈不等此爲第六道要隘又西有强家渠長二十餘里寬一丈五尺此爲第七道要隘又西有魏楊渠長二十里寬二丈此爲第八道要隘又西有五大股渠長二十餘里寬二丈此爲第九道要隘西路有烏拉河長百餘里寬六七丈不等此爲第一道要隘又東有楊家河子渠長一百四十里

寬七八丈不等此爲第二道要隘又東有黃土拉垓河渠長一百三十里寬六七丈不等此爲第三道要隘又東有三大股渠長八九十里寬四丈此爲第四道要隘又東有蘭鎖渠長八十里寬五六丈不等此爲第五道要隘又東有永濟渠長一百四五十里寬八九丈不等此爲第六道要隘各渠均口通大河尾貫陰山下之五加河即北河處處天塹重重湯池守之可以韜甲藏兵扼奇設伏決之可以陷車徒限戎馬制敵而不受制於敵況乎支渠套搭糾錯如九夷長坂如八陣變態久居其地者尚有時迷於嚮往而他更可知此眞天造地設之要隘軍事家幾費工作幾費測勘日夜疏鑿開闢求其一而不可必得而今則星羅棊布竟能坐扼其要亦何幸如之也用特質諸留心軍事地理學者

墾務沿革紀略

中國以農立國禹平洪水后稷教稼此爲中國墾植創始時代上古注重民生任民種植不加限制迨至周禮地官專設土均土會墾地之法逐漸求詳至强秦北逐匈奴拓陰山北之餘地使貧民墾闢名其地曰北假此爲河套墾務開始時代厥後田官罷除邊疆多事千里河套旋興旋廢移民開邊之大計迄未實行甚至終明之世河套迄不能内屬昀昀禹甸滿目荒榛良足太息有清末造庚子遘變岑春煊督師入衛道經河套慨然興移民屯墾之思光緒三十年奏派貽穀爲西盟墾務督辦貽督辦統籌全局規定西盟墾務應先由河套入手於是勸導蒙旂次第報墾規模遂大定焉作墾務沿革紀略

達拉特旂墾務項下

按達拉特旂地凡二種曰放墾地曰永租地而放墾地又分二種曰四成地曰四成補地此二種地界不隸臨河故略而不詳考其永租地均隸八道官渠隸於臨河境者有永濟渠永租地計地八百頃有剛濟渠永租地計地二百五十頃案譯永租者不放之

謂也其地由墾局包租於蒙旂由墾局開渠招租所得租銀公家與蒙旂按成收之其意曰地仍蒙地公家所得者不過渠費與經理之費而已原奏案所云渠到何處地卽開至何處蒙旂雖有地無水澆灌卽等石田有渠卽有地無渠卽無地渠之所至地不愛寶以明地力之不足恃人力之大可憑也當時與達旂訂定上上地每年每頃收租銀四十兩上次三十兩中二十五兩下二十兩所收租銀除二成爲渠工其餘作十成計算公家得三蒙旂得七嗣因租地無定額當事者任意出入不免上下其手民國元年始定爲包租之制官渠八道永租地以兩千頃爲準每頃收租銀十五兩每頃年收水利經費銀四兩五錢以一兩三錢歸包戶作修渠費以三兩二錢歸公家作水租此由公家不能兼顧分包各地商經理時期迨分包地商虧負日重民國九年一師旅長楊以來組織灌田水利社投貲集股將官渠渠道完全認包乃經理五年虧租至十餘萬之鉅經王紳同春張紳厚田楊紳文林組織匯源水利公司認包永濟剛濟豐濟沙河義和渠五道其通濟長濟塔布三渠仍由灌田社以興農社名義包租行之數年仍

無起色此爲地商總包時期十四年國民軍第八旅石旅長友三兼充包西水利總辦
盡收各官渠由官經理當因比年糧價昂貴地之收入日見增漲永租地租照舊額征
收水利經費加至每頃收銀八兩後改爲收洋十元此爲各官渠收回官辦時期究竟
商辦則爭欲自利利不歸公官辦則工大費鉅入不敷出二者俱失當局思欲改良而
亟求進步十七年春墾務局孟總辦斌儀徧召各地方紳董齊集總局大開水利會議
各提議案反復討論旁採周諮不厭求詳議定每渠各立水利社幷附水利董事會以
監督進行水利社長及董事會董事長由全渠大戶公推品行端方熟悉水利者充之
永租地仿墾地官租例丈青收租租價每頃三十元半歸蒙半歸公水租每頃收水租
洋十元以七成作渠費一元五角歸公以一元五角歸水利社作常年薪工辦公費設
有臨時要工由該社估算經費呈准由該渠地戶徵欵修理十八年夏設包西水利管
理局以領之是年三月當道召集各社社長董事長在包頭開會因水利局暨各社經
費不足議定每地一頃加征水利經費兩元合之原征十元以七元作渠費以二元五

角歸公以二元五角作租水社經費案經全體通過此爲官渠地官督民辦時期民國十四年達拉特旂報墾西昭地五千頃地全隸臨河二區經達旂地畝局蕭局長收界南至大河岸北至五加河南三道壕東至豐濟渠西至杭錦旂地當時撥交實業廳地一千二百頃撥領山東墾民地七百五十頃其餘丈放民戶千餘頃所餘餘荒無幾與原報數不符祇以常時倉猝丈放既未畫方又不編號不實不盡浮冒弊混在所不免十六年呂王兩局長迭次呈請覆丈又經王局長擬具辦法屢蒙采納將來見諸實行定收成效該地分三則上地每頃荒價洋一百元中地八十元下地六十元每地價百元加建築費洋十元教育費洋五元實業費洋五元十八年二月又奉令每地價百元加征軍事建築費二十元又黃土拉亥河渠達旂地係光緒庚子賠欵地當日達旂應出賠教欵銀十四萬兩三十年綏遠當道派員會同蒙員及教士三面交涉以黃土拉河達旂地一千四百頃抵作賠欵歸教堂管業該地實數一千零八十頃有餘所謂一千四百頃者殆概數耳當時教士所定條件異常苛虐當道委曲求全勉强簽認自該

地歸該教堂因利乘便藉該地左右我民衆其勢力遂日益澎漲官廳無如之何近年革命功成達旗地畝局呂局長咸奉令收回該地爰組立收回黃土拉河教堂地會議以書面正式召集該教士鄧德超該教士延不到會約屢爽呂局長奉令以無條件收回遂即派員分別勘收該渠地招民領墾分地爲三等荒價附加均如達局例惟地價百元加收教育費五釐達局於十八年四月十日奉令裁併第五分局嗣又移交第六分局此達拉特旗隷屬臨河境內墾務沿革之大略也

一杭錦旗墾務項下

按杭錦旗放墾伊始按蒙墾奏議略云該旗東巴噶中巴噶地東界達拉特旗界南至黃河西至商人王善舊渠北至達拉旗南界呈報認墾當即派員驗收東西長二百三十四里南北寬八九十里至十數里不等邊寬中窄形若蜂腰與原報地段相符云云又將兩巴噶西界可墾之地約數千頃呈報併入前次所報界內亦經派員驗收云查該地分五等丈放上地每頃荒價銀一百兩上次九十五兩中地九十兩中次八十五

兩下八十兩旱地凡五等上地每頃荒價銀五十兩上次四十兩中地三十兩中次二十兩下次十兩又查該旗兩次報地七千頃編作元亨利貞四號至十四年由五原劃歸臨河征租者爲元字號一段計地一千五百餘頃地均隸臨河一區丈青征租每頃每年征洋三元七角有奇附辦公費一成縣留七厘辦公解廳三厘又民國十四年杭旂報墾西巴噶地三千餘頃局設臨河三區陝壩鎮地分三等上地荒價一百二十元中地一百元下地八十元每地價百元附加建築費十元教育實業費洋各五元十五年國民軍退却駐臨徵集民糧無算經馮上將軍令所有徵集民糧糧價准由民欠杭局荒價內抵除令甫下因地方大亂局員奔散未及將糧價收賬計應抵地價四萬一千餘元經地方紳董據案哀籲案至今延懸未結杭局於十八年四月奉令裁併第五分局嗣又移交第六分局此杭旂地隸屬臨河內境內沿革之大略也

一烏拉特旂墾務項下

按民國十八年設立綏遠墾務第六分局駐臨河境陝壩鎮該局勘收烏拉特狼山灣

圖窰淖西中兩公旂報墾地界址坐落在縣境東至千林廟西牌界爲界西至阿拉善王王爺地即甘肅邊界爲界南至達拉特旂幷杭錦兩旂報墾各地爲界北至狼山山麓以下爲界該地東屬狼山西屬圖窰淖依山傍水地勢平衍惟測勘形勢自東北斜西南一百三十餘里應分兩段勘收查圖窰淖地東西長約十餘里合面積約三千頃有奇而狼山灣地東西長約一百二十餘里南北寬約二三里至一半里不等平均寬以一里半計算合面積約九百七十餘頃共合面積三千九百餘頃內除沙石城灘溝渠道路不堪耕種及不能上水者約佔面積三分之二幷劃留戶口召廟地不計外約可放地一千三百餘頃按照清混水渠水各地丈放計可收洋一十二萬有奇勘收該處界內不論生熟荒地但以辦別土質能上水與不能上水及收穫之多寡擬定等則酌定地價分五等上等清水地每頃荒價洋二百元下等混水地每頃荒價洋一百六十元上等渠地每頃荒價洋一百二十元中等渠地每頃荒價洋一百元下等渠地每頃荒價洋八十元每收荒價一百元附加一成五建設費五分實業費五分社會文化

事業基金費以資挹注該地現已丈放過半約於十八年度內即可放竣將來收竣時所有地數欵數約可超出原定預算此臨河丈放中西兩公旂報墾地之大概情形也

地方保衛紀略

自來國家保衛地方百計籌劃而不足地方各謀自衛羣力合作而有餘周官比閭卒伍管子軌里連鄉皆地方自衛之良法有清咸同末季曾湘鄉創辦鄉團其力足以芟除梟雄夷平大難其後風行海內終有清之世團練政策日益求詳臨河設治未久團政粗具規模然保境安民試之輒效所謂有治法必有治人其信然歟特作地方保衛紀略

按古臨河縣舊隸漢朔方郡自古籌邊之法莫詳於漢所謂實邊之政屯田之法愼封守嚴斤堠爲邊邑立百年之計不苟一時之安者其法必至詳且備惜我國史例於固邊設防之要略略而不書況時易勢殊代有變遷甚至終明之世地不內屬地方保衛之法無從徵考清乾隆八年河套歸薩拉齊廳治其時河套僻處西偏氈裘毳幕彌望黃沙勢難遙制光緒二十九年劃河套之地隸屬五原廳廳署寄居包頭鞭長莫及厥後三十年在後套降興長北五里白圪梁地方建修五原公署始設警察兩棚駐廳署此外仿鄉團之法設民警八十名分駐四區按民警官長曰民警佐官兵薪餉由地方

徵集此爲後套地方創立保衛團之始惟地闊兵單分布不敷今之臨河即前之五原西界民警之馬跡旂影有終年不得一見者時爲之地限之也至民國改廳爲縣四年五月五原王知事文墀以縣署在包遙制不便移治後套縣署以從民意六月以民警佐强萬義帶民警二十名駐强家油房即今之臨河縣城地此爲臨河設立保衛之始六年奉令民警改編保衛團照章以三十人爲一隊每區駐一隊總團董以王紳同春充之其編制之法仿徵兵制團丁均由大戶保送限制綦嚴無如陽奉陰違人則濫竽充數游兵無賴兼收并蓄魚肉鄉民苛案勒擾之事往往不免保民善政轉而厲民縱之難圖激之生變巳成尾大難掉之勢十年薩五包東警兵爲外奸勾結響應譁變五原西區保衛團李隊長虎東爲其所部范天保等槍斃尋以劉三洪代其職劉三洪爲綏西積匪在五原南區受撫地方人特加優容匯源水利公司劃剛濟渠地三四十頃歸劉三洪耕種聽其開渠澆水不責其値故不數年而財雄一鄉地方人之策勵而獎勸之者亦云至矣惜彼昏不悟憑藉保衛團勢力所至之處人人側目十四年臨河設

治蕭局長立置劉三洪於法經所謂自作孽不可逭者歟蕭局長依法改編武裝警察隊七十名分爲三大隊以姚聯榜爲總隊長編置伊始壁壘一新十五年二月第一隊兵士內訌相率譁變倒戈橫擊槍斃劉隊長立卽紛竄四鄉旋卽就撫若輩旋撫旋叛習爲固然當局不能痛加懲創澈底改革養癰貽患各縣覆轍相尋禍機潛伏一觸卽發惜哉是年四月于局長景文來臨收拾殘局拾遺補闕復爲三隊規制如舊七月間國民軍全部來套分駐五臨部衆數萬悉索敝賦日不暇給正式武裝隊遂爲傳達軍書催送糧秣之差夫秋冬之交土匪蠭起姚局長聯榜親率該隊會同五原武裝隊及杭旂游擊隊合力剿匪歷時兩旬奔馳三百里卒能力挫强虜匪燄稍靖十六年一月國民軍全部西退是時地方大亂武裝隊之槍械搜括殆盡三月匪首石海率匪衆百餘突佔縣城勒索槍械孫局長國棟盡出警隊殘餘武裝予之臨河武裝隊至此人皆徒手空擁虛名焉六月呂局長咸來宰是邑深念夫武裝徒手不足自衛令各區董大戶設法籌備又收楊正業之槍十枝以增益之於是武裝隊稍復舊觀改編爲兩隊計

額三十名以柴高魁總領之以武榮楊正業分領之十二月王局長文墀接設治局任武裝隊悉仍舊制十七年春奉令改編保安隊額設隊兵三十名分三班以楊紳春林充大隊長以柴高魁武榮王化南分領之是年夏復改爲保衛團範圍縮減團丁減爲二十名以劉紳長義爲團董自是當道注重團務規制日臻嚴密實行徵兵制凡團丁均由大戶選送薪餉一概裁撤其少數團費及馬乾由地方撙節籌集民間不出養團之欵費人人均有充兵之義務民間見其簡而易從也又痛念夫比年變亂仰賴軍隊保衛不如各謀自衛之甚便也於是不募而集不招而至貧戶出丁富戶輸械履畝抽糧按時徵欵人人有自衛之精神人人結自衛之團體計自十七年秋冬以來雖迭經趙匪往返竄擾而數萬飢民竟無一從賊者又計自十八年秋冬以後以迄十九年春季全境內並未發生刦案而十百成羣橫行鄉里者更寂然無聞此可知保衛團之確能自衛其成效大驗概可見已近日奉頒保衛團法規法制嚴明程序周密依法編組頓復舊觀各縣長爲全縣總團長各區長爲區團長鄉鎮長爲甲長又有甲牌互保之

法務期澈底刷新無復游民潰兵溷跡其間其槍械必重行檢查以清界限本縣彭縣長將縣團取消另編馬兵三十名歸公安局兼轄地方收省費之實效除革冗員之虛糜厥功偉已夫地方養兵爲地方用也乃各縣地方保衛機關平日優游無事坐領薪餉恒舞酣歌習爲固然一旦地方猝遇軍事而此正式鄉兵祇足供徵糧催草傳送軍書之用往往遣發一空欲求其守衛官舍保護庫藏而不可得更何望其荷戈前驅禦侮勦匪哉此眞可爲長太息者矣噫地方日出養兵之費而不收養兵之用此又何怪地方人視之如贅瘤而歛手側足不樂供億也幸而天時人事紛集交乘外迫於萑苻之紛生知我民不能不亟圖自立內迫於征索之日困知我民不能不合謀自强或則幡然改圖毀家紓難或則憬然知悟破產充公採購槍械招幕武勇俾期家自爲防人自爲戰散則爲商爲農聚則爲兵遠則內地各縣近則薩武固陽各縣往往一縣保衛團累萬盈千團幟高揭而潢池小醜輙望望遠引而莫敢犯不可謂非我民衆窮極思返轉弱爲强一大機括也我臨河東障包綏西通甘寧北控蒙疆南襟秦晉省防國防

鐍鍵在是倘能依照保衛團法切實推行或則堅壁淸野烽堠無驚或則憑山帶河鞭弭從事將奇正可以互用攻守可以自如詩曰與子同袍與子同仇此豈獨一身一家之利國家邊計亦實利賴之矣機不可失時不可待吾願地方人亟起而直追之勿令作者徒以空文自見也幸甚

賦稅紀略 地方捐款附

禹貢三壤成賦周官九賦徵財國家取於民也有經制國民奉於公也有常供此古今之通義亦中外之通例也臨河在前漢隸朔方郡嗣後代有變遷迨金元之後隸夏州治省併無常終明之世地不內屬歷代文物典制散佚無稽欲考臨河賦稅成法斷自民國十四年臨河設治始特作臨河賦稅紀略

一臨河縣政府徵收賦稅項下

甲　杭錦旂元字段地原額一千五百頃官租每地一頃額徵銀一兩八錢照每兩合洋二元一角計算應合洋三元七角八分附加辦公費一成縣府留支七釐解廳三釐其未升科之地一律自十八年起每頃徵短租三元作爲縣府行政經費

乙　杭錦旗官租照章丈靑收租十七年共丈地六百餘頃徵洋一千八百八十一元八角六分九釐十八年丈地七百四十九頃六十三畝八分三釐徵洋二千八百三十七元一角九分

丙 契約每田房產價百元徵正稅六元附徵財政廳辦公費二成洋二元教育費洋二成洋二元計價一百元徵正附稅十元

丁 紅契應徵全稅白契均徵半稅

戊 印花稅十四年銷洋六百二十二元七角三分十五年銷洋二百零八元十六年銷洋八百七十四元八角十七年銷洋九百七十五元七角七分十八年銷洋二千三百三十七元均照定章百分之十提成留縣作辦公費

一臨河烟酒事務第四區分卡設置規制及稅率定額

甲 分卡於十八年二月一日設立

乙 分卡因係創設所有稅收比較尚未規定

丙 臨河烟酒稅全境全年約收洋兩千元

丁 臨河全年烟酒牌照費約收洋八百元分兩期交納

戊 分卡設卡長一員月薪洋四十元馬巡二名每月每名工食洋十元

己　分卡公賣因係創設尚未定額

一臨河塞北關分卡設置規制稅率比較各項

甲　分卡於民國十七年二月間創設

乙　分卡在縣境計有三處一縣城一秀華塘一黃羊木頭黃羊木頭之分卡本年二月奉令移設陝壩幷令臨河城稅務分卡事宜歸秀華塘分卡兼辦

丙　各分卡稅收比較自民國十五年地方多故收數銳減幷未規定比較

丁　各分卡各設卡長一員經徵員一員稽查一員馬步巡各二名

戊　各卡長月薪三十五元經徵員稽查員月薪十五元二角伙食每員每月洋四元馬巡每名每月工伙食費洋十三元二角步巡每名每月工伙食洋六元每月公費洋二十五元

己　國貨稅額按值百抽二五徵收洋貨按值百抽五徵收如持有運照或子口票等件概不徵稅每件徵收手數料費銅元四枚

庚　無論何項貨物一律照正稅附加十分之一徵收

一臨河統捐局徵收捐厘項下

甲　統捐局舊名淸源局臨河未劃分以前僅設秀華塘分卡一處至十四年設治後

仍舊設卡至十六年九月改名統捐局

乙　總局設局長一員月薪一百二十元文牘會計經徵各一員月薪三十元分徵即

卡長月薪二十八元書記八員月薪十六元稽查四名月薪二十元馬巡五名月

支工食八元巡士七名月支工食十元巡丁七名月支工食八元

丙　分卡五處第一卡駐善丹廟第二卡駐秀華塘第三卡駐鎭番泉第四卡駐天義

生第五卡駐東西場分巡處二處第一卡分巡處駐太陽廟第二卡分巡處駐陜

壩

丁　每卡額設分徵一員即卡長書記一員馬巡一名巡士巡丁各一名其餘稽查書

記等餘額仍由總局指揮分駐分巡處及各卡審察事務繁簡互相抽調概不拘

定

戊　每年比較以八萬元爲準徵數不足比較

按志書體例本境所有國家徵收機關於百貨徵額（如値百抽若干附加若干）及每年實收數目若干均須詳載以資徵信本局對此不憚詳求如縣政府歲租印花塞北關百貨正附稅均得其確實徵額獨統捐局函覆以捐收名目繁難一時實難抄送故本局編纂對於統捐捐額略而不詳特此註明

巳　屠宰稅爲統捐局專管事項據函覆屠宰稅一項巳於十八年度以包額四千四百元准李子英承包一切手續可向該包商調查

一地方公益捐欵項下

甲　牲畜捐向來指該欵爲警團專欵（每馬騾駝牛一隻均捐洋四角每羊一隻捐洋四分）附加二成作爲教育補助費該捐欵如不敷警團開支則由地畝或商捐彌補

乙　地畝攤捐如教育農林道路義倉營繕以及區社及地方教育公安財務建設差

務各局幷商會一切經費均係量入爲出以預算之多寡爲攤派之數目近三年

每水地一頃攤捐不過十三四元

丙　商捐擔任公益費全部十分之二由商會徵收交財務局存支

按臨河自十四年七月設治凡關於修建城垣公署局所及設治局行政經費議定呈准由地畝攤捐每地一頃捐建築費洋五元捐行政費十元當以亟於建築徵收建築費不敷開支呈准由行政費挪用二萬餘元准由達旂地畝局荒價附加建築費項下挪還行政費迨至十七年行政費無着經王前局長文墀向道署呈請改縣因與定章不符不得已呈請由地方地畝照前定捐派行政費前例五份之一徵收每頃照收洋兩元幷下不爲例呈准有案迨十八年十月改升縣治行政費仍歸無着經彭縣長繼先呈請仍由地畝攤收凡升科地准予留支官租作爲政費不再加派外凡未升科之巳報墾地及外墾地一律按每頃收洋三元以昭公允而利推行

水利沿革利病紀略

西北之大利在農田農田之命脉在水利自來開闢西北他務未遑首先經畫水利爲唯一之要政河套渠道縱横即古人溝洫遺法古者遂人治野制其地而溝封之一夫百畝夫間則有遂十夫有溝百夫有洫千夫有澮萬夫有川古曰川澮卽今日河套之各幹渠也古曰溝曰洫曰遂卽今日河套各枝渠子渠也至匠人爲溝洫法起於二耜爲偶終於廣深四仞爲川卽河套治渠土方之制也至稻人掌下地之稼以豬蓄水以防止水備乾涸也以溝蕩水以遂均水欲流通也以列舍水以澮瀉水防汎濫也卽今日河套治渠築堰築壩劈梢放退水之法也地猶是地法猶是法善用之有利無害不善用之有利亦有害有明徐御史貞明注意西北水利嘗裹粮從二三屬吏週歷經度之信其可行疏陳十二利碩謨大計切實周至所謂小試之則小效大用之則大效也旨哉明季周用之論水利也謂大禹治水神功不過盡力溝洫誠以天下皆溝洫天下皆容水之地天下皆治溝洫天下皆治水之人水無不治田何所不墾況西北水利有基可圖不必創也善因其利而利之而已特作水利沿革

利病紀略

論永濟渠沿革及利病

永濟渠爲河套各渠之冠又名纏金渠何以曰纏金或因渠水瀠纏作金碧色象形而名之歟或謂渠水寶貴價重兼金取義而名之歟抑因蒙旂地名如蘭鎖之例而名之歟均未敢臆斷也按永濟渠創於何人闢於何年莫可詳考聞諸故老云渠在道咸之季有地商四十八家公共經理今之公中廟即昔年地商醵貲建立公共議事場所規模亦壯闊哉當時各地商包租蒙旂外墾地連阡接隴用水均仰給於該渠渠道平時歲修及臨時要工地商等按釐出貲通力合作儼然有同利共害之團體當其生地甫闢渠水暢旺歲告上稔每年灌地三四千頃收糧數十萬石惜價值低落不能遠販古人所謂粒米狼戾紅朽堪虞恍然遇之此爲永濟渠全盛時代迨至同治初季西師勦匪凱旋大兵就食永濟渠列壘百里拆聲相聞各大商竭力輸將絡繹不絕不三年悉索敝賦搜括殆盡兼以軍民雜處農事日荒渠工日廢各地商坐是失業强肉弱食爭相雄長爭地爭水械鬥刼奪儼然敵國起視該渠決

決巨瀾變而爲涓涓細流矣此爲永濟渠中落時代迨有清末葉光緒三十年中朝派貽欽
使來綏督辦墾務收永濟等渠爲國有又規畫養渠之法勸蒙旂將附渠各地永租歸公所
謂永租者永租歸公不再放墾之謂也按永濟渠屬永租地計八百五十頃始則渠歸官辦
積弊叢生迨入民國改歸商辦減歲租每頃繳銀一十五兩著爲例該渠包商楊君茂林爲
水利專家精心果力能衍王氏濬川之傳而參其變平日經營渠道以培養花戶爲第一要
義謂花戶聚而後合作始有力花戶富而後大工始不誤早作夜思浴雨櫛風統籌全局爲
之闢渠口濬渠道開渠梢沾溉日宏收益日增村廬雲屯雞犬相聞此爲永濟渠中興時代
是時也當事者應如何獎勵而扶持之俾令克厥全功何意功未及半又改歸包商李蘭青
承包李包商既少實力又乏經驗舉全渠大權盡付之渠頭之手渠埂地蕪毫無成績獨其
蓄水放稍一節尙足差强人意初永濟渠放梢入五加河僅流到距正梢七十里韓烏拉爲
止七年夏河水盛漲永濟渠餘水充溢勢不能容五原王知事一面諭五加河下游各地戶
迅濬河身預備引水又諭李包商曰與其閉水自利何如放水利人務將餘水盡量洩放以

灌下游向未上水之地果爾遵照宣洩不惟五加河上游足用即下游梅令廟萬和長烏蘭腦包大樹疙巴以至二分子此二百餘里內莫不旁匯交通計本年增澆地不下三千頃且永著爲例傳曰仁人之言其利溥哉其此之謂歟九年又改歸灌田社包辦無效十一年改歸匯源公司包辦又無效十四年國民軍石旅長友三總辦水利收各渠官辦仍無效迨十七年春墾總局大開水利會議廣集羣思俯順輿情始定官督民辦之法各渠各立水利社以本地之公正而兼熟習水利者充經理治渠之法始漸入軌道焉永濟渠水利社第一期經理韓君增祿第二期經理汪君治泉均老於水利經劃秩然此爲永濟渠由商包官辦改良時代此永濟渠近百年來沿革之大略也按永濟渠在民國以前襲用舊口進水不暢渠身寬不過五丈梢寬不及三丈長度不過七八十里自包商楊茂林重修渠口渠身加寬至七八丈長至一百四十餘里近年渠身通暢寬至十餘丈八九丈不等每年澆地不下三四千頃規模已大定已所有亟需改進者約有三端一曰濬渠梢以暢尾閭渠猶人身開疏胸膈以通其來路必先利導腸胱以洩其去路渠梢偪窄渠身水積不能容勢必旁决横衝激

成裂腹穿脇之患惟開梢工鉅不在歲修之例可呈請公家補助半費由地畝攤出半費則
欵易集事易舉水患可永杜矣二曰建石閘以圖經久渠中築壩向來全特土料少則需欵
數百多則需欵數千築拆煩難澆灌不免稽延起閉拙笨渠流不免淤澄何如改爲石閘運
用從心操縱在手計每閘需五尺長一尺寬厚石條五百件合以人工灰料不過萬元分上
中下三游建三閘較之常年築壩似費實省一勞永逸何便如之三曰加高培厚以防漫溢
堤岸種樹以固堤防重修工房以資聲應歸縣府專管以便指揮又各渠所同不獨一渠爲
然也是在留心水利者加之意焉

蘭鎖渠記事本末

渠何以蘭鎖名以地名也地何以蘭鎖名地爲蒙地襲其名末通其義無定字亦無正音也
如高阜蒙人名爲腦包又名淖包又曰惱包也渠創於何代建於何人無官書無碑碣無百
年世族傳聞異詞莫可詳考自前清光緒三十年貽欽使來套辦墾注重渠道地商李君振
海治農業於五原西偏規模闊大與五原濬川王氏先後相望見蘭鎖渠久湮不治慨然以

興復爲已任於是虛心延訪各水利專家集羣思採衆議按諸實地試驗反復測勘比較其遠近高下之勢參合其順逆向背之宜出鉅貲庀衆工分段濬修披星而作戴月而巡冒風雨犯霜露巡察督課未嘗少息止勤者賞人知勸怠者罰人知愧且勸且愧是以工無曠而事易集計自渠口下渠正身至烏蘭腦包長三十餘里寬五十五尺深六七尺自腦包闊兩捎一則通蘭鎖大櫃寬三十尺深六尺長四十餘里一則通丹達木堵寬三十尺深六尺長三十餘里上游利在合所以蓄其全力下游利在分所以暢其末流分合運用在乎一心所謂行所無事非歟渠水每歲澆地六七百頃沿渠廬舍雲連村舍駢列聲息相援守望相助豈第一方一家之利哉若李君振海者殆眞能殖我民生洵非托之空言者矣

論黄土拉亥河渠地沿革利病

按黄土拉亥渠全部地舊隷達拉旂渠創於有清初葉河曲楊氏其得名之由來渠舊有黄土淖包一座蒙人呼淖包亦曰拉亥故以此名渠渠主楊氏名字及該渠始創規模久已無傳至咸同之季楊氏中落渠堙失修沃壤荒蕪至光緒末季庚子教案發生達旂蒙民與天

主教失和迨聯軍迫京都清廷無暇顧及邊地外人遂單獨提出條件向綏遠當道及蒙旂嚴重交涉要求賠款銀十四萬兩綏當道與蒙旂協議以黃土拉玹渠地全部作爲一千四百頃抵賠教欵銀十四萬兩當時外人條件異常苛虐時值我國不知外情及國際公例冒然許之遂令大好沃壤爲外人殖民地自光緒三十年外人接管後渠兩岸教堂逐次林立如陜壩蠻會大發公玉隆永勝家營子烏蘭淖丹打木堵始則七所迨後丹打木堵教堂取消又添三道橋黃楊木獨二所每堂設傳教士一二人施展其半麻半醉之侵略教化以愚我不識不知之貧民計夫授田按田分廛令我民衆負耒而來仰其鼻息以爲生活復於教堂附設學校俾全部教民子弟終日從事於誦經祈禱使人人只知有教務不知有法治只知有教士會長不有官府治外法權岌岌乎消磨於無形中良可悲已迨歐戰以後我國國際地位日進外交亦因之日有進步十四年臨河分治蕭局長振瀛對於黃土拉玹渠地幾經交涉嗣因奉調東去未果十五年東魯于局長景文對於該渠地日謀所以收回歸爲國有迭次召集紳董會議議决迭函鮑教士到署商洽鮑教士屢以請示總會爲辭事又中

止迨涿鹿呂局長來宰是邑呈准綏政府正式組織收回黃土拉亥河會議以書面邀請鄧教士到會該教士屢爽約不到復呈准以無條件收回派田委員全貴接收該渠計渠長一百二十餘里派石委員以驤接收該地計地一千零八十頃是役也舉三十年沉沒之領土一旦還我故物復我主權破我民衆昏昏之迷夢何幸如之何樂如之查該渠重修於民國十年外人借楊家河之渠所得之利益五萬餘金逐漸開渠所定歲修章程備極周妥該渠口在黃楊木頭東南十餘里出水由勝家營子村西北十餘里入五加河小支渠密如蛛絲大支渠計有巒會大發公善召渠三道均長十餘里十七年包西水利局改爲包西水利管理科又踰年復改爲包西水利管理局每渠設水利社設經理一副經理一董事長一均由能種一頃地以上之戶推選十七年該渠水利社李皋當選爲經理劉期副之傅正業爲董事長辦理二年雖無成績可言尚能奉公潔己循從前辦事之舊章詎意十九年改選經董後迭次會議均主張將該渠上游劈寬六丈而對於下游並未計劃當時冒冒然通過冒冒然實行適值本年大河水勢異常洪漲該渠既經劈寬廓乎有容凡上游之地均可上水餘

水愈積愈大滔滔其來爭趨下游乃渠身逼窄容量太少以致決口數十道淹田二百餘頃
是豈天災之靡常抑亦人謀之不臧耳作者無水利常識又無水利經驗竊嘗與二三水利
專家晨夕過從亦嘗聞其緒論矣治渠猶治一身也疏導其胸膈以順其來路必先暢利其
尾閭以開其去路設令尾閭不暢腸胃必致壅塞愈塞愈積勢必有穿腸破腹横決旁衝之
虞治渠亦何莫不然開寬渠口以利之入開寬渠身以使之容尤須開寬渠梢以使之洩此
自然之理也三尺童子均知之不待有常識有經驗也自來善治水者無他焉曰公曰平而
已無人已彼此之見存此之謂公無大戶小戶貧戶富戶之見存此之謂平以此治水何水
不治然則黃土拉玹河渠善後之策可一言蔽之曰加寬渠梢而已渠身外民地也渠梢外
亦民地也情形同也渠身之民地照章出費也渠梢之民地亦照章出費也其義務亦同也
如之何待遇不同也且渠梢加寬亦非難能之事數十里之工程二三千元之經費借全渠
通力合作之餘力分當事者醉舞酣歌之餘神但能多盡一分規劃民間卽受萬分之保障
此則渠梢各花戶日夜企望口不敢言而心竊默祝之者也曲突不及徙薪亡羊尚可補牢

用特正告之以爲鏡焉

創修楊家河子渠紀事本末

按楊家河子大渠爲後套各經費渠之冠其水利之宏深溥博與永濟官渠相埒峙是渠開創前該處百餘里均沙粱耳自有此渠地加闢民加聚萬畝田歌千家烟火蓬蓬勃勃遂有日新月異之勢臨河之有四區也楊家河子渠爲之也誰謂水利之於地方無絕大之關係耶按今之楊家河子渠襲舊渠之名非襲舊渠之地也舊楊家河爲臨河西界西塲楊氏創修於清嘉道年盛於咸同時代至光緒初季楊氏中衰地蕪而渠亦與俱堙詢諸故老舊渠規模狹小水利局於一方較新楊家河渠其大小廣狹不啻倍蓰當民國初元河曲楊君茂林以水利專家包辦永濟官渠因勢利導三年水利大治嗣爲有力者撓奪之不得竟其所施於是偕其諸弟春林文林鶴林週歷河套至烏拉河東畔審度河流詳察土宜見夫該地泉甘土肥畇畇膴膴百餘里一望沃壤亟待開闢慨然與殖我民族之思奮臂起曰欲爲我民族開百世之利爲我地方啓新造之區莫如就地開創一絕大規模之渠道庶幾其有濟乎時有尼之者曰先生之志則大矣其如工大費鉅何茂林蹙然曰我國人日日言實業矣

殊不知公家無實業社會有實業社會團體無實業社會個人有實業我輩不言實業則已如眞欲著手實業也求人不如求己分任不如獨任之爲愈也於是相度地勢決定在舊渠迤東開創渠道時在民國五年冬預籌渠工糧欵備購器具又復週巡測勘延請各水利名家往復辯論以折其中六年春庀工聚材開始修濬由毛腦海口重開渠口茂林先生躬親督工往來督課指揮夙夜無稍怠乃弟春林文林鶴林分段監視披星而作戴月而息迄六閱月開至烏蘭淖計生工已四十餘里沿渠地高亢上水無幾是時耗欵已數萬矣族黨戚友爲先生危先生夷然守常度氣不稍挫爰與陜壩各堂教士商洽以各教堂包租之蒙地作爲地股每澆地一頃有以平分計算者有以七五計算者支配分利始得源源接濟盡以所得利益以充工費七年開至哈喇溝八年開至二道橋計大工已及半矣是年渠水不旺收益奇絀兼以地方迭遭匪禍兵災市面凋敝金融無可週轉渠工虧欵萬餘元工人五六百名踵門日責索洶洶不可解勢頻殆矣先生舉全家之衣物簪珥牲畜器俱變價償還工貲不足又重息稱貸而補之爲地方興利不惜毀家以紓難事後兄弟無後言婦子無誶語

先生之信孚內外可知已九年遭黃虫災霉爛殆盡十年收成奇絀浩浩大工進行無貲中止不能如登山者阻中道巉巖莫攀如涉海者陷中流危柁欲折借非有堅忍性貞毅心何克度此難關語云打牙和血呑又云竪起脊梁立定脚此之謂歟十一年開至蠻會稍退水渠十二年開至三淖稍退水渠此楊家河渠正身開濬經過之大槪也計渠身長一百四十餘里寬八九丈有差深丈餘其開修支渠也第一道爲黃羊木獨渠長七十餘里寬兩丈四尺第二道爲烏蘭淖渠長六十餘里寬兩丈四尺第三道爲老仙渠長五十餘里寬兩丈四尺第四道爲三淖渠長八十餘里寬三丈此最大之支渠其他各小渠密如蛛絲綺交脈注不可勝紀計全渠每年能澆地兩千頃三千家賴以舉火焉按茂林先生天性篤厚敦內行資姿穎悟其先德擅長水利茂林髫年隨侍每行渠畔進茂林隨地指畫輒憬然有會稍長入而講求出而實驗日覺親切有味遂視水利爲唯一之事業每與一工徧集當事者令抒所見已乃參合己見往返駁論以求其至當其有不合者鮮矣即間有格礙而仰而觀俯而察伏案兀坐繞室旁行臨流凝立終日終夜忘食寢迨至豁然通憬然悟汨乎其有得也則

有大呼狂喜覺人世之樂舉無以易此者先生有弟八人皆一門之秀均能踵起而世其傳春林鶴林尤日侍先生而得其秘授是役也春林專司其渠工庶務外交諸務鶴林專司籌備欵糧貨物並支發諸務相資爲用正其相得益彰矣嗟乎在民國四年前近渠百餘里舉足荊棘觸目汙萊茂林先生不過當地一紳董耳既非坐擁厚實可以左右人民又非手握大柄可以號召民衆而挺身獨任取甌脫之地而獨力闢之取久湮之渠而獨力開之坐令化磽爲肥化瘠爲沃起萬畝之芳塍黍油麥秀開百里之繡陌耕雨鋤雲致令肇造新區重開天塹不惟一方造福粒我蒸民爲省防計爲國防計爲實業家創新模爲軍事家立要塞有益西北大局豈淺鮮哉迄今春林鶴林諸弟守其成法爲之疏其幹暢其支揚其波助其流令我民衆擊壤鼓腹樂其樂利其利何莫非茂林先生之賜哉

教育紀略

臨河地處絕塞跡限遐荒兩漢隋唐間設郡縣而旋省旋併典物飄零忽夏忽夷文教睽隔白茅黃草莫發芹藻之香毳幕駱粜難翹菁莪之秀梯航不出百里太史停采風之軒游牧溷跡兩河學士返問俗之轡自清末報墾而漢民始願受廛自民國分治而文教始萌胎胚究之地囿蒙俗文化運開步步廿讓人後無如何也欲紀臨河教育經過請斷自十四年設治始特作教育紀略

民國十四年秋八月縣立初級小學成立

按臨河未設治前地方隸五原西區民國六七年間王知事催令辦學經紳董在强油坊丹打木獨白爾塔臘等處均設有小學當以迭經兵燹規制缺略旋興旋廢洎十四年設治經蕭局長在縣城先設小學一切章程均照部定以資提倡

十五年各區設小學一所

十六年三月教育局組立

臨河教育局組織法及規程

第一條　本局依教育廳頒布教育組織條例與縣政府組織條例組織之

第二條　本局設長一人承教育廳及縣政府之命綜理全縣教育行政事宜

第三條　本局設督學員二人承局長之命職掌督察指導其職務如左

一關於縣內各教育機關對於教育方針及法令遵守狀況之督察宣傳事項

二關於縣內教育機關設施狀況之督察指導事項

三關於社會實況之調查及社會教育之推廣事項

四關於調查表格測驗方案之填記事項

五關於教育機關人員之考績事項

六關於教育機關經費之支配及用途之督察事項

七關於縣內教育方案建議事項

八關於其他督察指導事項

第四條　本局暫設事務員一人承局長之命職掌一切事務其職務如左

一關於會計及庶務事項

二關於預算計算决算之編製事項

三關於文件收發校對及保管事項

四關於統計報告事項

五關於文書之繕寫事項

六關於其他事項

第五條　本局遇必要時得添設事務員一人或二人辦理本局一切事務

第六條　督學員除督察指導外須駐局内輔助局長處理局内一切事項

第七條　本局暫設書記一人遇必要時得酌用傭員一人或二人辦理局務

第八條　本局爲謀教育發展及局務便利得設委員會研究之

第九條　本局辦事細則另定之

第十條　本法規如有未盡事宜得隨時呈請修正之

第十一條　本法規自呈奉核准之日施行

秋七月縣高等小學校初級女小學校成立

按兩等學校設校長一員國文教員一員科學教員一員文牘員一員夫役兩名高級第一班學生十名第二班學生十名初級班學生三班共六十名全校每月薪費洋一百三十八元現又加至一百六十元初級女校設教員一員學生二十名夫役一名全校薪費洋五十八元現又加至八十元

冬十月縣立兩等學校初級女校校舍建築落成

按兩等學校地址面積寬長各三十丈操場寬長準是大門一楹大講堂六楹東講堂三楹教員室三楹學生休息室六楹廚房兩楹女校地址面積長二十丈寬十丈前後大講堂各三楹廚房兩楹兩校建築費洋五千元

十七年春各區初級小學校成立

按各區小學逐漸擴充至十七年春已報成立者計二十處

十八年春三月各村初級小學教授管理法照部章頒行

四月全縣學校組立學生運動會

按各區實行村制全境共組兩鎭二十村每村鎭一區設小學校一所是年四月王教育局長鑒於學風不振奄奄疲苶無起色特呈准組立學生運動會以是月十五十六兩日爲會期與其事者有高等學校高校長建章劉教員象日趙教員存南督學員張國翰張毅辰前女校教員耿秉信教員海桂芝及毛君萃良班君子儀律君聯壐分董其事學生到會者四百餘名主席爲黃設治局長彥邦外賓有檀旅長林楨李團長根車統捐局李局長潤公安局郝局長晉綱電報局黃局長昌建設局楊局長春林財務局李局長增榮一區區長李元楨二區區長陳占財三區區長傅正業四區區長楊鶴林中西醫士田信之計運動課程則有植竿跳高立項跳高跳遠提燈競走頂囊競走

縫紉競走跳繩競走算術競走拋球競走奪旂競走八百碼競走四百碼競走打籃球比賽智者角智材者角材勇者角勇踵相接袂相聯絕塵而奔攘臂而進人人有競爭之志氣人人有競爭之精神是役也邑之人傾室觀瞻軾望神爲眩目爲悚舌爲僑足爲側舉欣欣然相告曰初何料吾邑學子奮發猛厲一至於此也此又何事不可爲何業不可就也噫嘻此一舉也爲我學界雪虛聲之恥爲都人士鼓向學之心所關顧不重哉王局長文墀又慮夫各村小學校教育費就地籌欵之不公不平也特提議一律按地攤派以劃一之又慮夫師資不良教授不能一致也特提議設訓諫所以訓諫之又慮夫教育費向無的欵不足以經久遠也特提議每種地一頃攤抽粮二斗計共攤粮八百石援案減半價可領地二百頃以爲基金而厚培之王局長可謂知教育之壵務者矣

秋九月設民衆閱報所

按臨河風氣閉塞民智未開議定就東關街公所附設閱報所縣署及各機關捐報若

于每月應支公費由地方欵挹注之

十九年春重申第一高小學校及各初級小學校制

按臨河城關各村學校經近年整頓勤加督查訓練日有起色本年春季復由彭縣長令教育局通令各校遵照部頒四二制課程方面現採用新時代課本逐漸整理當然依次就緒計全縣各校職教員三十六員女二員學生統計八百四十五名女生四十二名至全境教會學校計有六區向來課程課本往往自爲風氣甚至攙加聖經禱辭近來經教育局暨督學員正式指導亦逐次就範現又通令遵照部頒小學章程實力履行議定經費半由教會半由地方分認互相輔助而策進行又查社會教育如露天學校通俗圖書館講演所等項或限於人才缺乏或困於財力支絀又以近年災荒迭告地方多故旋議旋罷現在正值地方粗平風氣日開教育當局正在策畫進行中未敢視爲緩圖也

按教育原則有三曰學校教育曰社會教育曰家庭教育論其全體則家庭爲本學校

社會爲末論其大用家庭爲先學校社會爲後古人重胎教立姆訓講少儀讀孝經卽家庭教育也今歐美之幼稚園等設置亦卽家庭教育也通古今中外凡夫魁儒傑士功名勳業耀耀寰宇者莫不由家庭教育而起醴泉必有源芝草必有根其所蓄積者然也我河套地染蒙俗向則由游牧而成部落今則由部落而始立郡縣舉不知家庭教育爲何事此何怪夷秀穎於荊榛委良材於薪棘也欲振興河套文化斷自提倡家庭教育始一面擴充女學及露天學校平民學校使全境三十歲以下之男女無不識字之人一面參合古今貫通中外爲家庭訂定簡單平易之課程總以養其德性開其知識強其體格使小子易知易行爲標準由是切寔推行不二十年我臨河不人文蔚興人才踵接者未之有也願告之關心地方者

商業建置紀略

河套自古及今地方之變遷凡三運一運爲游牧時代再運爲耕畎時代三運爲懋遷時代自有淸之季雍乾內蒙歸誠以後而漢蒙始通往來自道咸地商闢地以後而漢族始有交

易至其通市伊始均係以有易無交易而退其風近古自近年地力日闢民戶日聚列廛設市商業始兆萌芽究竟地囿一隅交通梗塞貨少則壟斷病民貨多則壅滯病商商人無雄厚之資本無經濟之常識是亦關心市政者所當策勵以圖之也作商業建置紀略

(甲)商會組織沿革之經過

按臨河自十四年設治時因商務未興農會商會合組亦臨時變通之計第一任會長于相龍因比年地方多事諸務未遑經畫洎十六年冬正式改選張文煥被選爲第二任會長以于相龍副之當時經制漸備粗具規模十八年六月改選劉昣被選爲第三任會長于相龍董繼舒副之十九年夏奉令改爲委員制經合縣會員推選劉昣被選爲主席會中設文牘會計書記各員其餘組織悉如制惟會址向於農會合建迭經軍興地址遂久爲軍隊佔據十八年農會停辦商會暫借商號辦公十九年四月始在縣府西北民房爲臨時辦公地方是秋七月於縣府後街擇地建房十一楹商會自此始有定址焉

(乙)商會經臨費之徵集

按商會每月薪公洋一百四十一元雜支費洋三十元常務員五員每員每月膳費洋十五元交際費五十元均由本縣各商店攤歘項下開支攤歘辦法按各商資本大小規定鳌股能任一鳌股者月捐洋一元不能任一鳌股者每月酌攤

(丙)商業概數之統計

按本縣設治未久迭次招商設立行棧迄未實行統計全縣貨舖約有二百五十餘所

(丁)商業出入口銷路之比較

按本地商貨出口品以牛馬騾駝羊羢毛糧米皮張爲大宗銷數價值歲計約在四百萬元左右入口品以茶布烟酒糖紙爲大宗價值歲計銷數價值約在三百萬元左右兩相比較出口銷數盈餘在百萬左右

(戊)銷耗品粧飾品之銷數

按本地每歲銷耗品約計五十萬元以上粧飾品約計十萬元以上

(巳)全縣歲輸稅釐捐之概數

按本縣百貨營業歲納稅釐捐約計洋六萬元以上

(庚)漢蒙交易貨品之名目

按本地漢蒙交易以粮米布茶糖及牲畜羢毛皮張爲大宗

(辛)蒙旂需要品及漢商交換品之名目

按蒙旂需要品以粮布茶布茶酒爲大宗漢商換得品以皮張羢毛牲畜爲大宗

(壬)漢蒙交易通用貨幣之標準

按漢蒙交易除以物品交換外均通用中國國幣或間用俄幣照原定價值計算并不折色貼水惟均以現幣爲限紙幣不能通行

(癸)漢蒙交易度量衡之通行

按漢蒙商業出入向均通用中國之度量衡以爲標準惟蒙人買賣布疋間有論方者仍以中尺爲比例

（子）出口商販經過蒙地之規則

按後山內蒙爲烏拉特前中後三公旗外蒙所屬分四十八家合唷漢商在蒙地營業須由該商先指明在某旂或某合唷地交易掛號交納營業捐若干即准在該處自由貿易概不禁制惟不得越境開設舖號然能禁漢商越境賣貨不能禁蒙人越境賣貨是亦中國任客投主不加限制之常例至所謂在蒙地交納營業捐並非蒙人稅課亦似內地各處商家之舖捐所謂在該地經商享其權利即當盡其義務也再蒙旂地面向未設征稅機關惟俄人强干外蒙內政居然在蒙地設局卡征稅且稅率苛重如有漢蒙貨物經過該局卡均照値百抽十征稅即漢蒙商販攜帶銀洋亦値百抽五征稅是不惟我國際上橫生窒礙亦我國商務上受若大影響也果何以挽救而維持之哉

（丑）本境商業金融之現狀

按本境近年多故金融紊亂達於極點現已奉令將本地各商號所出號帖小票責成各該號一律收回全縣金融在市面流通者計有綏遠平市票十五萬元善後流通券

五萬元豐業銀行票三萬元綏遠總商會票一萬元平市官錢局及綏遠總商會零角票一萬元共計全境流通鈔幣約二十五萬元以上

交通紀略

地方交通有四大政曰郵曰電曰道路曰輪船臨河地處邊荒龍堆草白中道廻采風之輶雁磧沙黃臨流返問俗之轡聲息局於一隅梯航不出百里交通梗塞莫此爲甚近年地方設治當道對於交通要政逐漸改進而或限於章制規模未宏或限於財力推行未暢是亦無可如何者也特作交通紀畧

一曰郵政

按五原當民國二年改縣以後僅設郵信代辦所一處自十四年臨河設治五原改郵櫃爲郵局臨河設治局注意郵政請於交通當局在臨設郵信代辦所因津貼寥寥由設治局每月津貼洋六元藉資維持然文書遲滯信件錯落往往不免而匯兌及郵包僅及五原而止商民大感不便自十七年秋季設治局停止津貼郵櫃益難支持黃鶴音沈青鸞信梗居者秋水望穿征人春雲盼斷矣當地紳董悉心調查按郵局章程非月銷百元以上之郵票不准設局事經開議籌商情願由地方每月代銷郵票百元函

請郵政當局設局如果實行則由塞之通郵政之轉機在此一舉近日已照章設立三等郵局開始通行矣

二曰電政

按五原於民國四年縣署由包移𠔲經王縣長呈准設立三等電局於隆興長時值軍興時期聲息靈活成效昭著十四年臨河設治蕭局長呈准設電報房於縣城規定由地方每月補助電報房洋一百二十元凡關於設治局官電及地方之公電均一律免費此係臨時單行法純爲便利公務起見也乃五原電局逕向電報房每月提取欵項臨河商電本少電報房全部薪費每特地方帮欵藉以敷衍更何有餘欵補助五局且爲有以地方補助之欵取而補助他局之理迨十七年電界奉一律收費之令臨河亦照章收費官紳據理力爭謂臨河邊要自應由公家設立電局經費由公家擔任無論何項電報自應一律取費乃公家既不設局又不發欵惟此電報房經費全由地方補助地方既有出欵之義務自應享不收費之權利若既出補助費又交電費是盡兩重

之義務而僅享一重之權利豈得謂平云云呈上不報是年冬黃君昌來領是局曲意調停補助費仍由地方擔任電費暫時記賬所願商電日增正式收益日多地方免盡補助之義務公家實行收費之章制此誠兩全之道矣十八年冬彭縣長提議創設由縣城至陝壩電話預算購料及裝置開辦費需一千五百元由地方公認現在積極籌備次第就緒從此防務商業息息相通倘或辦有成績各區仿行血脈貫注四境響應不出戶庭可坐而定矣

三曰路政

按本縣渠道紛歧交通處處梗塞當夏秋各地澆水南轅北轍即熟悉地理且迷於嚮往路政不修良足深歎十九年綏遠政府發下賑工欵六千元議定專爲各縣修路藉資以工代賑當由本地方行政會議議決(甲)由縣城往過五大股黃羊木頭烏蘭淖至陝壩爲第一路計長五十里(乙)由縣城往西門外渡口至第一區區所爲第二路計長三十里(丙)由第一區至蠻會爲第三路計長五十里(丁)由第一區至第二區

爲第四路計長四十里(戊)由第四區至陝壩爲第五路計長五十里(己)由陝壩至蠻會爲第六路計長三十里以上各路線議由各區長督促村長召集當地貧民修築業經呈報嗣奉廳令略謂案經萬宇分會周副會長晉熙提議臨河工賑欵應修築臨河縣道查得臨河縣城西至黃羊木頭轉北玉成厚烏蘭淖郭三牛犋陝壩韓巴圖以抵郭四牛犋轉東至蠻會大發公轉東南公益恒元泰隆正南經四分子大文祥以抵臨河縣城再由韓六告西修支線經德和泉趙海油房干汗廟以達陝壩又由黃羊木頭西北修支線經老謝圪卜以達楊櫃轉東北經九分子段三圪凸轉東以達郭三牛犋茲特繪具臨河區域圖並將應修道路註以黃線云云業經賑務總會議决通過函請到廳仰速按照全文所指路線辦理到縣當經縣政府召集紳董覆議僉稱周會長所指路線有須經過沙磧開築費工者有經過多數支渠轉折不便者當即呈覆仍照本縣原議路線六道修築以維原案茲又參合廳令原文之意添修幹路四道(庚)由烏團淖至楊櫃爲第七路(辛)由縣城北門至德和泉爲第八路(壬)由蠻會大發公

轉至聖家營子爲第九路（癸）由二區永安堡經仁義堂聖家營子轉經東皮房趨東至臨河東北界爲第十路如此添修本境各路洵可謂四通八達交通無窒矣

四曰航政

按本境大河流域既無正式稅關又無重大市鎭故往來河流均係過往船筏向無公立船廠大約東下者十居八九西上者十居一二誠以順流則費輕而歷時短逆流則費重而歷時長也西來之貨絨毛皮張藥材鹽炭爲大宗東來之貨糧食洋雜貨爲大宗臨河有航路而無航權其數不可得而考焉至本地運糧均係臨時僱用小刬亦屬客刬居多從無操舟爲業者倘能令各渠曲達旁通則舟棹運載不三日即可周歷四境較之陸運省費省時又何難帆檣林立艫棹交集舟棹之利將日增而未有已是亦地方之幸已

兵防紀略

自古邊防大計不外築亭障設斥堠立烽墩建寨棚奠山塹谷經田安屯其大要不外因地之利設險固守綏省西部南有烏拉山北有陰山迤邐西來至大佘太兩山逼近氣局爲之一聚故佘太占天險一步自佘太西來北山南河地勢平衍形勢散漫過豐濟渠迤西北山南逼河流北漸至臨河西界氣局又爲一聚故臨河烏拉河占天險二步兵家學所謂要塞也自有清以前州郡省併廢置歷代變遷設防遺迹莫可詳考至入民國歷遭兵燹當道規時取勢遂趨重於防務然臨時補苴僅苟一時之安未遑百年之計時爲之勢爲之也特作兵防紀略

漢元朔二年置朔方郡縣十臨河隸之

後漢光武以并州領之省朔方郡之修都臨河呼遒窳渾渠搜五縣以西河郡之大城縣隸之

晉永嘉後爲前後趙前後秦地後爲赫連勃勃所據

魏太和中改置夏州東夏州領偏城朔方定陽三郡地

隋大業初改夏州爲朔方郡

唐關內道夏州朔方郡中督都府轄縣三

按唐朔方郡轄縣三其一曰朔方縣貞元七年開延化渠引烏水入庫狄澤溉田二百頃有鹽池二有天柱軍長慶四年節度使李德裕築烏延宥州臨塞陰河等城于盧子關北以護塞外有木瓜嶺又天寶初安北單于二都護幷屬朔方郡歷八年徙振武軍此唐代朔方郡兵防見諸載籍可考者也

五代地爲李夏所有

宋　地爲李夏所有

遼　地爲李夏所有

元　滅李夏立西夏中興等路

明　初爲東勝等州城幷立屯戍天順間爲蒙古所據

按明初王保保據河套洪武中追逐之築東勝等城幷立屯戍天順六年瑪古里海阿勒綽爾博勒呼三部始入河套成化四年阿勒綽爾爲其黨嘉勒斯賚所殺併其衆而結元裔們都而居河套九年總督王越率兵擊逐之宏治八年北部復入河套未幾和實據之總制楊一清及總督曾銑先後請復河套均不報是終明世地不內屬兵防更不遑經畫也

清

初天聰間太宗征服其地編爲烏蘭察布伊克昭兩盟設正副盟長

乾隆元年設廳分治

乾隆二十五年設口外五廳薩拉齊廳隸之

光緒二十九年析薩拉齊廳轄境西部設五原廳

民國元年改五原廳爲縣治

按民國以前朔方郡地在鄂爾多斯旂地在北河以南南河南北統稱爲河套漢之朔方郡卽元魏之夏州隋唐因之至五代遼金均爲李夏所有元滅夏立西夏中興等路

明始終淪陷蒙古清雖征服其地末季設廳分治而鞭長莫及邊防之計不詳然查咸同
年間回回馬化龍搆亂大軍西征河套爲大軍孔道五原全境柵寨相望烽柝不絕居
然重鎮迨同治七年軍事告竣休兵纏金渠附近就食該地三載悉索一空此爲臨河
駐軍極盛時代迨光緒二十九年析薩拉齊廳西部地設五原縣三十年匪首劉天佑
由五原錦繡堂地方借復仇爲名號召黨徒數百人西至今臨河天德太地方扼險紮
寨四出搶掠勢洶洶山西派王總兵率常備軍千人綏遠派譚參將湧發胡參將太才
率八旂千人合兵殲之殲魁宥從事旋平宣統三年哥老會乘革命軍紛起匪首楊建
寅馬景濤藍玉堂等由阿拉善王旂揭竿聚衆來臨境大肆擄掠十一月攻陷強家油
房墾務局搶掠一空綏遠當道派哨官張寶和率四旂馬隊平之

民國四年八月五原民警弓占元叛據東皮房綏遠騎兵一營攻不克敗潰

按弓占元之變聚衆不過三十人五原西路土默地馬場地東西場到處騷擾是年八
月三十日佔東皮房五原王知事文墀迭乞駐軍一營馬營長品元馳救拒弗顧迨九

月十日派兵一連攻之遇伏兵潰三百不成列匪勢日張綏當道派鄭團長金聲率所
部往剿鄭團駐隆興長月餘官紳乞援卒不報

九月寧夏馬護軍使福祥遣昭武軍統領馬鴻賓率隊援套屢戰皆捷匪遁入山

按寧綏界毗連馬軍使見套變日亟思爲固防卹鄰計派馬統領鴻賓率軍三百人來
套辦匪甘軍均百戰健兒又兼馬統領調度有方屢與匪接有戰皆克斬獲無算匪窮
遁入山馬統領欲掃清餘孽面商鄭團長約與入山會師於銀格爾圖以攻之馬統領
簡精騎百人冒險深入至銀格爾圖鄭師爽約不至馬部馳入沙漠二百里至科布多
即俗呼爲可拔者也遇匪憩息馬軍乘其無備合圍大進血戰三小時斃虜數十人匪
潰圍東走是役也後山居民謂本地百餘年來不見官兵旂影今大軍從天下如霆如
雷從此後山得享太平矣馬軍出山紳民椎牛釃酒載旂歡迎夾道而觀者數千人競
嘖嘖頌神功不置時有忌功者造蜚語幸當事者調和之乃解

冬十一月馬護軍使福祥適拜綏遠剿匪會辦之命率軍來套西路防務以馬統領鴻賓任

之

五年三月地方肅清甘軍回寧防四月騎兵四支隊接防

按西路防地以四支隊三營全部任之分駐丹打木獨狼山灣等地

六年二月匪首盧占魁就撫全部來套編制

按盧匪就撫所部編爲游擊隊一旅旅長以盧占魁充之該部不下萬衆內有僞皇帝一部份張九才等各部份份子複雜猝難就範張與盧不合擁僞皇帝西去編制兩月餘卒不就緒所部借徵粮爲名四出刦掠官紳哀請綏政府罔應殆棄河套爲甌脫矣盧部分兩團一團駐烏蘭腦包二團團長各爾計駐狼山灣計自二月至五月搜粮逾七千石民間儲蓄蕩盡刦掠姦淫之案日有數起居民逃散踵相接轍相尋王知事求去不得商妥紳董分立軍粮局以抵制之自是軍隊不復假徵粮之名居民得遂安居之志秩序漸復民生賴以保全爲不少矣

十月騎兵第四支隊會一師步一二營驅盧軍出境

按自盧軍出境後地方敉平西路由四支隊分兵駐防歷七八九年悉如舊制十年改
歸陸軍一師駐防
十一年陸軍一師步三營分防强家油房秀華堂等路
十四年春三月國民軍第八旅分駐强家油房秀華堂等路
秋七月臨河設治防務仍由國民軍第八旅任之
按是年秋國民軍開往甘境者爲劉郁芬全部
十五年國民軍全部駐套
按是年冬國民軍開往甘寗者有韓復渠部方振武部繼發者有弓富魁部陳希聖部
石友三部在臨駐防者有石海部蘇雨生部陳得勝部大辦四子部
十六年一月國民軍全部出境石海部東往防務由郭旅長鳳山王司令英分任之
按郭係奉軍所部王司令英部由護路隊改爲第三十四師以王英爲師長統之嗣郭
旅東調防務由王師獨任之時有楊團長壽臣廣團長林駐二區侯團長子清杜營長

子玉駐一區李團長占彪金團長寶山分駐三四區尋升李占彪爲六旅旅長以李團長鳳山劉團長致祥分駐之他部東調

十七年冬李旅長占彪去職以袁旅長占鰲代之劉團長部調察以楊團長子淸代之

按是年十月匪首趙靑山率全股竄擾全境賴袁旅會譚旅合力追剿十八年一月趙匪四竄賴趙司令承綬郭師長鳳山會王師長英所部合擊出境尋該匪首在五原授首始告肅淸

十八年三月袁旅調包以二師一旅王旅長奎元接防以所部蘇團分駐各區五月令王旅調五以譚旅長林楨代之以李團長根車王團長樹棠分駐之

按是年二月回匪攻陷寧夏經國民軍返攻驅該匪至距臨西路之大灘約萬餘饑軍侵擾臨邊殆無虛日幸檀旅長操縱合宜恩威並濟該軍互相携貳日漸解體去檀旅長捍禦邊防消弭鉅患功足多焉

十八年譚旅長辭職仍以王旅長奎元代之王團長樹棠步營賈營長燕如分駐之

十九年旅團駐防如舊制

按臨河西通甘寧東障包綏南臨秦晉北控蒙疆省防國防重重鎖鍵況蒙俄窺伺蠢蠢欲動設一旦有事臨河首當其衝閒嘗登高縱覽襟河倚山天然形勝且腹地渠道縱橫紛糾套搭天生濠塹處處可限戎馬此軍事家不可必得之形勢而坐攬其勝置堡設堠固可便一時之封守屯田立戍亦可成萬世之金湯是在當道以全力注之也幸甚

風土習俗紀略

積千百年之涵育薰陶積千百族之服習觀感而播爲正風蒸爲善俗此其道在因積千百年之封蔽錮蒙積千百族之附會沿襲而流爲變風傳爲陋俗此其道在革是故省方采風入境問俗而其國之政教可知也卽其國之人心亦可知也臨河在鄂爾多斯旂界其人善游牧好騎射相沿成俗由來巳久漢唐雖經邊置郡覃敷文化然而忽華忽夷倏興倏廢治日常少亂日常多歷代風土習俗蒐采難詳自清末開墾而漢族始聚自民國分治而聲教始通究之風龐不競俗雜不純爰舉近年里閭之流傳以資後日訓型之根據特作風土習俗紀略

一 商業習慣紀聞

按民國四五年前套地交易純以銀爲本位市面尙沿用生銀納價者探囊而予收價者啟櫝而藏色不折平不較有古風焉民間通行貨物以茶烟糖布爲大宗往往以有易無入市者不持一錢歸市者飽輦百貨何便如之近十年來市上現銀如麟角鳳毛

近五年來市上現洋如晨星碩果紙幣充斥錢賤物貴商人利競錐刀無裨筐篋時勢遷流安得起而挽救之也

二　農業習慣紀聞

按河套農業以渠水爲命脈諺云地隨水走人隨地走甲歲南阡成聚乙歲北陌列廛民無恒業人無定居勢使然也所謂農功者耕不必深耨不必易坐貪天功不盡人力而載收載穫即滿篝滿車地有餘力然也民國初元本境粮價奇絀斗米百錢石穀一金不能販遠只有囤藏所以普通中戶往往食客盈座予取予求而莫之靳迨至春耕時期借牛力貸籽種假食粮春付秋還緩急可恃甚或流民丐食初來則到處羅雀轉瞬則肇牽車牛固由於風俗敦厚亦儲積素裕者然也近五年來天災人禍靡歲不臻地力日竭收益日歉用途日多求過於供粮價昂貴生計艱難交際往來風俗日形澆薄環境所迫由來漸矣

三　社會交際酬酢習慣紀聞

按河套居民散漫向無旅邸千里過客非息裝於社區即投轄於大戶鷄黍歡迎芻秣羅供懸榻待客截髮留賓西顧何憂東道可託良足感也他如逋客遊宦日暮途窮或則指囷贈綈毫無吝色或則傾囊倒篋不待哀呼甚至年凶告賑效王倉出十萬之錢乞糴呼援學梁惠移兩河之粟曾不少靳惜焉惟風氣僿閉禮節疏闊進退不嫻揖讓野人之禮貌亦恭投贈聊備棗脩鄉老之享儀必敬所謂禮失求野正謂此歟

四　婚嫁喪祭習慣紀聞

河套文化遲開禮典闕略嫁女必索重聘嬴得兼金百鎰束帛盈筐娶妻敢望厚奩邀來何竇盈門邢譚滿座此婚嫁之特別習慣者也喪葬則練裳柳櫬足以飾終祭祀則斗酒隻鷄無豐於昵此喪祭之尚近於古者也

五　衣食住習慣紀聞

河套漸染蒙俗服御由來簡陋衣則羊裘一襲足以御冬食則酸粥一甌足以永朝住則茅茨三弓足以容膝家無垣室無牖居然有夜不閉戶之風衣無表食無羹儼若守

太璞不完之素此衣食住只求需要不尙安適之習慣也

六 服飾習慣紀聞

按本地重女輕男積爲習尙床頭獅子坐也效七寶裝嚴其夫則形同奴隸坐上鳩盤尊恍被五雲裳帔其子則狀類乞兒而且押鳳堆螺得行人遮道爲幸品頭題足邀過客爭靚爲榮此又特別之習尙也

七 沿習蒙俗習慣紀聞

按河套屢經淪陷夷俗沿習習焉不察內外之辨不嚴下帷則娣姒同幙男女之嫌不避滅燭則主賓聯床而且男不諳重婚之條居然同心重綰帶女不知從一之義倏爾撒手上別船兄與弟竟稱隔山夫與婦儼如陌路跳神跳鬼舉國若狂打掛打蹤歷驗不爽居焉遊焉已成牢不可破之習夫誰糾之而誰正之

八 家庭教育狀況紀聞

按有子而養有子而教理也亦情也乃本地積習呱呱墜地竟忍棄嬰於平林莘莘舒

翹竟甘委子於牧豎當養不養當教不教此善士所以有育嬰堂之設官府所以有平民學校之組也

九　社會各種錮習紀聞

按地方錮習百年染之而有餘一旦革之而不足日言禁烟而滔滔者沉迷終夜日言禁賭而躭躭者竟坐場頭剪髮之令頻頒而豚尾披肩時慚面赧天足之會林立而鳳頭躄步竟甘膝行此誠遷流不知所所極者矣

十　祠祀習慣紀聞

按南人尚神北人亦崇信巫覡大仙廟望衡對宇坐享萬戶香花龍王祠畫棟雕楹歆祀千年俎豆至於迷信風水則拜迎土神醫治瘍瘡則延招喇嘛此又囿於地理而成爲習尙者矣

十一　沿襲文字名稱紀聞

按本地漢蒙雜處不通蒙文不能通商不諳蒙語不能租地而且兒戲官場竟有羊官

車官夜官之名出人頭地羣上渠頭甲頭地頭之號遷就沿襲顛倒錯謬此則猝難變革者已

十二氣候方言服飾之特別紀聞

按河套地處邊荒氣候方言服飾與內地廻殊聽臘鼓而納稼豳風易圖佩艾符而披裘嚴瀨偏地冬行夏令圍爐食七月之瓜炙手灼膚暖匹續四時之火啾啁亂四聲正韻居亦胡亦越之間佶倔雜五方元音在不蒙不漢之界男效女裝雜皮膚也衷紅甲中學西服羊肚巾爭纏白頭猶是樵子牧奴攘臂則釧鳴碧玉到處荊釵裙布過膝則帶垂茜羅此又習俗使然無足怪異者也

荒政紀略

自古備荒有政救荒無政周禮以荒政十有二聚萬民乃臨時補救之法非經常預備之策故倉人藏粟旅師聚粟遺人委積即樹漢常平隋義倉宋社倉之先聲後世人廣土稀耕九餘三之制勢難復行漢代下巴蜀之粟移江陵唐人移西都之民食東都三代上謂爲變計三代下謂爲善政時勢之所趨雖聖哲不能不與時消息後套自民國以前地力沃肥民戶寂落一夫耕穫盈陌連阡萬室藏儲露積雲疊家給人足向不知有荒政之經晝比年生齒日繁登收日歉悉索日敝儲蓄日竭一遇水旱之偏災每患補苴之乏術十八年之義賑各區義倉之設置因時可以制宜有備乃足無患荒政始有權輿焉特作荒政紀略

民國十七年秋大饑官紳組立賑務分會以賑之

按臨河向稱產糧之區比以近年兵燹匪禍水旱災祲紛至沓乘民間蓋藏蕩然一空兼以東路包薩武固東勝各地方赤地千里比歲比不登負襁担簦來臨就食者絡繹於道不下數萬口又兼回軍攻寧敗東駐距臨百里之大灘饑軍萬餘仰食臨境是時

外來饑民計有四萬口之多糧價騰湧昂於平時十倍設治局黃局長彥邦教育局王局長文墀公安局郝局長晉綱建設局楊局長春林財務局李局長增榮保衛團劉團總長義一區李區長元楨二區陳區長占財汪區長治泉三區傅區長正業四區楊區長鶴林商會張會長文煥于會長相龍董會長繼舒公同開會照章組立臨河賑務分會以黃局長爲主席分四股辦事以公安等局各局長各區區長商會會長爲常務員及各股股長紳學商農各界共捐賑糧一千五百餘石賑欵五千餘元經各區實地調查饑民共計四萬一千餘口賑區共分五組城關爲一組四區各立一組自十七年十二月起至十八年五月底止賑期分八期每大口半月領糧九升小口半之其清查饑民辦法則以各區區長輪易之如以一區區長查二區二區查三區是也而狥情濫列之弊清其收發賑糧辦法必分派委員隨時抽查檢視也而攙雜雜質短少斤兩之弊清其情願回籍者酌量道路遠近人口多少量給糧米川資也而流離失所窮無所告之弊清是役也在事人員皆以民命爲要義本良心爲主張精乃心勤乃職不畏難不

辭勞不憚煩檢查必確鈎稽必嚴升合必較顆粒必惜澤必思普被惠必期均沾終其事人無冒領數無浮收糧無濫發歷時六閱月濟民四萬口盡人無觖望比戶無浮言考其成績惟三區傅區長爲最優彼以教會之觀念施慈善之手續尤能挈領提綱淪肌浹髓其一二四區均能立起轍鮒望慰哀鴻正在辦賑時期趙匪大股兩次竄擾各區饑民竟無一從匪者此可見辦賑認眞能使各得其所之一證夫臨河一邊荒新建之邑耳賑務大政官無成憲野無前例而官紳一體同德同心急起直追竟能始終貫澈綱舉目張如此此可見爲政在人天下事之大可爲也後來者可以鑒已

十八年春二月綏遠賑務會分發賑糧賑衣到縣悉數支分之

按綏遠賑務總會分發賑糧三十四石賑衣八百餘件由包運局當郎支配散發呈報

十八年九月設治局地方行政會議教育局長王文墀提議積穀設立義倉經全體通過執行之

按徵粮散賑爲臨時補苴之計可以救偏災而不足以備大荒周禮五黨相賙及移民通財實爲救荒之本惜去古既遠其法不詳其次則積穀設倉漢唐下奉爲良法王局長有見於此特提議地方積穀辦法莫如建設義倉原議每種地一頃捐穀三斗以四千頃計應捐壹千貳百石分城關四區立五倉存儲規定倉穀管理保存收放及春借秋還章程與糧荒平糶糧竭賑放各細則以垂久遠而立經制案經全體通過於本年實行嗣經彭縣長及白縣長分飭各區察看情形設立義倉如此良法果能官紳慎選公正耆老負責經理可期百年無弊雖有災荒吾民可以無饑矣

農業林業紀略

河套以農立國農業擅西北之勝然地理未盡闢地力未盡開其於深耕易耨之常法一易再易之古制曾不少留意更何論新法詢以當地農業應如何改良均憍舌而莫能對所謂終身由之而不知其道者歟至於河套林業近年來戶口日增建築日多感於木材缺乏之困難又深知隙地之多沃壤之富水利之便驗人事察天時審地利無在不適宜於造林及詢其造林之本源及造林之作用則又各執一說各據一是余嘗延訪當地專心農林有學識兼有經驗之士與之往復討論特取其因地制宜規時定制簡而易從可坐言即可起行者莫如耿君房君兩說用特登諸簡端以爲先導後來者仿而行之引而長之即糾而正之補而劑之均可以爲嚆矢焉特作農業林業紀略

臨河農業改進芻議

河套農業三世老農行不著習不察由之而不能知外來僑客無經驗無比較知之而不能言言之而不能切此所以企圖農業者亟欲延訪周諮而求得要領也耿君德忱

以魯北隽才擅長科學尤究心農林樹藝實業來套領墾經營規畫皆有心得本諸實地之試驗加以精密之研求參以往復之駁辯罔不持之有故言之成理矣客有問於耿君曰河套沃壤千里地利占勝農業應蒸蒸日上矣乃何以地不加闢也民不加富也粟米不加多也子能得其受病之處而治之乎耿君愀然曰吾知之吾不敢盡言之寧使言之而不用不忍用之而不言其一曰排除障礙河套農業以水利爲根本各渠灌田除二三道眞正農民自開之渠能水利公沾外其餘官渠商渠管理者既形格而勢禁主持者又假公以濟私甲地則萬流分潤乙地則一勺未輸甚或自封自啓曲防屯膏坐令旁決旁流以鄰爲壑利民其名厲民其實農業尙可問乎擬請仿行前達局王局長建議水利歸地方官承辦以每年澆田之多寡等其殿最嚴定賞罰責專情親費省勢便有百利無一害便國便民便地方特不便於贅瘤機關駢枝用款耳倘能仿行事權既一責成亦專水利日宏農業未有不日進者何障礙之有其二曰化除意見天下事自用則敗自專則錮閉關自守齗齗曰此我之殖民地未有不立蹷者近年齊

魯燕豫之士鑒於內地人滿爲患更兼軍興未息實業墮落不得不另有企圖往往携
絕大資本負耒遊套受廛領地此輩知識階級人士甚願與當地勞力界交換智識爲
精神上之輔助指導工作爲資力上之餉遺河套爲中國之領土即爲全國人民之公
產與其故分畛域終讓後來之居上何如不分町畦同享無量之利益主伯亞旅吾同
胞也比閭里鄰吾同體也通工易事併力合作農業焉有不一日千里耶其三曰分辨
土宜臨河地質曰黃膠土曰黑土曰沙土黑土沙土宜麥黃膠土宜豆蓋麥性喜鬆和
豆性耐長養地氣有剛柔穀性之資生隨地質爲發育然黃膠土雖膠滯任令載芟而
載柞以化其結深耕深耰以通其脈並非不適宜種麥此人工可化地質之證也獨怪
套農坐食天功不盡人力動謂生地易於種植遂厭薄熟地竟有舍其買地另包生地
者惰農苟安抑何可笑殊不思周官制地法不易之地家百畝一易之地家二百畝再
易之地家三百但使更番休息地力即互爲週環又何生熟之分焉其四曰改良農器
河套農器窳劣其最須要者曰犁曰鋤曰鏤本地之鋤尚可應用惟犁式過仄且直耕

時用力多而鏟地窄莫如改寬至五六寸成側面形省力既多闢地又寬便何如之又鏤腏太仄鏤鏵太輕仄則開隴亦仄不惟不能芟草抑且不能生苗太輕則播種不易深入費籽既多出苗亦不勻故加寬加重以劑其平而適於用其五曰改用肥料周官草人掌土化之法以物地相其宜爲之種騂剛用牛等法適於今必拘泥仿行然河套牧廠林立牛羊馬駝之糞就近輦運不竭化無用爲有用能令地移其氣磽變爲肥樹植罔不蕃滋此又贊助地力之一法也其五曰捍禦水災從來大利所在卽大害所在善治水則有水利無水患不善治水則有水利亦有水患擬仿周官稻人遺治以豬止水以防止水以備乾涸以溝蕩水以遂均水以資流通以列舍水以澮瀉水以防泛溢與水利爲節宣爲水利設保障農夫所以無恐歲事所以屢豐也至於防旱防潦防蟲防霉防霧防黃黑丹諸法可參照中外各法農業之發展可翹企而俟之矣

關於臨河急需造林之管見

民國十九年春四月房君魯泉呈准縣政府領官荒地二十五畝於城北試辦苗圃以

為企圖林業者倡甚盛事也客有前席致請者曰子來臨有年矣日日言林業口講之
指畫之早興夜思無少息究竟驗諸過去考諸現在預察將來子果能發展林業而貫
澈其主張乎抑試可乃已需以歲月以待其成也房君瞿然曰旨哉齊人之言雖有智
慧不如乘勢雖有鎡基不如待時我臨河隙地如是之多地質如是之沃水利如是其
互貫交注而又歷嘗材木缺乏之痛苦確見造林之實效當是時也勢有可乘時不能
待有導斯從有嚮斯應林業之興其在斯乎其在斯乎今將臨河森林興廢之沿革及
將來發展之利益詳述之以餉同志焉一曰臨河林業阻滯之原因查臨河田地分墾
地外墾地兩宗外墾地大戶包自蒙旗轉而分租各花戶人無地權誰肯植樹墾地領
自大戶第規目前之利不作百年之圖況地隨水走人隨地走人無定居民鮮世業各
租戶春去秋還更無植樹觀念此其一因近年蒙旗多數放墾人口漸次增加對於森
林有無之利害人漸覺悟惟後套故習每年白露以後牲畜滿灘滿谷踐踏樹木蹂躪
秧苗恬不為怪口頭諾諭正式交涉均置諸不理故植樹者保管無法人多氣沮此其

二因三曰臨河造林之利益㕘中向來需用木材全恃西來筏船輸入接濟近年來河路常梗又兼西來木植有減無增甚至拱把之木貴逾拱璧經寸之材珍如寸珠萬廈廣建尋巖搜材百堵日興停工待料良足太息設能迎機植樹以地十畝計可植樹兩千四百株十年成材每株最低以價洋兩元計可收四千餘元之利益除臨時保管及常年培養費至可少可獲三千元之利益較之種穀之利可加五倍雇或者曰人人植樹處處植樹得毋價値低落無利可言歟不知此後戶口日增建築日多製造日廣十年之中仍是求過與供斷不至供過於求證之奉吉熱河森林瀰漫山谷而水陸絡運不絕於道其價有日增無日減可爲明證二曰造林保管有法本境試辦林業預防牲畜踐損必須繚以三尺高之矮垣垣外護以三尺深之濠凡民堡村鎭街舍傍均限令植樹若干嚴定保管責罰章程責成村閭長完全負責以植樹多寡及保全損失樹木多寡爲考績之殿最凡故意損失樹木者按現時價値加十倍罰賠村閭長亦嚴重處分之事當創始懲一警百絲毫不容假借法立必從令出必行乃克有濟四曰保護苗

圃以資倡導苗圃爲森林之母他日千百森林皆由此苗圃所孕育先立一苗圃以爲標本然後每區須立一二所凡苗圃購籽取秧力所不能及者官紳應輔助之放水澆水勢所亟需要者水利社應維持之强梁掠取入畜侵害官府應嚴制之迨至樹秧長成也酌中定價分發各區村既盡特別之義務應予相當之權利吾意取不盡用不竭可以製造無量數之森林不出三年綠陰參天碧雲匝地林業未有不日新者也五曰收林業間接之利（甲）固堤防凡渠岸有樹之處根柢盤固永無冲刷之虞利一（乙）調氣候河套寒燠不時氣候失調森林多則吸收風沙消納烈燄天氣適中利二（丙）防旱災森林繁茂足以納炭氣吐吸養氣雨澤自多利三（丁）活地脈地中水脈往往聚於樹根古人傍樹鑿井可爲明證利四（戊）增燃料套地煤礦未興燃料支絀萬分森林矗立則繁條支柯材不可勝用萬戶炊烟不至中斷利五近數月來地商大戶及有志士民踴躍爭先分秧購種實行造林者接踵而起統計此最短期間臨河新增樹株已不下二三十萬是亦林業前途大好現象也魯泉不敏願與地方人士共圖之

全境蒙旂界址戶口生計保衛禮俗召廟紀略

恢復久淪之疆域開闢重新之版圖漢唐故址遠而難稽蒙旂舊封近而有據所以有淸建置廳縣均以旂界爲界論畫地之由來則旂爲經而縣爲緯論治邊之大略則縣爲經而旂爲緯方今五族共和漢蒙一家鷄犬相聞聲教相暨將欲躋同軌同文同倫之盛而進於無猜無詐無虞之休必辨其疆索之廣狹計其戶口之登耗察其生計之盈虛觀其保衛之强弱察其風俗之純漓紀其宗教之盛衰然後可以爲行政施教立養敦化一道同風之張本焉作蒙旂界址戶口生計保衛禮俗召廟紀略

(甲)全境蒙旂之地界　按本境蒙地分四旂曰烏拉特前旂卽西公旂烏拉中旂卽東公旂曰杭錦旂曰達拉旂烏拉前中旂地套搭廻環向未分界由五加河北岸起東至義和久西至阿拉善王旂東界止東南至達拉旂地北界西南至杭錦旂地北界地約四千餘頃達拉旂地自公鎰恒起北至五加河南岸南至公中廟西至大發公南白淖包東至剛濟渠西岸地約五千餘頃杭錦旂地東至剛濟渠西至烏拉旂地南至大河南

岸北至古新廟灘地約六千餘頃

(乙)全境蒙民之戶口　按杭錦旂理民官府一曰中巴噶大臣名八圖布浪的所屬蒙民一百二十戶男口五百五十名女口五百餘名計一千餘口一曰西八巴噶大臣名八達葛代所屬蒙民二百一十餘戶男口九百十三名女口八百二十名計一千七百餘烏拉前中旂地均坐最大陰山前麓勢如弧角形蒙民寥寥共計不過二三十戶男女丁口不過百人達拉旂理民官府曰西召朋桃賴梅令所屬蒙民百餘戶男五百口女四百餘口約計九百餘口

(丙)全境蒙民之生計　按達拉旂蒙民戶口地不分男女每口發給地兩頃杭錦旂蒙民戶口地向以個人勢力之大小爲受地多少之標準既不能計口授地卽不能稱物平施有力者坐享膏腴無力者貧無立錐立法不良是亦專制流毒之一班已烏拉前旂蒙民戶口地計二百五十頃中旂地報墾尚未收界並未劃定戶口地數俟再詳考至牧畜乃蒙人天賦自然利權無論何戶未有不養牛羊者惜各旂理民官府不能提倡

勸導因其所利而利之故各戶牲畜數目素無精密之統計明晰之比較徒恃我方面比戶調查彼蒙民各懷疑慮其牲畜狀況數目知之不言言之不盡總之全境蒙民畜羊不下萬隻畜牛不下二三千頭蒙人食料取材牛羊居多此外日用簡陋無他耗費故目前景象官府雖不能代謀其生蒙民尚能自謀其生也

（丁）全境蒙旂之保衛　按各旂保衛均設有遊擊隊烏拉前旂游擊隊五十名以小梅哼克加拉長之中旂游擊隊五十名以阿拉布長之杭錦旂兩巴噶所屬游擊隊共二百名以八圖布浪的與八達葛代分長之達拉旂游擊隊四十餘名以朋桃賴梅令長之查各游擊隊性質以安輯地方保護蒙民爲宗旨同是國土同是國民自當無分畛域捍衛地方臨河十五年匪燄日張杭錦旂游擊隊竟能協助警團奮身爭先合力剿匪具見深明大義地方紳董莫不欽佩嗣後數年遇有寇警均能聯絡一氣頗資倚畀各旂如果仿此行之何慮地方之不靖耶

（戊）全境蒙旂之禮俗　按蒙人階級分三種曰台吉曰喇嘛曰黑人黑人服役貴族者曰

奴才服務召廟者曰黑徒蒙人中黑人最賤最苦即其婦女子弟均爲貴族之奴才性堅樸有毅力能履險耐勞惟服從是其特性視官府如神聖見官則屈足與禮則膝行習與性成由來久已近日狡詐侈驕無復從前樸厚風氣所趨者然也其王公服飾仍尙舊制袍褂頂戴相沿勿替平民則純尙布服寬領大袖繫以佩帶重重暑日赤足冬襲老羊皮裘不裝面男子尙拖髮辮達旂風氣開通近年頗有剪髮者亦吉光片羽也女子袖闊衣寬裙長拖地珮環簪瑱極紛沓重且笨喜塗飾堆螺描黛以爲工處女未嫁則編辮既嫁則結髻髻用膠刷光可鑑人髻不恒束因束一次須膠一次也飲食以乳食爲上肉食次之乳品中取鮮牛奶以壚類和之以茶調之曰奶子茶以作奶荳腐之猴餥之俟其酵酪久復蒸於鐵釜塗以牛糞使閉其氣味蒸氣自在流出卽爲酒曰奶子酒又以新奶和水俟其酵酪帶酸味名曰酸奶子爲蒙人飲料中美品能却暑解渴取新奶置盎中捎靜油上浮濾以絹布使淨徐煎之結如金黃色如蠟色味遠過䑦來品宴貴客餽至友始將之名曰黃油此外製奶荳腐製牛酪以水化以火化無非以

氣化其製炒米其法不外曰乾曰淨曰透故能咀嚼彌甘行商行軍視爲適用之糗餌

王公均有府宅普通蒙人均在蒙古包間有土屋名曰板身然院內仍置包示不忘本

也包製取圓形皆面南上架爲梁若張傘蓋然寬深十尺至十五尺週圍圍以氈數層

束以毛繩門高三尺五寸寬二尺餘男女分左右居其中間設佛龕家主位龕前有宅

中居正之象焉有客投止未入包先投鞭於地然後入趨左主人以爲知禮款以酒漿

若再通蒙語益足結主人歡招待禮節送哈達換烟壺客如式敬答之蒙俗詳於上下

略於內外男女之嫌不知避忌平時嬉笑戲謔履舄交錯恬不爲怪甚至兄妻其姒弟

妻其嫂者時所恒有故無孤憤之男無終寡之女惟婦人再醮必歸母家夫家聽之婚

姻不計門第不問行輩不問名不納采以家之貧富定聘資牛馬之多寡婚時居然行

親迎禮男子腰弓矢乘駿馬往迎之女子紅巾覆額乘馴馬偕婿歸登堂不交拜入幃

不合巹新婦飯後粧飾出堂與戚友爲禮送哈達烟袋均如儀若喪葬有力者延喇嘛

誦經以火化屍囊骨送五台山貧者禮懺後投屍於野三日往視若爲禽獸攫食則狂

喜否則家人戚戚悲平日日用極簡單男子出外牧畜遇天變女子趨而助之歸夫供力作女治家事女紅不甚留意獨於榨乳諸事爲全責娛樂以跑馬爲首務無老無少無貴無賤均善乘控馭有法又善角力決鬥比賽身命不顧惜有羅馬人風氣殆半由天賦半由人事歟

（巳）全境蒙古召廟之設置　按蒙古大召多係奉勅建修小召係由蒙人捐置大召膳召地三方里小召膳召地半之烏拉前旂地一曰狼山畔地方別拉圖廟活佛二尊一曰ㄇㄇ淖地方推末廟烏拉中旂一曰五善地方察汗高廟二曰三拐後ㄇ子地方五郎托拉蓋廟三曰狼山灣地方東修廟四曰三淖西北山裏孛拉廟五曰太陽廟六曰後山畔地方陰山代廟活佛二尊杭錦旂一曰千友廟漢名廣堂寺活佛二尊二曰梅林廟活佛一尊三曰加東巴廟活佛一尊四曰素拉各廟活佛二尊五曰樹爾台六曰章嘉廟七曰察汗淖廟達拉旂一曰班禪召二曰善達公廟漢名宣化寺活佛一尊三曰古新廟漢名樹拉台廟考蒙古崇信神佛發源於漢盛行於唐喇嘛分紅二教紅教爲

寧夏巴派准肉食娶妻能唪墨經咒人死黃教爲喝達謨派起於宋仁宗時自元世祖利用宗教以覊縻強蒙有清仍行之而亦效凡爲喇嘛者輕其差徭故每家三丁必有一二人充喇嘛又有所謂呼圖克圖稱曰活佛蒙民奉爲上帝天神不可侵犯尤可笑者聚石爲堆名曰鄂博春秋致祭必敬必誠迷信愈深對於生計愈不知過問無論其他就後套二十年前蒙民戶口比較現在當不止減少十倍應如何灌輸文化破除錮習使其從事墾植牧畜導以同種同族之義養其沈毅慓悍之氣斯人人皆袍澤人人皆干城以固吾圉以張吾威有餘矣特推論及之以俟夫有政柄者鑒焉

臨河設治局蕭局長振瀛事略

蕭局長振瀛字仙閣吉林依蘭人少秉異才抱不世之志尚肝膽與人無町畦無城府見義勇爲不知工趨避計禍福以是鄉國咸推重之民國初造奔走國事爲異已者所嫉幾瀕於危十四年來綏上游一見卽目爲國士倚如左右手是年秋委充臨河設治局長臨河初分治爲綏西巖疆北通庫俄西扼甘新襟山帶河天然形勝爲國防計爲省防計非有長駕遠馭之才不足立長治久安之計　公下車伊始獨任艱鉅首先延攬人才凡地方紳士公忠貞亮及有一材一長者罔不優異而特起之尤復廣詢周諮考察地方之政治實業經過之成迹與現在之情狀以爲創設張本於是披棘芟荊宅中正位爲之區畫疆理奠定城社建築市廛創設校舍謀必協衆事必躬親舉措必合人情取舍必衷輿論邑之人見其平民以出治也富者輸其財貧者効其力智者貢其謀巧者獻其藝奔走偕來羣起而聽官府之指揮公乃沐雨櫛風早作夜思所以獎勞撫慰之者無弗至故凡百建設工無曠料無廢欵無糜事無墮民無後言士無非議在事者無惰色無媮容不罰而人自畏不賞而人自勸不三

月而大工告成　公誠所謂善於用衆者哉　公之馭衆也如執六轡御羣馬而一塵不驚
公之立政也如以快刀斬亂絲而百結立解　公之執法也如然通犀照鬼物而羣陰慴伏
如縱鷹鸇擊梟鴟而鵪雉無遺且也時值軍事交棘臨河當甘綏孔道悉索敝賦急於星火
公以隻身支拄之他人瞠目咋舌皆望望然去　公獨如持危舵於驚濤駭浪之中而穩渡
重洋如扛九鼎於金戈鐵馬之場而平貼委地　公眞所謂智周萬物力包萬象者歟惜任
事未久奉檄東調不得竟其所施邑人憩遊棠蔭嘖嘖頌神君不置古人所謂孰殺孰嗣庶
幾近之矣

臨河設治局呂局長咸事略

士君子經世之學爲其大者遠者而已至錢穀簿書之瑣瑣分其餘力舉而措之也有餘若呂公咸之治臨河此道得矣呂公河北涿鹿人名咸字著青幼聰穎束髮受書目十行俱下父老目爲大器早年蜚聲校黌績學篤行天性孝友與人交重然諾有肝膽壯歲關心國事服務外部熟習中外國際情狀十六年充綏西水利總辦嗣又兼任臨河上游殆以公將大有爲特畀以兼職使之爲所得爲歟　公感逾分之知抵臨後勤求民隱務在解除煩苛以與民休息境內駐軍複雜供億無算　公齗齗力爭約定額制額外芻草顆粟不任强索民稱便之先是臨河城工築未半而止石海之變憑陵闌入士民遂注重城防　公堅持修城之議屬紳商分董其事　公日夜督巡無少息三閱月而工告成是役也支欵一萬八千有奇於地方公益費内撙節用攤派幷未加重民不勞財不傷可謂善於得民已先是縣西境舊有黃土拉亥河渠創於河曲楊氏尋就湮庚子教案達旂失和外人以該渠地賠教條件異常苛虐爲我北方外交史最痛心之事近年河套教務澎漲全賴該渠地利益操縱我

民衆官廳無如之何也十七年北伐成功不平等條約逐次删除　公因利乘便擬收回黃土拉亥河教堂渠地上書反復陳請　上峯壯之一以任之　公正式組成委員會遴任熟悉外情聲望素孚者佐之時有王君文墀李君增榮楊君春林于君相龍君全貴石君以驤爲秘書爲委員爲接受員會以書面邀該教士等到會該教士延稽爽約不得已請以無條件收回呈上報可派員接收計渠長一百二十里地一千零八十頃一旦收歸國有光我故物還我主權張我國體樹大河以北外交勝利之先聲是役也排衆議破羣疑嶔嶔獨行俾貫澈始終之主張何啻以暮鼓晨鐘喚醒我北方二十年外交之迷夢也厥功亦偉矣哉至於提倡文化促成民治善政書不勝書去後留思至今嘖嘖頌不絕於口焉亦足以風已

臨河設治局王局長績世事略

王氏爲太原望族明德之後代有達人兩千年來世德懋蒸其人多易直温良達則爲一國循吏窮則爲一鄉善士前後輝映若合符節吾於雁代間得一君子人焉曰績世王先生

先生天性敦厚篤內行幼與羣兒遊抑然自下有一視同仁之意洎少長周旋族黨以忠爲體以恕爲用初不知人間有機巧變詐事亦從未見其與人爭得失較短長其善氣迎人雖獷夫悍卒亦爲之氣折至誠動物者然也 先生厭棄帖括業於中外古今經世書能得其綱要清末季考入晉省優級師範學校以優等畢業嗣屏去一切專心實業遊歷綏區將欲展其大西北之志而得所藉手也至薩縣爲同人挽留辦學手創學校數區成績昭著迄今人才蔚起多出其門民國初元來套試辦牧畜墾植時以地方多故未竟其志十四年臨河分治出鉅貲建市廛連楹高棟數十架以提倡商業時值地方初創臨紳留 先生襄助地方大計十五年國民軍全部駐套臨河當孔道駐軍複雜匪氛日惡烽燧亘宵不少息征索日亟七月後勢益棼如紳董先後相引避莫可蹤跡 先生不得已獨留支危局時有于董

事相龍爲　先生左右臂不叵月于以病辭　先生屹屹獨立遇有征索差徭以一身承應之飛書告糴和淚和血而言乞粟餉軍傾箱傾囊而至戈矛列前斧鉞脅後　先生自若也百口喧呶千騎驕嘶　先生自若也力能致者支配而予之力不能致者溫語以却之開誠心布道直令威不忍刼力不忍奪巧不忍篡出萬死一生於金戈鐵馬間亦岌岌危矣如是者五閱月迄不少息十六年一月城陷縣署殘破一空各職員裸體瑟縮　先生傾篋衣之傾甑食之人栩栩然有生氣焉時縣政失綱都人士羣推　先生暫主縣政駐軍長官請於當道報可先生掃除灰燼撫恤瘡痍宵旰勤勞日不暇給維持地方可告無愧已乃或有竊議　先生戀戀不去也得勿有利之見存歟噫爲是說者殆未度當日之情勢貿貿然出此責人無已之讕言也試問烽鏑徧地燬火連天大多數商民舉拋棄其產業入山唯恐不深初未聞別有一人焉冒大險蒙大難犧牲其可貴之生命希圖其不可知之利者　先生即爲利留亦以其生命換得其有造於全局爲不少矣以視掉頭不顧視地方無關痛癢者已加乎其上況乎出入分明事事公開更無利之可言求全之毀何足當識者一笑耶總之

先生對地方不惜出全力以持之者亦行其心之所安而已亦無所爲而爲之而已 先生何所容心哉特表而出之以待知人論世之君子

臨河縣彭縣長繼先事略

邊吏之難得也自古爲然矣不惟疲癃闒茸之吏試之輒蹶卽反其道獎進武勇梟將僨帥曾不知經邊安民爲何事小則浮動而召侮大則僨事而喪權吾未見其有濟也臨河爲包綏屏障蒙漢雜處號稱難治　太原軍府惓惓西顧亟思得人而理之特任彭參議繼先來宰是邑公蒞任卽以刷新政治洞達民隱爲先務凡前任議決未行之件如設義倉立村制築民堡清查戶口槍械厲行清鄉諸大端均次第實行事無不舉才無不庸復呈准改升縣治縣署組織如制尤復注重交通籌設長途電話督飭區村修官道十段以期通行其弭盜要著全在整政團政使家自爲衛人自爲戰壁壘改觀旌旂變色伏莽潛消宵小遁迹終其任幷未發生一盜案此無他人人有自衛之能力戶戶有自衛之精神環境所迫時與事會而已在任五月旋調充察省市公安局長士民籲留不報識者惜其抱大爲有之志而席未暇暖奉調他任未竟所施也然卽此犖犖大者在公已啟其緒後來者引而伸之恢而張之可也此則邑之人企祝者已

臨河縣白縣長保莊事略

民國十九年四月彭縣長繼先奉調察省要職綏政府注重邊要特簡白公保莊接臨篆白公秉性敦厚天質聰彊有幹才久爲上游器重蒞臨伊始痛念地方迭經浩刼民生日望蘇息首在解除煩苛以紓民生時語人曰爲治之道革弊爲先興利次之況弊除利亦俱興凡遇有不便於民者悉予革除而減輕之民咸稱便可謂善於得民矣其整頓教育也臨邑學校師資缺乏人才閎塞爰由綏延聘學術優長人員分任管理教授學風蒸蒸日上每區設模範小校一所學額限六十名爲準遴有學識有經驗者治之成效日進各教堂學校編制課程多違制乃就附近地方設模範校一所以資觀感并召集各教士暨民中有資望者特開教育改進會議定各堂小校一律改爲私立悉照章編制至如增設鄉村小學以期普及籌撥升學津貼以資策勵又其範圍不過者已其改良司法也凡準傳之案勿牽累勿稽延均隨到隨訊隨訊隨結必令獄無滯囚案無留牘而始快又復分民刑分男女分監所既免雜居釀變又免時疫傳染至如考選法警以清流品改建法庭以示威嚴又其纖細無遺者

已其規定鄉團也每區編定常備保衛三十名區長負責教練經費列入預算并令每村送有身家之壯丁五名由區送縣訓練兩月發區再行抽送週而復始農皆爲兵何難自爲守戰再蒙旂游擊隊向來衛護地方頗資得力彭前任已委各旂士官爲一二三隊長公尤優待各隊長復加達爾計爲游擊總隊長并予以圖記以爲信守五月間楊匪擾臨該隊助剿尤力此其一證不第此也後套大患莫大於蒙旂搆亂二年外蒙內犯民衆至今猶爲寒心本年五六月中風聞赤俄侵略外蒙煽惑漸及內蒙鶴淚風聲人民惶恐公不惜重貲厚備多儀派商會于會長馳赴東達公旂接洽以覘意嚮該旂主巴保多爾濟派員來臨報禮表示本旂素明大義決不附和外蒙尤望時加臂助共維國艱云云從此信使往還儼然一家邊防可望永固焉此信孚外交者一　本縣城垣迭被水患特派魏紳三槐王紳侶監修城工并將附城護城壩加高培厚永杜水患民堡足禦外侮後套尤有明徵惟民情憚於創始實行爲難爰令各村限期趕築秋後報竣以固冬防此注重防務者二按軍隊住居民宅軍民交感不便特開地方會議決定修復縣府西院安設旋部又於東關相度地勢創修大規模

之營房刻已開始工作指日可告成功此奠厥民居者三按本縣地面遼廓防務商業消息端在靈通公本彭前任規定商辦電話當以太安鎮地近狼山爲內外蒙通商孔道又係商業繁盛巨鎮先設臨陝電話然後依次建設四區如在一堂巳本境渠道縱橫伏秋上水交通輒梗慮其褰涉之多苦也特修徒杠輿梁以濟之慮夫窮途之中阻也重槩經路緯路以便之此發展交通者四此外勸募設立銀號以劑金融提倡舉辦車捐以輕徭役規定路綫傳遞公文以期迅利所謂平民出治無時不從民情著想無事不以民事爲先傳曰樂只君子民之父母此道得也紀之以爲留心吏治者勖焉

臨河第一區李區長增榮事略

李區長增榮字仁甫河北棗强人其封翁樂山公秉性剛毅有奇氣蚤歲長技擊捍衛鄉里人莫敢侮壯年從事家人生產光緒初元來套治農業執事專而有恒與人忠而有信各大地主優異逾常格是以田産日豐家道日盛卜居五原西區强油坊南偏德和泉乃其地商之名號如王氏之同興東是也封翁尙風義重道德好善如飢渴嫉惡如探湯惟視衆生如平等恤困扶危推食解衣無吝色有善人之目語云積善餘慶有由來巳生丈夫子二仁甫區長能承其志繼其業性孝友篤内行與人推誠布公渾無涯涘無智愚賢否日在其包羅中而不自知馭事有幹濟才任紛錯危疑之交乘隨機以應之均能秩然理帖然平後套以水利爲命脉民國初元渠堙田蕪公慨然動殖我民族之志爰約同田君全貴趙君海共投重貲重濬蘭鎖渠開闢三大股新渠早作夜思渺慮澄心測勘規劃冒風雪犯寒暑日夜督治渠于食不甘寢不安偶有挫折而再仆再起其志不稍挫氣不稍摧卒底於成渠長八十餘里寬七八丈每年澆田七八百頃食其利者千餘家豈第爲一人一身計哉地方之樂利

夫豈有涘涯耶六年春盧匪在武川就撫來套編制全部萬餘人複雜無紀假徵糧四出騷擾居民皇皇懼紳董相率引避公關念大局不忍言去傾廩倒倉盡出歷年儲積以餉飢軍時閱五月耗糧兩千餘石當日窮檐蔀屋得以稍留斗勺餘粒藉以苟延殘喘者全賴公傾倒不吝獨以大力斡旋之也古人所謂毀家紓難公詢無愧矣十四年臨河設治任公爲一區區董建置經始賴公贊助之力居多十五年軍事倥傯征億奇重公因應無方不窮於用十八年本境糧荒儲藏殆盡東路各縣比歲告災難民來臨就食者四萬餘丁口縣府奉令辦賑公首先慨認捐糧二百石以爲之倡衆大戶聞聲響應不崇朝募糧一千餘石欵五六千元事得以濟借非公登高一呼義聲首倡安能應如桴鼓實惠均霑如此也本區賑務悉心策畫實力進行事竣無一觖望無一後言可謂稱物平施功歸實濟者矣公長君元楨字幹丞儀容脩偉才具練達父老推重僉謂雛鳳鳴盛當淸於老鳳也德門獲福克昌厥後其信然歟

臨河二區陳汪區長占財茂林事略

張弛消息而天道亨剛柔交濟而人事成一身然一家然推之一區行政之道何獨不然吾於二區陳汪兩區長而歎其相資爲用亦相得益彰也陳區長占財字聚民天質穎異髫年就讀目過成誦有神童之目惜早歲失學族黨以爲憾事臨河二區田地荒蕪民戶寥落在勢不能獨立然爲行政區域計又不能不分治陳區長承凋敝之日撫貧瘠之區又值駐軍複雜供億煩苛亘天烽火徧地荊榛爲區長者以獨力支拄威無所施智無所用惟有不辭勞不避怨不憚煩不苟安雖鋒刃加頸槍彈次胸亦能聲色不動進退裕如寧任屈已以求全決不肯輕率以激變卒令難關勉度危局得全天下能忍辱者能負重老氏以柔道勝人陳區長庶幾近之矣雖然有弛必有張者天之道也有柔必有剛者人之道也天道不能常弛人道不能偏柔繼陳區長而起者有汪區長區長名茂林字治泉南徐人其先德於咸同年隨軍征回凱旋道經河套留居經營農業遂家焉區長少聰彊家貧失學生平留心世故於人情物理洞鑑無遁影與人接物和而介寬而有制任事能當機立斷無依回無阿狥平

日長於治水永濟剛濟各大渠沿革利病均能燭照計數洞中竅要及其任區長也舉辦建堡築路清鄉保衛諸大政謀必衆協事必公開凡遇危疑震撼之事他人均側足咋舌斂手而去者汪區長則奮臂而起力任之而不疑其見義勇爲有定識故有定力也古訓曰惟斷乃成又曰貞固幹事其此之謂歟

臨河三區傳區長正業事略

自古一鄉善士不必有赫赫之功奕奕之名但令口無過言身無過行即足楷模鄉黨地方無事斤斤勉爲束修自好一旦有變則必本同憂共患之誼亟起爲披髮纓冠之救其衛顧桑梓深切獨至有過於齷齪吏萬萬者於何徵之徵之傳區長正業而得之已傳區長府谷人田山其字其先德以醫術名於世正業能大其傳女科尤得秘鑰手術接青主元鐙而盡其變足跡所至踵門請望塵拜者不絕於道先生則無親疎無貧富無貴賤概予施診罔不應手奏效初未嘗受寸縑叨杯酒焉謂可謂普濟宏施者已先生性豁達休休有大度持家儉奉已約一粥一飯珍惜無弗至獨至慈善事業雖傾倉倒篋不少吝居恒嘗曰人世階級境遇吾視之皆軀殼外事惟同此血氣同此心知衆生皆吾平等吾能膜外置之耶計其生平義行善舉任恤睦婣美不勝書獨至十七年辦賑一節尤其卓卓大者溯自十四年臨河分治大兵大役水旱偏災靡歲不有民間糧儲搜括殆盡十七年秋成僅告下稔冬季糧根奇荒又值東路饑民來臨就食者不絕於道十八年斗米萬錢外來及本境饑民調查共計

四萬丁口三區居其半數哀鴻徧野勢洶洶不可遏先生當夏田初登先期密約各大戶爲預防刼奪禾稼計多留滯穗以贍餉之或另指熟禾數畝以分惠之慮其錯處無紀也另編一組以部勒之慮其舊業之坐廢也酌發糧欵以助之歸耕護以團隊以導之出境此皆賑濟常例之外所以曲成之者且無不至也至其承辦賑務抽查戶口毋冒毋濫監督散放毋漏毋徇所以綜覈之者洵可謂功歸實濟者已是役也論事實惟三區最難論成績惟三區最優嗟乎自古備荒有策救荒無策自周官散佚三代下久不知荒政爲何事先事漫無預備臨事竭蹶補苴即補苴得法生民之元氣已傷况舉動一涉張皇章制即滋紛擾數萬涸鮒不入枯魚之市也幾何矣若傅區長者可謂以不忍人之心行不忍人之政者矣十九年甯夏楊某由中衛於六月十九日揭竿倡亂聚衆至千餘人東犯各城邑勢如破竹及入臨境刼掠三區諸村堡人一夕數驚時先生解區長任家居聞變攘臂奮起號召全區保衛團及各大戶自衛之丁壯得勇士百餘人復糾合杭旂游擊隊遙爲呼應於是激昂誓衆士氣百倍乃爲設間用伏用蹙匪隊於黃土拉亥河各支渠支渠套搭紛歧匪騎陷泥淖迷途不

得出我軍合圍大進批亢擣虛疾如風雨匪四潰如鳥獸散迅逐至剛濟渠日巳昏未便窮
追凱旋日邑人士歌頌盈路　縣府列其功上聞請優叙焉

臨河四區楊區董茂林 區長春林鶴林事略

取甌脫久曠之地以獨力闢之化磽爲肥化瘠爲沃取堙圯不治之渠以獨力濬之易塞而通易窒而暢地加闢民加衆戶口加多租稅加增一家之賜千家食德一姓之功百姓樂利此何怪衆口交推舉全區之政付之於一門而奔走聽命焉如臨河四區楊區董茂林及若弟春林鶴林兩區長洵可謂造福地方後先濟美已攷楊氏系出河曲世傳山後楊氏自宋代以武功起家名滿海內代有達人淸同治之季其先德玉珍公偕弟玉璽來套治農業家於永濟渠側覃心水利從濬川王氏游能得其秘家日起子姓日繁兄弟有丈夫子九人均英英露爽茂林春林鶴林尤能纘承其業矯矯傑出者也茂林爲羣季長天性敦篤內行實踐能以身作則一門孝友里黨欽矚河套言家教者首推楊氏其處衆和而不流其應事公而有制其爲五原西區董事也課農林講牧畜興教育時値盧占魁之變供億煩苛凡有征求盡出其所有以急急以紓民力民國初元包租永濟渠經營擘畫水利大治六年改租他姓坐廢半途氣頓沮是時也春鶴兩弟進曰我兄弟以殖民爲志當求其大者遠者欲獨立

一幟莫如以全力開闢楊家河子可謀百世利毋寧俯首倚官府爲生活茂林甕然曰楊家河工大費鉅恐非我兄弟所能任春林鶴林曰吾輩作事所憑者信用所恃者精神愚公移山精衛銜石同心自克濟有志事竟成何自餒爲於是茂林奮袂起偕同春鶴兩弟計劃全局悉心測勘盧衷延訪參合高下順逆之勢推求循環往復之宜其有合者當機決之其不合者面壁而冥默繞室而旁皇甚至登高遠眺臨流兀立渺乎若思茫乎若迷及其有得也則有豁然貫通狂喜累日者以一身攬其大綱得兩弟分理其節目可謂同條共貫者矣有時雜工人工作塗體沾足不顧也有時同工人食息豆粥草薦自若也如是者六閱月由渠口用生工開至烏蘭淖地方此四十里地皆高阜不能上水計縻欵數萬元耗糧千餘石工未及半而力已無餘欲罷不能欲進無力此正所謂成敗得失關頭也爰乃熟慮兼權妥商救濟之策由春林鶴林商洽教士以烏蘭淖下之教堂地上水爲度按厘股分利於是水利日宏收益日多大工得以繼續進行終底於成此卽春林鶴林所謂同心克濟有志竟成者也計該渠全身長一百四十里寬十丈深一丈共歷時七年之久用欵四十萬元之鉅每年

能灌地兩千餘頃廻思民國六年以前該渠左右百餘里僅一片荒磧耳自有此渠而黍油麥秀瀰望青苗廬舍雲屯村鎮霧列田歌百里烟火萬家蒸蒸我民得以鼓腹遊擊壤歌者伊誰之賜哉膴膴大地得以啟爾宇固爾封者又誰之力哉向非茂林區董倡於前春林鶴林區長繼於後何以致此十四年臨河設治劃該地爲四區任春林爲區長爲地擇人從民意也十五年二月茂林猝患中風不起手造地方功在民社積勞成疾正命以終歿之日野祭巷哭道路隕涕未邀生榮可謂死哀已春林區長幼秉特質有血性持家應世悉本至誠當民國四五年地方多故是時適長五原西區出其全力以支應多方任怨任勞現狀得以維持迨充臨河四區區長值國民軍全部駐套徵發無虛日春林區長多方供億振廩傾倉無吝色全區民戶得以各執其業各安其生遇事必取公開寸銖之輸將顆粒之征索攤派一本大公故全區翕孚無爭議無後言十八年春歲大饑東路饑民就食本區者萬餘糧根奇荒斗米萬錢承辦賑務慨捐糧數百石又勸募各大戶照章支放事必躬親惠期均沾全活無算鶴林於十八年接充區長時值回軍攻寧敗竄駐距楊家河數十里之大灘飢軍萬

餘時時出入四區焚刼淫掠勢岌岌不可終日鶴林商承官府駐軍或則減價平糶以示鄖鄰之仁或則正式制止以申保民之義如持危柁於驚風駭浪中操縱在手晏然不驚穩渡重洋同舟客子談笑食息竟若行所無事者厥功亦云偉矣夫楊家河子一渠關係全區之命脈如此茂林畢生之精力與事業盡注於該渠是誠不愧爲實業家而兼大建築家矣尤可幸者春林鶴林區長聯袂接踵繼起而敬承其業又善師其養渠之法以培養花戶爲先務春耕則貸以食糧借以籽種秋收則薄其租入寬其逋負俾令家有餘粟戶有餘財入有餘力有無相通緩急足恃相需以長相資以生從玆大渠水利恢之彌長引之彌廣是又在因時制宜善通其意者矣近日言實業者多矣伊孰能不畏難不避險堅苦卓絕爲地方開闢絕大水利又誰能善守勿失爲地方永保此絕大水利若楊氏兄若弟者可以風矣

臨河商會劉會長昣事略

旨哉貨殖傳之言曰其善者因之其次利導之其次教誨之其次整齊之臨河商業始兆胚胎無所謂因也利導之以開不匱之源教誨之以立撙節之制而已然而利導教誨之方非有進退商業之權而又熟悉商界情變因地制宜因利乘便者不能措置裕如焉吾於商會劉會長得之劉會長名昣字明卿河曲人幼聰穎勤學問讀書能得大意年少長一日廢書歎曰讀書破萬卷不能立產致千金與其螢窗坐枯何如及早從范少伯遊以謀生計耶於是棄儒而賈西遊河套究心物產登耗之數殫志百貨流通之原億無不中計無不盈商界中爭傾倒之十八年商會改選公推為會長任事以來根據原定商法參合當地商情於商路則疏通之於商情則聯合之於商貨則消息酌劑之而且評定物價以示其信疏通金融以暢其流其有利商業者保持之不便商業者革除之臨河商業散漫重以比年多故原狀幾難恢復得劉會長倡導而崇起之商界始有一線曙光遂蒸蒸為有生機焉吾為之進一解曰長袖善舞多財善賈儻能多募股貲經營一絕大規模之行棧高視遠矚聚四方之貨

積而常流通百族之財贏而不匱所謂利導而教誨之又進而整齊之矣豈不盛哉

臨河商會于副會長相龍事略

河北甯津于先生清泉商界中巨子也天性溫厚材力聰彊多機警工計然術早歲從河北大賈遊往來西盟內外蒙地嫺熟蒙人文字語言習俗善揣時尙好爲投機事業奔走氈廬毳幕間與蒙人抔酒通欵曲如家人昆弟歡故懋遷所得常倍於他商民國初元來套治農業講求種植樹藝法物土之宜盡地之利歲致豐盈家日起兼業酤麴香泉洌爲河套之冠十五年地方差務煩重紳董皆引避出佐王丕卿先生主持農商會支配軍需應付各方不窮於用危局得支拄十八年商會改選公推爲副會長臨河漢蒙交易向居一大部分先生熟習蒙情消息盈虛因勢而導之稱物而施之操奇計嬴攸往咸宜不止此也內外蒙向背之機離合之局倏忽百變外人莫得眞相得欵洽蒙旂如先生者何異傳音於空谷燃鐙於暗室也豈惟地方賴之政府亦利賴之已

臨河抵產局魏經理三槐事略

緊古軫重民生春有省而補之秋有省而助之周禮旅師以質劑致民平頒其興積荒政十有二首曰散利此非徒煦沫爲仁噢咻爲惠張皇補苴於吾民也取民之所有以爲質益民之所無以爲劑所謂因民之利而利之如我綏遠流通劵抵產之法眞能得古法不泥古法者矣雖然宜民者法也行法者人也以人行法法足利民有法無人法轉厲民求一實心實政而實惠及民者其惟魏經理三槐爲近之已經理系出府谷名族書香繼世代有傳人太翁紹業有聲庠序碩望耆德爲一鄉祭酒經理生負雋才黌校翹舒有遠志民國初元來套治實業與李區長增榮訂杵臼交歷充地方機關要職幹理措置罔不井井以是官若紳競推重之十四年臨河設治經理協助地方凡百建設贊畫不留餘力十六年省府頒發流通劵定抵產法臨河設抵產局公推魏君三槐爲經理任事以來通籌兼顧循名綜實有產可抵者則分配而頒發之無產可抵而確有保證者亦結約而調劑之人無觖望無後言全境貧民得以貰牛力購籽種東作興事西成告豐者胥賴乎是巳地方近年迭遭浩刼財政紊

亂重沓影射莫可究詰自十六年設立公欵局十八年改設財務局經理出其縝密精覈之思坐理夫糾結錯綜之緒必令入之也有制而不煩不苟出之也有節而毋冗毋濫不紊其端自不匱於用何莫非經理相助爲理有條不紊耶噫士君子懷才不遇不得竟其所施而効職於一鄉一里但使能拯災捍患給求養欲民力得紓民生得遂盡其力所能爲巳可對地方而無憾矣古所謂小用之則小效其在斯歟其在斯歟

移墾門

湘民移墾西北合作社緣起　郭皋

中國自民元以還兵燹蠭起盜匪蝟集瘡痍滿目載道流離湘省遘災較他省特酷撥厥原因其主病中於生齒日繁人滿爲患民生問題無法調劑間有慈善團體設會賑災不過臨時補苴何與本治欲求根本解決莫如移墾西北之一法　先總理提倡民生主義於建國方略中對於移墾規定極爲詳明又國民黨第一次全國代表大會農民運動決議案有移墾荒徼以均地利之策皋本　總理地無棄利國無游民之宗旨提倡開發西北拯救各省災黎十餘年來奔走南北到處宣傳無如氣竭聲嘶百無一應不得已退而謀諸桑梓同鄉中如馬鄰翼孔昭綬曾繼吾粟戡時曹典球狄昂人辜天佑王季範廖漢瀛舒漢祥成蒙三李維城陳任菴李咸亨王伯徵淩樹人周聲漢諸同志發起湘民移墾西北合作社省縣政府立案委皋主任其事社址設於湖南長沙湘潭等處其宗旨以集貲移民開闢西北爲首要並印刷宣言分寄各省以資提倡十四年偕周壽椿羅先覺羅良德許履道諸君子親歷

西北河套一帶實地察勘果爾地質肥沃氣候適宜種植牧畜斯爲奥區且交通日便文化漸開新村制度逐一實行時値達拉特旂地杭錦旂地先後報墾時無可待機不可失時機相迫愚者眯目智者捷足焉當指定臨河以北七十里六合公地方爲湘人移墾區域建屋數楹幷挂領達旂地五十餘頃十五年購置牛犋招募佃農著手開闢不意是年河套告變同人均南旋事竟中止_皋氣不稍沮仍主持社務收合餘燼力圖再舉以本社名義向國省政府提案請撥鉅欵作大規模之移墾因近年國步多艱國府雖有組織全國墾殖委員之計劃迄未實行_皋一息尚存必以再接再厲之神貫澈此殖民移民之志大而風行全國小而實行湘省此_皋之責也十六年_皋長河北南宮公安局不得親履墾地擬將眷屬移套以子姪輩暫代其事爲破釜沈舟之計詎料包西道梗移家至包頭而止十七年春路通託淩君樹人偕_皋長子先哲等盡室赴臨僑寓六合公實行工作如修渠闢荒牧養牛羊植樹種菜男則刈穀造林鋤雲犂雨女則牽蘿辮葛戴月披星田家樂趣較湘省尤爲濃厚焉十九年_皋抵臨建築西正街私人房舍迭接同鄉黄女士碧源等函件匯欵購地移墾西北之結

約日形堅厚惟願我鄉人不畏難不惜費不辭勞負襁至秉耒來通力合作建百年之渠澮藝萬畝之桑麻俾我父老子弟含哺歡歌擊壤嬉遊以爲各省開其先路豈不盛哉豈不快哉

臨河膠東移墾社紀事本末　　黃子義

魯省東隣渤海北莞津平南控徐淮西障汴維泱泱雄風誠南北之綰轂黃河流域之奧區也沿海登萊人民負有遠志往往踰海走遼瀋企圖實業肩負而去輦運而歸近年生齒日蕃人滿爲患負襁秉耒移墾東三省者歲以數十萬計起視郊野流離載道貧民仍不加少有心者亟思另籌一善地以安插之時勢之所迫者然也民國十四年東魯黃君樂德服務於西北軍總部縱攬綏西沃野千里民戶寥落棄若甌脫殊屬可惜時值馮總司令有志發展西北爰商諸綏遠李都統允照山東移墾外極端贊助黃君偕諸同志即日返里徧歷鄉里縷陳移墾河套之利奔走號呼糾合同志集貲萬餘元定名曰膠東移墾社十五年春返綏在都督署立案聯袂來套週歷勘查至達旂地白爾塔臘察汗淖等處購地百餘頃於李

貴橋地方建築田廬置備農器選擇籽種若者分租若者分佃若者自種耗貲數千元歷時五六月規模大定專恃東作日興西成露積矣詎料西北軍退駐後套土匪蠭起橫行鄉曲焚擄淫掠唉鶴日驚哀鴻徧地移墾事業盡付泡影計捐失不下萬元其墾民欲進不能欲退不得又值大刼甫脫比年天災兵禍紛至沓來渠壅田蕪補救無方已往者言之寒心未來者聞之裹足蚩蚩何知舉歸咎於一二代表求全之毀衆矢集的此眞欲辯無從而亦不必深辯者也所幸革命成功政府注重民生遠略宏模行將實現惟望我老兄弟暫忍須臾以待地方大定水利普及同心協力課農造林實業發達蒸蒸日上我墾民必有含哺鼓腹食樂利於無疆者豈不快哉

魯民移墾紀事罪言

談何容易舉千百族窮蹙無告之貧民移之於絕塞廣漠之域而爲之分其田理正其經界建立廬舍購置耒耜籌備其牛力籽種使之聚而不擾比而不奸相養以生相資以長是必有詳實之估勘親切之結約充分之經濟先事之規畫而後乃可與言移墾初非隨指一方

而可以來之任舉一地而可以安之也記者當民國十一二年服務保署及歷北平政界披閱報紙即聞有魯民移墾綏區之事未嘗不欣欣然爲我魯民幸也及詳翻公牘竟無其事以爲有此創議并未見諸實行也迨十四年一月復蒞五原任紳董僉稱魯民移綏不日實行記者徧查近數月檔案竟無片紙隻字涉及此事猶以爲傳說不足深信也及三月初旬有同鄉于君培祥以山東移墾事務所委員名義投刺請見及延見後于君聲稱魯省墾民千戶現由包頭出發不日到五云云詢以事前指定何地是否派員估勘是否建築房舍是否購就牛力籽種是否籌有相當之經費于君均對以不知迨墾民全部抵五暫借住水利局東院是時也田無一隴房無一椽粟無一粒羣情皇皇感洶洶動紀者既長是土又與有桑梓誼既不忍作壁上觀又不能爲井中救只有設法籌供糧芻以維現狀而已幸而馮督辦及綏遠當道連電王紳同春囑撥地貸糧妥爲安置王紳先借出糜米若干石各渠地二百五十頃衆心稍安嗣王圭任鴻一先生到五事有主者當然就緒當分懇民二百餘戶駐固陽分七百餘戶駐臨河適值臨河分治達旃地報墾分給駐臨墾民地七百五十頃一夫

百畝以內地之人工治後套之地力穀應不可勝食矣無如後套之田以水爲命脈墾民無貲開渠地不能上水之原因一墾民人地生疎與水利當局隔膜地不能上水之原因二墾民勢如散沙不知顧全全局既不能各出人力合衆挖渠又不知各爲堤防反水患爲水利地不能上水之原因三有此三因而膴膴沃壤變爲磽磽石田計自領地以來每年種地不及五分之一吾魯民飢困顛連眞有欲進無門欲歸無路者矣查墾民來套本不足千戶臨河之七百餘戶祇以連年田地失種廢然氣沮接踵回籍及轉徙他圖者比比皆是十五六年間只存四五百戶迄今更日見減少矣所有二三百頃之餘地當事者名之曰公地所有收益指作移墾事務所公用究竟事務所十五年一現於五原十六年再現於臨河十七年三現於五原如曇雲泡影隨生隨滅初不待公地之補助總之如登肉於俎羣思爭嘗一臠爲快甲攫之甲飽乙攫之乙飽於墾民無補也於事務所無涉也原夫移墾原議發起於王鴻一先生先生愛國愛鄉遇事勇爲其奔走呼號而得有此舉也請准魯省府由實業廳籌款七萬元又分令各縣每縣攤認七百元計共十四萬元是每戶應領一百四十元按每戶

領地一頃邀免半價先交二三成不過由各名下百四十元中扣留二十餘元其餘旅費及建築土房購買牛馬器具籽種耕作食用儘可敷用倘能全數發給更派廉幹人員爲之經紀監督必能各安其業各治其地不三年戶有餘粟人有餘財人烟茂盛比戶可封是眞能爲魯民造福矣乃何以民猶是也地猶是也任若民之自聚自散自生自養他人之地萬流分潤墾民之地涓滴莫霑竈冷無烟魯困誰指室如懸磬周粟誰頒哀哉魯民親歷五年來之兵燹匪變寗甘塡溝塡壑爲强毅不屈之鬼從未有一戶一人揭竿從賊爲苟活偷生之人我魯人有此特殊性洵可告無罪於地方矣所惜者性情戇直使氣任性動違人情因而意見齟齬口角爭執久而發生誤會動成氷炭究之當地賢明紳董無不理喻情恕並無畛域之見也往者難追來者可諫亟籌善後之策莫如取事務所名目概行取銷由魯政府澈底清查原案之欵作何用途浮冒者追還實銷者開除存欵有餘固善如有不足設法另籌計有六七萬元即足一日清償地價查駐臨駐固移民不過五百戶每戶百畝有五百頃即足每頃以中地計邀免半價有三萬元即可繳清地價此爲吾魯民籌定根本中之根本也

一日代籌開渠由魯政府遴派樸實耐勞魯紳二三人携欵來綏欵以三萬元爲限以四分之一給駐固之墾民補助其置辦牛馬農具諸項以四分之三給臨河墾民於適中地延聘本地公正兼熟習水利之紳董勘定渠路開創支渠立定澆水章程及歲修渠費攤派辦法此爲墾民籌定補救中之補救也再由全部墾民中推定品望素孚一二員爲全部墾民之經理權一責專實行管理指揮凡對上對外統由經理負責如衣挈領若網在綱未有不俯首受治者也嗟夫此墾民也夫非猶是吾魯之父老兄弟哉顧何忍令遠徙三千里苦力五年餘而使其淪陷於此也又何惜清理此原有之欵而慰此延頸望救引領請命之哀鴻也紀者目覩耳聞據事直書罔知忌諱知我罪我俟諸國人

哥老會紀事本末

河套哥老會即四川袍哥會之支流發源於川省蔓延於大江南北旁溢於後套後套之有哥老會始於咸同間西夏金鷄堡之役金將軍所部多南人凱旋道經後套留套治生業哥老會之根即於是伏焉該會江南分帮川省分堂後套分排名異而實同其主旨以金石同盟堅明約束爲體以任俠尙義舍命不渝爲用會中向無會首會長名目凡有權力者統名之曰大爺其下亦分職辦事大爺主中堅運魁柄生殺予奪高下在心有雷霆不可褻之威有神聖不可侵之勢會律極嚴有違犯者輕則鞭背灼膚重則立置重辟刀踞水火不能緩須臾死原夫哥老會之緣起其始則肧胎於有淸竊據中夏恣肆殘暴有明諸先烈糾合同志希圖恢復不得不多樹旂幟秘結黨會厚集勢力其繼則再接再厲再起再仆韜光匿采羣思蟄伏江湖保持其固有之勢力希圖再舉指天誓日椎心泣血遂成此牢不可破之帮會迨至嘉道以後各帮會堅苦卓絕之旨日湮奇梧英儁之材日少狡黠桀驁者流遂起而承其乏出奴入主其賢者樹黨結援憤世嫉俗不肖者招亡納叛虎視鷹瞵變本加厲久之

浸失其本旨然其蟠結堅固伏之勢力固自在也河套有清光緒末葉五原廳開始分治漢民寥落智識短淺最易煽動哥老會蔓延綏區幾有不可禁遏之勢宣統三年西排哥老會大爺楊建寅馬景濤藍玉堂乘革命紛起因利乘便由阿拉善王旂地假借革命名義揭竿聚衆東犯臨境大肆刼掠十一月攻陷强家油房墾務分局焚掠一空當是時套民經外蒙內犯驚魂甫定突聞會匪勢洶洶一夕數驚西路人民均紛紛逃竄幸綏遠當道派哨官張保和率四旂馬隊平之楊馬藍各首領均漏網其勢尚未稍戢也民國四年紀者在五原任奉張道尹秘令調查全境哥老會人數當即查得只西區一隅已達四千人紀者條陳謂秘密結會當然依法禁止惟該黨徒蔓延殆徧設概予芟除適足滋擾莫如不問會不會祗問匪不匪會而匪只治其匪會而不匪只解其會呈上大蒙嘉納是年秋會匪弓占元由南區警所叛變借寧軍馬統領鴻賓全力始克之該會黨魁梁玉亭盧金魁藍玉堂聞風遠遁十四年寧海軍馬統領子乾駐隆剿匪獲會魁梁玉亭立决之人心震慴十五年綏當道拏獲哥匪小五羊立置之法由是該會首領星散勢寖衰不振雖然其根蒂猶未盡除也蓋其深

固不可拔之勢流傳已歷有年所其統係秩然不紊其魄力能左右其部衆設能利用之使
就我範圍小之足以保護地方大之足以捍衛邊疆所患者梟鷙同集蘭艾同升其中良莠
不齊分子複雜篝火狐鳴蠢蠢欲動一旦有事乘機猝發如原燎堤潰大局已破裂無餘此
又當懲前毖後者也方今村制修明詰暴禁奸責在區村但明曉順逆邪正之義厲行勸導
糾正之功該會之癥結不攻自破自可消患於無形矣是在有地方之責者加之意焉

建築門

重修臨河護城壩記

城何以護以壩防水患也自古有依山爲城者慮山洪之冲發也特設壩障之有憑水爲城者慮江河之漲溢也特築壩以堰之此因地設險因險立防實萬不得已之規畫非建城設邑之經制也若當膴膴平原畇畇禹甸如河套千里沃壤建設城邑只求辨方正位奠陰陽之序會風雨之和宅中以圖外居高以馭下據四方之形勝有犄角之勢一旦有變不至於受制於人亦已足矣民國十四年臨河分治設邑按原案在强家油房設縣之議如欲憑水爲險則西枕永濟大渠逼渠立城仿山東濟陽齊河例塹以金堤當可收地之利不至受水之害矣否則就强家油坊南五里德和泉地方築城城據高原亦可永絕水患也又不然當日俯從本地熟於地理者建議以原定城址移東半里許則全城盡佔高阜可免水患亦無不可也乃何以均不出此照原定地址一定不移遂使西半城基勢如覆盂大錯一鑄不可復挽即令築護城壩以預防之亦揚湯止沸之計也按永濟大渠長一百四十餘里寬八九

丈不等爲各官渠之冠病在渠稍比歲澄淤下流壅塞如人身尾閭梗阻中隔食水充滿日積日脹有入路無出路愈壅愈積勢必穿脇破腹横决旁溢臨城適承中流此何怪比年水患難澹也十六年春三月永濟渠決口臨河城西洪水日漲紳董走告設治局請預防之弗報翌晨水薄西南城城垣高不踰五尺西南隅有裂隙巳爲水嚙紳董喘汗走告曰請亟令民夫五六十人加工塞漏穴水猶及止又弗報踰刻許穴大數簣水大至俄頃西城内成澤國縣署西急築堰三尺水始不東泛而西城建築市廛三四百楹圮塌無一存者計損失不下十萬元十八年三月永濟冰汛大漲李三渡口決口水偪護城壩圍城文武官吏及紳董均守壩上設治局長黄彥邦王旅長奎元公安局局長郝晉綱教育局局長王文墀財務局局長李增榮建設局局長楊春林商會會長于相龍紳董王績世董繼舒康寶銓閣天昌分督民夫二百餘人負土束薪絡繹搶險明炬照耀三四里如列星時則天冥風急波濤洶湧拍壩水濺人身如珠瀉黄局長令各舖商居民羅酒漿餉民工相屬於道又懸重賞能守壩禦險者優賞之王董事侶督促尤力奈舊壩土料鬆浮千孔百隙水十抉十漫且穿且潰相

持三小時之久風暴起波流突漲五六尺漫壩而下不可復遏大衆不得已退守城圍扼要
加高堰以遏水城得安全焉本年秋召紳董會議公推王董事侶充修壩經理王經理爲之
加高培厚一月工竣計費洋六百元有奇十九年三月永濟上李三渡口層冰結壩冰汛陡
漲橫決數口勢如萬馬爭馳二十一日夜半城西平地水四五尺迷漫壩項直薄城垣金拆
聲不絕城關商民皇皇懼幸王董事侶比年董治城垣工料堅固於城西南隅受水之處注
重築堰是以有備無患城闉屹然獨全夏四月大召紳董會議往返籌議共商永絕水患之
方略僉稱城址根本已錯另遷城社事鉅費重未敢輕言只有急則治標就舊有護城壩加
高培厚俾令鞏固堅實以遏水患公推公正耐勞熟悉工程之董事王君侶專任其事王董
事慨然力任之於六月一日開工炎天烈日往來巡視工次必令層層搥礙處處培補怠惰
者必嚴斥之勤奮者必厚賞之以是羣情踴躍人人無苟安之心而工無曠人人無畏難之
心而事易集王經理誥諭脣焦指揮腕脫汗流相屬莫敢食息歷其煩絕未嘗憚煩也任其
勞幷未敢告勞也迄七月十日而工成計壩高五尺寬一丈長一千三百餘丈計用洋一千

三百餘元落成日邑之人咸謂巍然砥柱全賴此蜿蜒大壩足以障洪流迴巨浸而今而後吾儕可以免其魚之患矣特表而紀之尙望賢達紳董預籌城週退水之方以疏水路而分水勢庶與王君修壩之功交濟爲用則更進而益善矣

建設臨陜長途電話始末記

黃昌

民國十七年冬趙匪青山大股兩次竄擾本境軍團分途截剿地面遼廓匪勢漫散南竄北突東見西伏飄忽無常軍團應接不暇苦於消息之不靈偵諜之往往中梗也昌特提議裝設臨陜長途電話無事可以便防務通商務有事可以便徵調通諜報用費少而收益多設治局黃局長頗韙其議案經縣政會議通過嗣以趙匪全部消滅地方稍靖事遂中止十八年彭縣長蒞任首先注重地方交通擬創設全境大規模之電話就商於昌特召集紳董如王君樂天傅君田山魏君蔭堂會議決議由臨陜開始創辦以次推行委昌赴天津購料昌於十二月抵津接洽商行購訂妥協飛電催欵迄未見復不得已毀約退料返臨始知王君樂天自稱由包訂妥又不知料存何所以是推延稽遲於無形中又停頓焉十九年夏白縣長蒞臨適值馬楊等匪股叛竄竄臨洶洶勢莫遏王旅長率隊堵剿痛念夫軍報之稽遲徵調之梗滯呼應之不靈也力促當地之官若紳於最近時期安設臨陜長途電話時值張營長購到大批木料經建設局購訂齊備官紳公推昌督治其工爰於九月杪開始工作昌往

來工次指揮督課無糜料無曠工至十月十一日大工告竣開始通話噫臨距陝僅八十里非有山川遼廓之險阻也裝設工料僅兩千元非有積萬累千之距欵也事經全體公認人人稱便又非意見紛岐障礙橫生也然且旋議旋罷忽輟忽作歷三年之久始能實現者何也憚於創始樂於觀成恒情大抵然也昌服務是邦忽忽三載幸賴賢士大夫雅意提挈晨夕與共今日躬親是役深願出其全力不憚委曲周折以促其成亦聊以答地方人士之誠欵留雪鴻之印紀而已敢因以爲功哉

風俗門

臨河竹枝詞

砭骨朔風塞上高　氈裘重複尙輕飄　男兒也學婦人樣　一例束裝紅主腰

納稼築場有定程　連綿農事告西成　如何六琯灰飛日　打麥始聞叱犢聲

陋俗流傳是棄嬰　家家父母太無情　只緣婦女懶閒慣　忍令呱呱付梗萍

潺潺伏水貴於油　七日秦庭乞未休　戊巳一包馬一匹　香花膜拜獻渠頭

後寢前堂溷不分　土階茅茨好鋪陳　硃紅長櫃栽絨毯　大鏡雙雙畫美人

羊肚手巾包白頭　鄉村裝束也風流　阿儂不怕周郎顧　高捲車簾懶下鈎

不重頭婚重二婚　孤鸞身價値黃金　周婆新訂親迎禮　送上陽臺更作雲

嘉賓式燕樂如何　燴菜炸糕五味和　四盌四盤八大件　歸來夕照醉顏酡

野人敬客好排場　大匹高登禮節詳　上等磚茶濃潑就　一盤瓜籽一盤糖

酸菜點心麪片湯　田家風味客先嘗　賓來同抱如歸樂　風俗敦龐屬此鄉

厚聘索來色色强 立人三百帛承筐 專條又結十年約 五頃沃田養阿娘
夭桃灼灼野花繁 百輛鼓吹六市喧 廣廈安排千萬戶 邢譚何竇盡盈門
娶妻也會生財香 紅毯分鋪跪拜忙 阿妗一元姑五角 金錢亂撒喜洋洋
於今宗法竟全删 同母弟兄喚隔山 胡越一家成骨肉 誰云痛癢不相關
鼻孔撩天投地呼 床頭低首念南無 鳩盤也要香花養 難煞人間小丈夫
柳絲細雨海棠風 姊妹街頭一笑逢 相約明朝看跳鬼 弓鞋預繡碧芙蓉
弓鞋三寸巧安排 五色綾羅手自裁 低囑阿姨牢下鍵 須防天足會員來
多少工夫手自纏 淩波微步嫋如仙 陡聞天足重開會 霹靂一聲降自天
自古人情富易妻 誰知後套歧中歧 當年多收十斛麥 臨老花叢覓別枝
走馬少年小市東 銀鞍玉埒度春風 拚將糶出三倉麥 買笑千金付小紅
駿馬嘶風盒子槍 地商子弟氣高揚 昨朝蓬戶今華屋 血汗十年夢一場
漢蒙雜處須調和 蒙語學來費揣摩 執手穹廬通款曲 駱漿奶酒獻多多

百貨挽輸走漠沙米糧布疋酒糖茶商人慣説蒙古話吳越從今是一家

女男階級不分明蒙俗流傳習慣成滅燭留凳同下幙聯床風雨到鷄鳴

黑塞輒廻學士駕青林不駐文人車俚詞聊備輶軒采豆架瓜棚洒墨華

礦產門

探查狼山西八口礦質記

耿秉信

陰山橫亙廣漠綿亙千餘里榦脈發自賀蘭蜿蜒東來古者樹楡爲塞受降築城今日中外一家古蹟湮零無關體要惟登高望遠見夫岡巒起伏岩壑重沓其脈雄而厚其狀譎而恢意必有握瑾抱瑜沈璧藏珠韜光匿采瑰瑋待啟精英待洩者所在多有由是延訪過客旁詢土人非諱莫如深即習焉不察如是者有年余之企圖之心猶未有已也十八年冬余于役狼山之西二百餘里善丹廟時則朔風砭骨冒雪宵征同行者均瑟縮起玉樓粟余意興勃發竊幸此行庶有所得也入山後晨夕宿止均以蒙人爲東道主穹廬氈幕賓至如歸奶酒駱羹剪燭通欵乘間叩以山中地質及礦質各項蒙人酒酣耳熱得言忘形知無不言言無不盡蒙人多坦率胸無宿物其特性然也按狼山迤西自東五蓋口起至葛拉淖包止計三百五十里有奇其間直通外蒙計有八處曰東五蓋口曰西五蓋口曰達拉克口曰義太魁口曰紅淖包口曰達巴圖曰哈拉納口曰葛拉淖包口此八口前後之山脈石質約分三

種自東五蓋口至達拉克口爲青石質前山煤礦苗最旺最淺距石面丈許即現煤質惜多零星碎塊山後石中含有玉石水晶兩種距石面五六丈即現惟玉石出品稍粗尙待淘洗晶石則秋水湛泓洵稱佳品自達拉克至紅淖包石質青黃錯出炭苗豐富距石面丈餘即能得炭惟經考驗該炭油性缺乏入火炸爆或係石質未淨採取不得其法之故山後向產石棉石青色多碎片斷處多棉絲入火不燃俗謂浣火布即此織就其信然歟惜無人就地提鍊以考察其用途是否爲出口貨之需要品安得廣延中外科學家一考驗之也由紅淖包至葛拉淖包百餘里石質雜紅黃沙綠三色石重量倍常石而質堅逾常至間有勢如蜂窠細孔映日作作有鋩據一般推考礦質者言重量之石即石青石綠類蜂窠之石即含有五金礦質之類惜蒙人閉關自守不肯發其藏又惜夫地限遐荒無專門名家一化驗之又無明通之工師完備之機料設場開採依法化驗致令棄寶於地此眞可爲太息者矣用特表而出之貢諸簡端以待後來者考證焉

古朔方郡鹽城礦產記

按伊克昭七旗之鹽城湖淖惟鄂爾多斯爲最多蒙地莫大利源將於是乎在惜蒙旗棄貨於地不知經營利導開闢而發展之也特詳列於左

曰長鹽池在右翼前旗南三十五里

曰紅鹽池在右翼前旗西南三百里

曰大鹽濼在右翼前旗東五十里

曰特默圖插漢越沒濼在右翼前旗西三十里

曰毫賴甲達亥水淖方圍約十里距鄂王府西南二百七十里

曰迭不拉亥水淖方圍約十里距鄂王府西南一百九十里

曰摩多圖察汗淖方圍約十里距鄂王府正東一百五十里

曰大�池淖方圍約二十里經本旗派員設局採取出售每斤一文二厘收稅一文產銷甚旺靖定兩邊及本旗仰給食用距鄂王府西南三百四十里

曰荷池淖方圍約十里一切辦法銷路同上距鄂王府西南三百六十里

曰腦包池淖方圍約十里一切辦法銷路同上距鄂王府正南三百八十里

曰察斌達布素淖方圍約三十里鹽質淨味佳僅供本旂食用不知推銷他處距鄂王府西南一百七十里

曰納林淖方圍一十里出城甚佳惜無人包採距鄂王府東北八十里

曰察汗淖方圍二十里出城最佳經鄭張兩商入包辦十年每年納租銀千兩

曰巴彥淖方圍約二十里距鄂王府東北一百二十里

曰敖龍淖方圍約十里城質甚佳無人包採距鄂王府東南十五里

曰大小克泊淖方圍約十里距鄂王府東北一百六十里

曰烏克淖方圍約十五里距鄂王府東北一百八十里六台地內

曰達拉吐魯水淖方圍三十餘里距鄂王府東北一百六十里

曰皂素水淖方圍約十五六里距鄂王府東北一百六十里

曰伊啃城淖方圍約二十里距鄂王府東北一百四十里

曰沙拉可免水淖方圍約三十里距鄂王府東南六十里

曰哈達免水淖方圍約二十里距鄂王府東南七十里

曰毫賴免水淖方圍約十里距鄂王府東南六十里

曰烏爾杜水淖方圍約十里距鄂王府東南百里

曰可克城淖方圍約二十里城質較劣無人改良距鄂王府東南一百五十里

曰哈比里汗奴素水淖方圍約十餘里距鄂王府東南一百五十里

曰叨好免水淖方圍約十里距鄂王府東南一百里

曰鋼達氣烏素水淖方圍三十里距鄂王府西南一百六十里

曰可克烏素水淖方圍二十里距鄂王府西南二百二十里

曰沙拉烏素水淖方圍七八里距鄂王府西南二百五十里

按以上各池淖或產鹽或產城所謂地不愛寶取之不盡用之不竭者是也惜封閉自守

未發現者不能創闢已發現者不思改進致令鹽城之大利不能供軍國之用良可惜也

該地卽古朔方郡屬地究竟某地某淖隸屬朔方某縣則莫可詳考用特表而出之以見蒙荒否塞二千年來之地利竟閟遏不發也留心政治與實業家應如何急起以赴之也

古蹟門

高家油房古城考

距縣城東北九十里距五加河南岸十餘里高家油房地方有古城一區周圍千餘丈城堞久圯高不知其若干尋丈垣厚二丈許土堅而白若間灰石礫之狰不易破城內壇廟官廨基址均沈圯無迹闉城無碑碣無塔表創不知何人何年何月日并不知何名有清光緒三十一年河套蒙地報墾地商爭就地開渠城當永濟大渠稍路穿城開渠鑿地八尺許發現古式盔一具形似兜牟較常盔略小質以銅製出土已破碎無完質上飾珠數十粒大如豆小如黍爲土蝕久色黯然無華土工爭攫取之時爲于氏以廉値買去城據高原土質肥沃均可耕種收益倍常地土人呼其城爲楊家營俗傳宋將楊業兵爲北胡敗息兵於此因城之然枕河屯兵非連營列寨不足以聯聲威而當強敵楊業亦知兵者安敢以孤營犯此險著故楊家營之說殊不足信或又曰清咸同之季金將軍大軍征回凱旋留兵就食河套或其當日營壘歟然自咸同迄今不及百年留屯當作久計其建築壁壘工堅料實經久不圯

何至蕩然無存若是是又未可信者或又曰本境爲西漢朔方郡地郡隸十縣如渠搜廣牧等縣以地形測之當古臨河東北河南岸一帶今城或即漢城歟不知朔方郡與所隸十縣當日同時並建嗣以華夷代嬗兵燹迭經二千餘年之遷流轉移古城無一存者則今之古城又非漢之舊城又斷然可信焉作者以是之故曾親歷其地詳察周巡並諮詢故老莫得確證一日於城隅見有古井一所井大於常井兩倍磚堅厚異常磚色舊而紋理堅細洵古代物井水甘洌終日汲綆不停而取之不竭澄之不滓本地牧畜者均取汲不絕於道統計每日可供三五百牛馬之飲料亦神矣哉查張氏綏乘一書新受降城北有鸊鵜泉斯井也借非有名泉在下又烏能取不盡用不竭如此也其爲鸊鵜泉庶乎近之井以泉名則是城當爲新受降城也亦有足信者惟查唐書中受降城屢經河患李吉甫請於天德故城修新城李絳盧坦謂舊城當磧口據要衝得制匈奴上策又豐水美草邊防所利況天德故城僻處确瘠去河絕遠烽堠警急不相應接是無故而蹙國二百里也云云觀去河絕遠蹙國二百里之語則新城當在南河之南仍非今之古城可知總之漢唐無可考已河套淪陷在李

夏及遼金元代最久沿河設險必多立城堡堅壁樹栅以限戎馬惜書闕有間朔夷又不嫺

紀載遂令湮沒無傳生千載下而欲詳蒐千載上之事蹟已非易易况又迭經淪陷典物金

石銷沈掃地徒令文人學士披荊斬棘剔鮮掃苔考證無由良可慨也

訪古城遺址

落日照頹垣晚晴鴉背翻春風塍麥秀秋雨野花繁

城荒狐何憑社空鼠失穴何年重建築宏圖大式廓

祠壇委荊榛市廛夷萊莽剩有鵩鴞泉終古發淸響

登狼居胥山

漢室喜開邊式廓大九有北征奮撻伐揚威禽夷醜票騎出雁門誓師椎牛酒單于遴精驍

幕北戰雲黝天風浩莽吹破空播塵垢漢幟大合圍鐵甲突圍走七萬全軍墨降虜盡授首

幕南無王廷烽烟靜刁斗大封狼居胥玉檢金泥剖告廟羣獻俘大勛集功狗戰征爲國際

金石垂不朽

登高闕塞

立扼單于吭坐繫白羊頸漢家重邊防龍旂高闕擁

雪花滿刀弓高闕孔道衝爲爭國際位百戰足言功

莫道陰山險天然闢石門黃流東折處秦漢戰雲屯

遊洪羊洞記

洪羊洞爲狼山古蹟之一徧考傳記廣攬圖册其名不傳而土人嘖嘖盛稱之或以爲風景絕佳或以爲靈異昭著若以爲惟一之名勝十五年來余以匏繫一身未暇一往探之是亦憾事也戊辰七月臨邑解組借廛僑寓意致蕭閒九月中旬天高氣爽邀商會劉會長明卿于會長淸泉建設局楊局長序東聯袂前遊時値夏歷中秋前野外秋田多稼黃雲萬頃年豐人樂田歌盈耳一路迤邐入狼山灣路折西行時則投止氈幕酪酒聯歡時則息駕山家鷄黍通欵早起則朝嵐迎旭凉露濕衣晚眺則暮靄罨林斜陽挂樹西山爽氣挹人眉宇余年來簿書鞅掌塵垢滿胸一旦置身山水間令我萬慮皆空飄飄然有出塵之想余深喜此

行爲不負矣第三日抵阿貴廟廟係蒙人建距狼山灣二百餘里廟居半山峯廻處有喇嘛
十餘與同行諸君子皆素稔據云洪羊洞距廟西三里許凡遊洞者皆借榻於此次晨沐盥
訖各食炒米一撮奶茶一盞出廟兩喇嘛前導逾峻坂兩折見西面有陡崖如壁立高矗清
冥洞門東向寬三尺許高六尺喇嘛導入中虛無一物面積方丈高下僅容中人軀西面有
石門大如合簣喇嘛俯身導升勢如登坂始則傴僂若膜拜朝頂狀三十步後始得昂首進
穴中石隙露微光僅辨階級但聞風聲狂吼人兢兢欲墜手捫兩壁石滑而膩階盡百級豁
然開曠身已在石室中室無窗無門高二十尺寬廣面積方十五六尺東西有石罅穴透光
線通空氣似人力鑿通者四壁石作赭色色鮮欲滴北有石佛高丈餘趺坐作大歡喜狀佛
像上有巖泉直噴佛頂巔而下如瀑布如貫珠如醍醐之交灌無稍止息佛座下有沓井水
瀉其中黝深不能測深淺據同行喇嘛稱此井通西藏兩日夜能往返言之容甚莊噫是誠
喇嘛之言也知有西藏而已矣室四壁平削無斧鑿痕似純出天然者石隙風厲甚同行者
均起粟凜乎不可久留遂由舊道而下至洞外東望距洞五百餘碼有懸崖高聳百丈崖半

有巨物縋懸形似長匣長丈餘粗如五石之甕以望遠鏡測之色黝黑似以鐵製兩端若以索縋繫確係崖外附屬物擬近前詳察奈中隔深澗怪石枒杈如虬蟠如虎蹲如筍排如劍竪同行者均不敢冒險而止返廟詢諸老年喇嘛據云相傳數百年來即有此物樵獵者結隊紓道蹤跡之終可望而不可近云云該地久隸蒙疆或係紅教中人故作魘勝術特矯揉造作以神其說歟未可知也余此行往返五百里需時十餘日尋幽攬勝暢然意滿所不足者摩崖峯壁剔蘚掃苔竟莫得一字之標記相與考證其事實始末是誠一大憾事也夫洞近狼山二百里地當要衝并非絕幽極深人跡不能至之區况狼居胥封山燕然勒銘下至受降築城二千年來必有王公大人宿將魁儒相與籌邊設險樹堠立屯爲之鋪烈揚功鏤金刻石以紀盛美而垂不朽即洪羊洞亦必有名流之車塵馬跡流覽紀載垂諸文字以志形勝奈何縋險窮幽即殘碑斷碣竟掃地無餘推其原因一則由於表功之觀平戎之銘必有發揚蹈厲犬羊醜虜之語彼族惡其無狀也踣而去之亦固其所一則由於淪陷日久彼族故步自封迷信風水一草一木不敢輕動其視千里陰山皆其世守故物並不知保存古

物珍護文字爲何事所以陰山諸名蹟如榆塞長城高闕塞拂雲堆范夫人城均卓卓大者何至今無一字可考樵牧摧殘牛羊踐踏彼族當不復措意焉嗟嗟處窮荒絕塞聲教闃寂之地而欲探訪名勝遺文落落墜緒茫茫憑弔深之不禁感慨係之已

游洪羊洞

古崖嶔且岑　古洞窈而深　悠然遠塵囂　天風撼不禁

巖泉倒流冷　醍醐正灌頂　我佛空色相　悟澈秋水影

石磴接天梯　一步一膜拜　同登歡喜地　靜觀大自在

榆塞懷古

聞道長城路　編榆已樹闗　胡人同一哭　不敢度陰山

大河已南遷　陰磧撤亭障　開闗竟延敵　誰爲虎作倀

在昔重天塹　而今大無外　風會隨推移　何必論成敗

李陵碑考略

按李陵碑舊有兩說一則謂碑在宣大交界山畔一則謂碑在後套狼山畔查西漢武帝時匈奴數爲邊患陰山高闕塞左右爲入寇必經之路中朝命將出師往往踰雁代度朔方直薄陰山前後北暨瀚海時與北夷相馳逐李陵爲漢代驍將建旆從征揚威絕塞邊民受其保障立碑表功以誌紀念亦事有必至是碑在狼山山畔其說較有據也光緒末葉貽欽使來綏辦墾雅意訪求古蹟派員赴狼山灣一帶訪查洪羊洞李陵碑諸勝蹟歷時雖久均已確得其所在本邑士紳至今猶言之鑿鑿余於己巳冬月承乏縣志總編纂之席蒐采古蹟於李陵碑反復考查邑人士同聲稱爲在狼山深處至詢以碑在何處建自何年何人均瞠目莫應又詢之狼山土人又言人人殊大抵事誠有之惟不能確指其處耳余嗒然意沮者久之今春與友人李君聖三縱譚此事李君曰先生欲知李陵碑發現始末乎余爲貽欽使派查古蹟嚮導員之一當時同行委員二蒙員嚮導員二兵士四裹糧束裝由狼山西二百餘里之高闕塞自西徂東到處探蒐於阿桂廟山麓得探洪羊洞之勝又東進陟層巒踰疊嶂縋絕壁搜丹穴時而斬荊披棘時而攀葛附蘿迤邐東來備歷險阻直抵狼山口尚無蹤

兆同行者幾欲廢然返矣乃鼓餘勇東行二十里偶遇山畔牧豎詢之遙指東北十許里高巔有大碑屹立殆謂是歟當約牧豎同往啗以重貲始踴躍前導途經羊腸凡三折坂而高峯矗前同人攀登猱而上歷兩時許始躋其半有側坡方三丈中立碑高丈許闊四尺苔色斑爛字跡模糊窮盡目力僅辨爲李陵碑不署建立年月及人姓氏二千年古物惜爲風霜剝蝕其不至漫滅者幾何矣該山向無主名山口不通後山𨵿路闃絶人跡地屬蒙旂當日未便特立標誌以故途雖已經而再至其處第見黃葉漫谷白雲迷徑如天台路逈桃源港斷此何怪土人故神其語目是碑爲或隱或現也乃閱時不久有自山中來者詢其碑則云已僵臥沙土是殆蒙人守閉關主義此疆彼界故步自封一則恐當道據碑爭界一恐外人自此遊覽不勝其煩故掊而覆之必欲消沈之而後快究竟班班可考余固得諸目見者也云云聖三余之執友也亦當地之耆獻也言之足徵紀之以爲考古之一助爾顧或者曰執是說也何解於宣大間又有所謂李陵碑者然昭君墓綏區凡兩見何妨幷存之以待博雅君子參考焉

李陵碑

誰教孤軍陷　將軍百戰空　漢家恩意薄　錄罪不錄功
誰與紀邊功　三軍悲路窮　殘碑沈沙漠　夕照野花紅
虜廷望陰山　豐碑矗天起　縱鐫百戰功　難洗千秋恥
英雄一失足　北廷拜夷虜　何年樹華碑　徧佔漢家土
胡騎將三萬　倒戈効血戰　碑畔夕陽紅　返照將軍面
巍然山中碑　愧對海上節　漢廷伸明罰　罪案定如鐵

燕然勒銘懷古

一將功成萬骨枯戰功何庸大張鋪君不見小戎婦人思板屋石壕老嫗充軍徒又不見白骨高塡曲港岸碧血横流長城窟月昏雲黑燐火聚新鬼故鬼悲鳴呼我輩同種本一家何忍肉薄相剪屠爭地爭城爭侯王威尊命賤爲前驅凌烟伊誰題名字雲臺何人列祠廡天子窮兵喜開邊多士紛紛擲頭顱華碑刻劃臣能爲天語褒嘉出中樞英雄盡入吾彀中藐

爾功狗盡庸奴功成戰士歸不得雪滿刀弓戍山隅我今登高尋片石斜陽古塞剩啼烏自古邊功不敵患戰場憑弔空欷歔

范夫人城懷古

漢家天子喜黷武陰山設險抗醜虜相其陰陽觀流泉邊城矗起維天柱雉堞左倚拂雲祠龍堆右襟燕然府剷之平平築登登將軍經營心彌苦大功未成身先殂此事留待後人補崛起金閨夢裏人珠壘金墉精練組繡鞍有淚春愁多銀甲無聲夜光吐翟茀威懾憑城孤環珮聲伏出林虎十二瓊樓禁斗杓三千粉黛執桴鼓卸却金鈿貫藥糧戰士瘡痍徧揗撫聯得衆志可成城娘子軍威莫余侮雁門鞾鞴動地迴貳師長勝馳風雨夫人開關挫凶鋒屹如山立嚴卒伍兒女到此是英雄畫像雲臺饒媚嫵丈夫報國妻報夫名字無傳沙沈羽史官書勛有闕文巾幗芳聲壯千古

遊蒙旂各昭廟

勅建卽爲昭私建卽爲廟羈縻原多方神道以設教

政府示優崇無上賚尊號輿服踰章制金碧飾廟貌
獷悍猛鷙氣寛裕温柔道千族盡皈依大化不言造
天親夷土茸宗祧棄曇泡梵音達百里身如靈山到

北假戍考

按方輿紀要北假戍在廢豐州西北酈道元曰自高闕以東夾山帶河陽山以西皆北假也史記秦始皇三十三年使蒙恬渡河取高闕陽山北假中築亭障以逐匈奴漢書元帝初元五年罷北假田官按北假之義以地假民使各從事墾植也所謂陽山者即陰山南向向陽之地山北爲陰山南爲陽非陰山外另有一山也查古黄河距陽山二三十里地傍山限石骨草根不便耕作且隙地有限何能容多數人之耕種北假範圍當合故河南北之地言之是五原南部朔方北部均隸於北假也明矣

西受降城考

按西受降城在廢豐州八十里志云本漢朔方郡臨河縣舊理所唐景龍二年張仁愿置城

於此開元初爲河所圮總管張説於城東別置新城元初七年河溢城南面多毁壞八年振武帥李光進請修受降城兼理河防李吉甫請修治於天德故城李絳盧坦以爲舊城當磧口據要衝得治匈奴上策又豐水美草邊防所利今避河患退二三里可矣奈何捨萬代久安之策爲一時省費之謀况天德故城僻處确瘠去河絶遠烽堠警急不相應接寇忽唐突勢無由知是無故而蹙國二百里也上卒用吉甫策於是西城遂廢惜哉又元和志西受降城在豐州西北八十里又有李華三城韓公廟碑序云

烏拉特旂諸泊諸泉考

按烏拉特中旂勒炳戈壁之北曰察汗泊曰烏蘭鄂博南北二泊曰孤吐魯烏蘇泊曰和碩山東泊在和碩山東曰那倫烏蘇泊在白英諾緣山北曰夾大廟山三泊在夾大廟兩山之間曰木倫沙河泊在一合戈壁之東曰恩格里泊在狼山西北麓古漁海也淸一統志烏拉特下哈拍察齊泉在旂西四十五里藍泉在旂西九十五里臺泉在旂西北四十里插漢泉在旂西北五十五里克爾布泉在旂西北六十五里五藍拜星泉在旂西北九十里布吝泉

在旂西北九十八里冷泉在旂西北一百五里蒙古名魁屯杜窩勒泊在旂西一百十五里托博克蘇海泊在旂西北一百八十里魚海在旂西北一百里蒙古名札哈蘇台亦名魚兒海又謂之魚海子唐高適詩洗兵魚海雲迎陣是也今按諸泊共十有一而今圖烏拉特境內山北之泊亦十有一數相符也由此推之陰山以北泉泊星羅棊布無事可以興牧畜開渠道闢地利有事則到處水草甚便亦可供行軍之用於以見天下無廢地人自廢之天下無曠土人自曠之也用質之留心地理者

赫連夏故都考

按大清一統志鄂爾多斯旂隸於朔方郡地該地寧跳梁之北今名橫都城即赫連之統萬城道光二十五年懷遠縣知縣何炳勳奉命往查統萬故城由縣西渡磨姑河又西水河又西渡無定河地勢漸高二里許至舊相傳之白土城細加相度在懷遠城正西九十七里黑水河在無定河東距縣五十里有淖泥河東入無定河之下流疑淖泥河爲古黑水其地有土城週圍三重俱用土築渡無定河西行二里許進頭道城又西半里許進二道城又西數

十武進三道城頭二道城內但餘瓦礫三道城內南面西隅鐘樓東隅鼓樓僅存基址堅築白土墩高五六丈無級可乘鐘樓尙堪登眺高約十餘丈白土築成雞籠頂式大厦一間半已圮其半懸鐘屋頂形迹宛然週圍飛欄八層插椽孔穴歷歷可數南面列土墩七堅硬如石似係臺樓之基北頭有白土坡似係宮殿之基東西兩角亦有土墩當卽俗所謂轉角樓者內城東西不及一里南北約一里有餘噫嘻以赫連夏當日志吞六合威慴八荒其力非不能驅萬民之力以營其城闕宮室其權非不能收一世之財以恣其游觀宴樂然且安於簡陋如是以視市井小夫忽而置身通顯脾脫自若興作從心崇墉百尺傑閣千重鐘漏未歇華屋變爲山丘長門鞠爲茂草其識量相度越夫豈可以道里計耶

朔方臨河故城考

按朔方故城在五原東南北河南岸或謂什賁城漢置屬朔方郡又按臨河故城在朔方縣故城西北漢置屬朔方郡水經注河水自高闕南又東逕臨河縣故城北又南河東逕臨戎縣故城北又東逕臨河縣南按黃河北流逕故朔方之西行五百餘里一枝分爲二歧東注

水經所謂南河也其北河流至套外之阿爾布坦山南迤西溢爲大泊土名騰格里腦兒即古屠申澤也自此屈而東流過古高闕南行二百里許稍東南流又折而西南與南河合水經所謂北河南屈逕河目縣左又南合南河是也始直向東行逕古五原之南至大土爾根河入河處始轉向東南行過古東勝州境以地勢測之臨河縣在北河之南南河之北水經所謂自高闕南而東逕故城北者北河也自臨戎縣北而東逕縣南者南河也

漢度遼營考

按漢光武建元之季匈奴內訌互爭雄長八部大人立呼韓邪之孫比爲大單于欵五原塞願永爲藩蔽捍禦北虜光武許之詔立南單于於五原置中郎將以領之於是匈奴分爲南北二部尋詔徙南匈奴入居西河美稷南匈奴遂於北邊列置諸部王助漢扞戍北地自朔方至代郡皆由匈奴諸王領部衆爲郡縣偵邏耳目於是匈奴之衆遂與漢族雜處而啟五胡亂華之漸匈奴亦懼求和親不許時北匈奴數寇邊明帝時求互市漢廷冀其交通不爲寇許之遣鄭衆北使南單于知之頗懷嫌怨欲畔密因北使令遣兵迎之鄭衆疑有異徇得

之乃上言宜置大將軍以防二虜交通由是始置度遼營以中郎將吳棠行度遼營將軍事
屯五原曼柏按南匈奴界自朔方而南北匈奴界自五原而北度遼營隔絕南北當在朔方
五原兩界之交又查古臨河居朔方西北曼柏居五原南界度遼營當在曼柏臨河之交今
之臨河北境高油坊之古城垣壘堅厚土色古黝非近代工作且近枕北河遙控狼山要口
形勝天然或卽漢之度遼營舊址庶幾近之惜官書散佚碑碣無存徒使考古者登高憑弔
良可慨也

十六國都邑沿革考

五胡十六國遞嬗建置都邑多在山陝直豫地後先相望河套惟赫連統萬城最稱古都其
他劉虎建國曰鐵弗地在山西邊外及後套南部其後裔衛辰攻赫連勃勃不能克辰卒爲
其下所殺勃勃奔薛干部按薛干爲匈奴別部雜處河套地郝連氏雄長諸部高視遠矚盡
取河套地而有之遂建統萬城於河南其遺址在今之寧跳梁北卽土人呼爲橫都城是也

慈善門

庚午縣境賑捐募啟

敬啟者臨河僻處綏邊地曠人稀向恃墾植爲生計比年水利廢湮渠圮田蕪重以兵燹之頻遭遂至蓋藏之立盡又兼各路扣門乞糶絡繹舶輪求過於供輒告糧荒客歲春夏奇旱秋季兵災雖興東作未卜西成乃本境之饑民方思雁集外來之災黎又悲鴻嗷散處計二百里麕集至四萬衆處則穴居巖伏沐雨櫛風行則兒啼女轍採藜掘藋始也草猶可茹登高作采薇之吟繼也樹已無皮比戶下緊桑之淚當是時也求嗟來其何地思蹴爾其誰人此眞仁人君子目不忍覩耳不忍聞者已同仁等患恍剝膚誼切援手勉搜灰燼之餘同效纓冠之義公組臨河賑濟災民籌備會其大旨先就本地募糧散放急賑一面願乞各省各界廣發宏慈完成善果同仁等號呼奔走舌敝脣焦幸子敬好義指囷無餘王蒼施仁傾囊不吝値此金穰而木饑欲思補瘡而剜肉亦可謂杯無餘瀝斗無顆粒者矣無如杯水莫救燎原寸壤難塞巨浸倘使後來不繼勢必前功盡虧是有數之饑民仍不得生恐無

數之饑民誰甘忍死鷹饑思搏鹿鋌走險隱患何可勝言同仁等草抒短簡用代哀鳴伏懇
仁人善士達官長者恢如傷之抱廣普度之仁
惠普發棠維多多其益善
恩周移粟喜喁喁其來蘇我數萬溝瘠千里涸轍舉延喘須臾引領企踵共盼
大澤之將至此則日夜馨祝而無已者也儻蒙
惠施請書
台銜

臨河創建育嬰堂募捐啟

粵維大學絜矩政在恤孤葵丘立盟道重慈幼古之人情殷少懷由來尙已後套地僻俗漓
棄嬰之風相沿既久已成習慣或則菽水分甘棄諸草陌或因烽烟遁跡寄諸桑園猶可說
也所不可解者富室大族不知出洗兒之錢祚薄門衰竟吝出乳傭之値任婦女之嬌懶忘
却十月呻吟聽肥字於牛羊何計三年懷抱謂人父謂人母自斬宗祧靡所依靡所瞻甘棄

血系烏鳥尙知哺雛老牛且思䑛犢愛子之心鳥獸且有同情人何以堪此眞百喙不能解

其迷而破其惑者也同仁等惻然動念公同籌議擬建築育嬰堂一所惟一腋不能成裘端

資羣集一木不能支廈要賴衆擎募來金光徧地天花散祇孤之園結到夏屋連雲落蓐免

墮溺之刼出顧入復無父亦依抓棗覔梨不母可活按籍可考人人不昧所生普被無遺事

事均歸實際幼吾幼以及人之幼道在推恩親其親以及所不親理先保赤此眞普渡之慈

航宏濟之寶筏也儻荷慨助請書

台銜

贈別門

送彭縣長進吾先生有感

綜覽全局眷西土特簡賢良出大府景略謀猷穆之才參贊秘樞劍光吐平陸甘棠塞下移
狼山潤灑如膏雨下車首先軫民瘼巡行郊垧問疾苦厲行團政壁壘新軌里連鄉嚴卒伍
鶴唳無驚烽燧銷四民安居幸如堵君不見法明能懾當路狐威重足伏在山虎又不見自
古致治起於鄉村政刷新重織組電政路政促拜營交通如同履庭戶釁舍矗起排雲開平
民教育陶冶普經營民堡不日成從此我民不野處官書披覽宵旰勞起視霜天月正午政
績報最上考書軍幕依之如肱股寵命下頒賀鶯遷士民旁皇心無主借寇一年志未償臥
轍攀轅式歌舞來何暮兮去何速德政留待志乘補

紀異門

山市影談

長夏午夢初覺夕陽欲下偕二三同人延爽於古柳陰畔時則鳴蜩噤咽倦鳥歸巢披襟當風各道生平奇聞創見事余引聊齋山市記索解諸同人或以爲筆墨游戲或以爲幻由心生或以爲借諷入市者之無色非空諸同人議論紛紜莫衷一是張君海瀾起而言曰諸君少安不必爭辯此紙上之異聞請靜聽我目中之怪狀本年四月余小住勝家營子經營農事一夕夜初晴長空如洗星月皎瑩余目無障物胸無宿芥登屋遠眺狼山迤西諸峯翠煙數點爽挹眉宇倏爾山麓雲氣迷漫層巒頓失突見危垣百仞高聳雲際西望綿亘七八里雉堞笴排恍見旂旌森樹甲士環立城樓上矗霄漢窮極壯麗城門出入人如蟻行如繩貫一炊黍時忽而雲烟萬狀化爲崇樓傑閣連棟接楹不知幾千萬落窗扉皆洞敞人或倚欄立凭牖伏傍檻坐平視則六街雲連九衢霧列朱簷連棟碧瓦覆甍有若坊者有若肆者有若堂者有若行棧者有若官廨者有若兵舍者人有若肩挑者有若背負者有若輦運而挾

持者百貨山積五金光眩車如水馬如龍轂相擊肩相摩酒帘飛揚書幌高揭五光十色錯采散綺萬縷炊烟高入青冥余神搖目炫略一停瞬忽而大風猝起雲氣蒼莽已而風定雲收一切烏有噫嘻奇觀哉其漢唐故城精氣未盡時而發現歟抑山氣蒸騰化爲幻象歟奇乎幻乎吾不得索其解吾其叩諸山靈

余太龍見記

大佘太北倚陰山山綿亘數百里古稱天塹所以界中外防戎馬也其山皆軒豁呈露幷無幽壑深淵可以窟穴神物也山勢環抱處往往蒙漢人聚族而居以耕以畋以樵以牧皆以爲常距佘西五十里刀浪胡同地方於民十九六月十七日村有蒙婦汲於井是時也天地倐晦雲氣迷濛四布村人突見空際有物長數丈蜿蜒盤曲如星馳虹流向村際下垂村之人弱者屏足避强者瞠目視驚聞毒霧腥雨中村婦嗚呼聲尋寂然既天稍霽略可辨色循聲迹之去井里許硫硝氣刺鼻欲嘔知有異逼視之見蒙婦臥井畔井上翹巨首如五斗栲栳怒睛大於盌睒睒如巖下電角嶄嶄齒斷斷揚鬐噴沫鱗甲作淡金色曄曄有光頷以下

陷於井莫測其狀父老走相告曰此龍也夫龍之爲靈昭昭也乘乾健御陽剛孕於天池化於龍門朝遊蓬瀛暮遨滄溟上九天下九淵浩浩乎興雲作雨不崇朝而徧天下其功用抑何神也至其爲體也能大能小能屈能伸能隱能見能起能伏放之則氣呑八荒神遊六合斂之則蝸角可藏蟭螟可巢卽令潛而勿用亦能遵時養晦遯世無悶而不悔必不屑以一鱗一爪逐聲光於流俗當夫龍之墜於井也有譁爲怪者有詫爲妖者有卜爲祥占爲災者而龍如故也鼎熱香酒釃爵俎登肉諷經禮懺梵音琅琅聞十里鄉之人駭汗相屬於道而龍如故也蠅蚋嘬之螬蠛附之牧豎樵子姍笑之丈人韻士悼惜之而龍如故也遲之久遲之又久地氣升天氣降山澤通氣膚寸雲合遠山近樹陰沈罨暗遙望井側濃烟絮霧中恍惚有鼓鬣張吻之狀倏見電光如匹練隨霹靂而下是時雲氣坌涌有大聲發於井上如三峽倒瀉萬騎驕嘶黃龍已扶搖直上天矯盤旋半隱現於空際當其昂首天外略一騰踔山川震眩風雨晦冥奇情詭狀莫可方物已而雲斂日霽時百里內正苦炎旱忽而大雨滂沱農民頌神功不置神哉龍乎何不幸而不善藏身竟至墜落如斯也又何幸風雲際會終得

克自振拔也嗟乎在天在淵或見或潛龍亦率性而遊任天而動而已矣古今來升沈顯晦之迹盍以龍爲鑒諸

附記

五原王紳同春行狀

民國八年春 文墀 奉令卸五原任邑紳張君厚田等來署盛述王紳同春開闢河套殖我民族事蹟綦詳請爲文以狀之爰撮敘其崖略爲之狀曰按王君同春字濬川直隸行唐人幼負異禀嬉遊里巷不與羣兒伍人爭異之髫年隨其先德來河套縱覽周原嘗語人曰沃野千里何居乎蒙人自封自閉爲其有殖我民族之志固已夙矣於是攷求農牧實業孜孜不遑而其生平樂而不厭嗜而彌篤有與終身結不解之緣者厥惟水利同治十二年首先創開老郭渠光緒六年開哈拉各爾河嗣又開渠口至梅令廟五加河七年由和合源創開永和渠至補紅村十五年由老郭渠上游創開同和渠復由土城子開口接至同和渠改名義和渠渠長百餘里二十五年創開中和渠至五分子二十八年隨墾務督辦貽欽使週勘永豐剛黃沙義通長各大渠指導動合機要每有大工他人咋舌束手退避不遑者先生從容指置高下之宜向背之勢得失順逆之局均能測於幾先定於臨事一時造門請者得其片

言一語大用之大效小用之小效是其果操異術哉蓋其經驗有獨至者然也普通工作無論已遇有疑難大工俛而察仰而思面壁終夜臨流癡立慮其結而不解也以無厚之精心入之慮其膜之不破也以至銳之果力出之及夫豁然貫通直有覺上下通明踴躍狂呼雖南面王莫易此樂者何快如之昔張南通與先生談水利終日無倦容導淮大計先生力持導入海之議南通深韙其說識者惜其未見諸實行也當光緒末季蒙旂猶守閉關主義報墾之地寥寥先生長駕遠馭出全力闢地五千頃開大渠三道待以舉火者萬家其眞能造福我民族民生者爲何如耶一旦盡奪其所有而歸於公先生視之如棄敝屣若此其器識又爲何如耶先生持平等主義尙博愛好施予光緒十七八兩年地方告凶慨出糧萬餘石二十七年歲大饑慨出糧六千石賑之活人無算辛亥王爺地劉天佑之變蹂躪河套無完土晉軍全部軍糧數千石獨力任之此其樂善不倦爲何如耶按臨河未設治前地方悉隸於五原臨河當日農業水利何莫非我濬先生經營締造之所賜士食舊德農服先疇至今父老猶樂道之用附志乘以志不諼云